Rudolf Wäger Baukünstler

1941–2019

Herausgeber
vai Vorarlberger Architektur Institut
Az W Architekturzentrum Wien

Fotografien
Markus Gohm

Essays
Otto Kapfinger und Roland Gnaiger

Martina Pfeifer Steiner
Marina Hämmerle

Rudolf Wäger Baukünstler

1941–2019
Ein Pionier in Vorarlberg

Birkhäuser
Basel

Bauwerke

Inhalt

Vorwort

Verena Konrad

Verena Konrad
Direktorin vai Vorarlberger Architektur Institut

Rudolf Wäger war ein streitbarer Geist, doch weder laut noch aufdringlich. Er bezog Stellung für sein Tun. Sein kritischer Blick mündete in Planung und konkreten Vorhaben, in Gebäuden, die Ausdruck sind für echte Alternativen im Wohnen und Arbeiten. Die vorliegende Publikation beschreibt sein Werk trefflich als Pionierleistung. Rudolf Wäger war Pionier. Und so musste er auch Widerstand erleben und aushalten. Sein Werk ist für uns heute Inspiration und Mahnung zugleich. Inspiration durch seinen experimentierfreudigen Zugang zum Planen und Bauen, Inspiration für ein freies Denken abseits von Zugehörigkeiten und professioneller Etikette, Inspiration für eine Architektur, die politisch ist und ein Gegenmodell anbietet zu trägen Konventionen, und Mahnung, die eigene Rolle im Architektur- und Baugeschehen zu überdenken.

Mit seinen Bauten und seinem Denken sorgte Rudolf Wäger für eine Diskussion, die damals dringend notwendig war und es heute wieder ist. Seine Entwürfe und besonders seine realisierten Bauten bezogen Stellung. Sie standen und stehen für Gemeinschaftsorientierung und alternative Lebensmodelle. Die räumlichen Qualitäten, die er schuf, sind getragen von einer präzisen Planung und dem Versuch, die Dinge einfach zu halten. Dabei hatte er stets das jeweilige Umfeld im Blick, die Siedlung, die Landschaft, und schaute als Architekt auf das Politische. Wenn er einsparte, dann mit einem konkreten Ziel – für den Einzelnen und für die Gemeinschaft. Angesichts steigender Bodenpreise und Baukosten hat sein Denken nichts an Aktualität eingebüßt. Seine radikale Haltung zeigte sich oft in konsequenter Verweigerung.

Rudolf Wäger wäre im Februar 2021 80 Jahre alt geworden. Die Anfänge dieses Buchprojekts hat er noch erlebt und sich eingebracht. Die umfassende Würdigung seines Werks durch dieses Buch und eine Ausstellung im vai Vorarlberger Architektur Institut konnte er noch antizipieren über Interesse und Wertschätzung, die ihm die beteiligten Akteurinnen und Akteure entgegenbrachten.

Ich bedanke mich bei Martina Pfeifer Steiner und Marina Hämmerle als Initiatorinnen, Autorinnen und Redakteurinnen dieses Buchs und bei Markus Gohm für seinen aus eigener Architekturpraxis gewachsenen Blick, der in den Fotos das Werk Rudolf Wägers auf besondere Weise zugänglich macht. Angelika Fitz, Karin Lux und den Kolleginnen und Kollegen des Az W danke ich für die Zusammenarbeit bei der Herausgeberschaft dieses Buches. Den zahlreichen Unterstützerinnen und Unterstützern, darunter vielen Privatpersonen, Bauherren und Baufrauen, Wegbegleiterinnen und Wegbegleitern, danke ich für das Zusammenstehen bei der Realisierung dieses Buchprojekts. Gemeinsam geschaffen – eine passende Geste für ein Werk, das bis heute den Wert konkreten, gemeinsamen Tuns auf wunderbare Weise verkörpert.

Vorwort
Angelika Fitz

Angelika Fitz
Direktorin Az W
Architekturzentrum Wien

In den 1970er Jahren im Vorarlberger Rheintal aufgewachsen, habe ich die teils heftigen Kontroversen rund um die frühen Projekte von Rudolf Wäger live miterlebt. Holz galt als „Baracken-Material", der skandinavisch inspirierte Minimalismus wirkte für viele ärmlich und gemeinschaftliches Wohnen war höchstens etwas für Studierende – hinter dem Arlberg wohlgemerkt. Inzwischen ist die Arbeit der Vorarlberger Baukünstler Legende und international gepriesen. Das heißt aber nicht, dass die Bandbreite ihrer Werke ausreichend bekannt und gewürdigt ist, das gilt ganz besonders für Rudolf Wäger. Umso mehr freue ich mich über dieses Buch.

Das Architekturzentrum Wien verfügt über die bedeutendste und umfassendste Sammlung zur österreichischen Architektur des 20. und 21. Jahrhunderts, darunter auch die Vor- und Nachlässe der Vorarlberger Pioniere, der Architektengemeinschaft C4 sowie Hans Purin, Gunter Wratzfeld und Rudolf Wäger. Verglichen mit den Konvoluten anderer ArchitektInnen in unserer Sammlung sind ihre Archive schlank. Es gab offenbar wenig Zeit oder auch wenig Sinn für Selbststilisierung und Vermarktung. Umso wichtiger ist es, dass sie in der Az W-Sammlung beforscht werden können und auch für dieses Buch wichtige Beiträge lieferten. Wir verstehen unsere Sammlung als Wissensspeicher, der künftigen Generationen einen fundierten Einblick in die Architektur- und Kulturgeschichte bietet. Museale Sammlungen sind weit mehr als bloßes Strandgut der Geschichte, ihre gesellschaftliche Relevanz zeigt sich in der Befragung und Sichtbarmachung, in der Verbindung von Forschung und Sammlungsauftrag. So verknüpfte die von Sonja Pisarik 2019 im Az W kuratierte Ausstellung „Vorarlberg – Ein Generationendialog", die anschließend im vai in Dornbirn zu sehen war, Schlüsselwerke unterschiedlicher Generationen mit aktuellen Fragestellungen wie Zersiedelung, Bodenspekulation und Klimakrise. Für Rudolf Wäger war gemeinschaftliches Bauen, damals prosaisch „Errichtergemeinschaften" genannt, ein aktives Instrument des Kosten- und

Flächensparens, das ganz eigene räumliche Qualitäten ermöglichte. Die Diskussion um hochwertige gekoppelte Bauweisen anstatt gesichtsloser ‚Blöckle' mit Abstandsgrün hat landes- und europaweit nichts an Aktualität verloren.

Es schmerzt, dass Rudolf Wäger dieses Buch, an dem er zu Beginn noch mitgearbeitet hat, nicht mehr in Händen halten kann. In der Zusammenschau wird deutlich, wie „richtig" (Otto Kapfinger) seine Architektur war und ist. Seine Bauten sind ausgetüftelt und bleiben dabei luftig. Sie bieten Platz fürs Leben, ein freies, individuelles Leben, aber mit Gemeinschaftssinn. Sie feiern das Handwerk, „das Machen" (Roland Gnaiger) und das Experiment, das seine Häuser zu vielfältigen Raumerlebnissen macht. Vom gelungenen Weiterleben seiner Bauten gibt dieses Buch Zeugnis. Mein Dank gilt Marina Hämmerle und Martina Pfeifer Steiner, allen Beitragenden und Gestaltenden sowie Verena Konrad und dem ganzen vai, dem Team der Az W-Sammlung und der Az W-Geschäftsführerin Karin Lux sowie allen UnterstützerInnen. Es ist ein feines Buch geworden, es passt zu Rudolf Wäger und es macht hoffentlich vielen Menschen Lust, von einem anderen Wohnen und Arbeiten zu träumen.

Einführung

Martina Pfeifer Steiner
Marina Hämmerle

Ich lernte Rudolf 2009 kennen, im Zusammenhang mit der Ausstellung „konstantmodern“ durfte ich für das vai Vorarlberger Architektur Institut eine Zeitungsgeschichte über Ruhwiesen schreiben und besuchte ihn in seinem Atelier in Satteins – ich war fasziniert. Von allem, von den Räumlichkeiten, von ihm! Er wiederum ließ mich seinen Argwohn gegenüber Journalistinnen spüren. Nach unserer angeregten Unterhaltung hatte ich ihn aber davon überzeugt, dass ich ‚atypisch‘ bin, abgesehen davon definierte ich mich ja als Architekturvermittlerin. Zwei Jahre später intensivierte sich unsere Freundschaft, er war gerade nach Übersaxen umgezogen. In seinem gediegenen Spätwerk besuchte ich ihn oft und gerne. Ausführlich wälzten wir die Architekturbücher, redeten stundenlang, gemütlich schmauchte er seine Pfeife. Mein Interesse an seinem Werk war groß, und irgendwie gefiel ihm das. Er begann mir bei kleinen Ausflügen seine Häuser zu zeigen, erklärte mir alles vor Ort. So viel Journalistin war ich freilich schon, dass ich immer mein Aufnahmegerät dabei hatte und einfach alles sammelte. Wir hatten also für dieses Buch fünf Stunden Audioaufnahmen von 2012/13 zur Verfügung. Bis wir Rudolfs Vertrauen und Erlaubnis erringen konnten, vergingen jedoch noch einige Jahre.

Zu Rudolfs 75. Geburtstag regte Otto Kapfinger die längst überfällige Herausgabe einer Monografie an. Leider fügte es sich nicht, und damit hatte Rudolf das Buchkapitel ein für allemal abgeschlossen. Er war bereits von der Krankheit gezeichnet, als er mich Anfang 2018 wieder in sein Leben einließ. Die Zeit war so kostbar geworden! Ich kann nicht mehr sagen, wie es trotz Rudolfs vehementer Bedenken gelang, seinen Segen für diese Publikation zu bekommen. Mit dem Teamvorschlag Marina als Co-Autorin und Markus als Fotograf fühlte er sich wohl, da konnte er dann doch zustimmen. Bei Konzept und Gewichtung der Bauwerke wirkte er fokussiert mit und sagte: „Macht einfach, ich kontrolliere es dann!“ MPS

Seltsamerweise habe ich keine Erinnerung daran, wo ich Rudolf zum ersten Mal begegnete. Das Bild eines indigenen Mannes mit dunklem, langem Haar und unnahbarer Körpersprache hingegen blieb. Umso mehr begeistern mich die Fotos, die bei der Recherche auftauchten und ihn als handanlegenden Zimmerer und Maurer abbilden. Sie zeigen jenen pointierten Wortkargen meiner ersten persönlichen Wahrnehmung rund dreißig Jahre früher in jugendlich-lässiger Pose, darin unübersehbar die Aufbruchsstimmung der 68er, das gemeinsame Schaffen und Anpacken.

Obwohl er am vai-Geschehen Anteil nahm, waren unsere Begegnungen gezählt, die Tage in Ruhwiesen hingegen unzählige. Es war just die Vermittlungsarbeit der Baukultur, die mich über die letzten zwei Jahrzehnte immer wieder dorthin führten. Für mich ist das ein Ort zum Leben und Arbeiten wie kaum ein anderer in Vorarlberg. Das liegt nicht nur an der kreativen, inspirierenden Atmosphäre im Atelier Gassner oder der dort zelebrierten Gastfreundschaft, sondern auch an der Übereinstimmung des Gebauten mit den Bewohnerinnen und Bewohnern. Rudolf hat sich wie die Nutzerinnen und Nutzer selbst dort eingeschrieben und die Architektur in ihnen. Diese Symbiose ist feinstofflich wirkmächtig, so kraftvoll und stimmig, dass einen nicht nur das Arbeiten dort beseelt, sondern einfach das Sein in diesem Ambiente.

Die anderen Facetten seines Werks erschlossen sich mir erst durch die gemeinsame Recherche und das Begehen seiner vielen Häuser mit Martina und Markus. Regelrecht beglückend waren die Exkurse in den Wäger'schen Kosmos, denn seinen Häusern „wohnt ein Zauber inne" – Rudolf fände das zweifelsohne viel zu pathetisch. Jedoch bestätigen die Gespräche und Hausführungen mit den Bauherren und -damen diesen Eindruck. Diese Rückkoppelung von Raum und Mensch war in den meisten Fällen mehr als präsent. Bei den Hausbesuchen kamen für die von Rudolf konzipierte ‚dritte Haut' echte Dankbarkeit und Wertschätzung zum Ausdruck.

Unvergesslich wird mir auch bleiben, dass dieses Buchprojekt nicht nur ein erfüllender Exkurs in Schlüsselwerke der zeitgenössischen Vorarlberger Baukunst war, sondern mir dadurch auch die persönliche Annäherung an den fragilen Denker und Zweifler zuteilwurde – im bedächtigen Miteinandersein in seinem Wohnzimmer in Übersaxen oder bei einem der letzten Spaziergänge, bei denen seine Aufmerksamkeit immer noch den ‚vorbeiziehenden' Häusern und dem Austausch darüber galt. MH

Dass diese Publikation wichtig und richtig ist, spüren wir an der Resonanz und daran, wie sich auf einmal alles fügte! Wer prädestiniert für die Herausgabe der Monografie ist, lag auf der Hand: das vai Vorarlberger Architektur Institut als Wiege der Baukulturvermittlung in Vorarlberg und das Az W Architekturzentrum Wien als Hüterin des Wäger'schen Vor- und Nachlasses. Verena Konrad und Angelika Fitz zögerten keinen Moment bei der Unterstützung dieses Vorhabens, Erstere stellte sogleich eine Werkschau im vai in Aussicht. Beiden und ihren Organisationen gilt unser Dank!

Überhaupt war die Arbeit an Buch und Ausstellung von einzelnen Persönlichkeiten getragen, die – ähnlich eingespielten Gewerken am Bau – sich auf ein gemeinsames Bild verständigten und mit ihren Kompetenzen ergänzten. An dieser Stelle schließt sich der Kreis zur Gestaltung und Grafik. Stefan Gassner, selbst in Ruhwiesen aufgewachsen und geprägt durch ein Wäger-Haus, verstand es emphatisch und versiert, Konzept, Text und Bildmaterial in die Bucharchitektur zu übersetzen. Inhaltlich bereichernd und wesentlich sind auch die Essays der Gastautoren und die Interviews mit den noch von Rudolf ausgewählten Gesprächspartnern.

Die Zeiten sind herausfordernd und wir mussten neue Wege zur Finanzierung für einen Teil des Projekts finden. In Gemeinschaft – mit jedem individuellen Beitrag – wollten wir etwas Großes zustande bringen, so die Idee für den Sammelaufruf des vai. Die Reaktionen darauf waren überwältigend. So viele Menschen, die Bauherrschaft, Kolleginnen und Kollegen drückten mit großzügiger Unterstützung ihre Wertschätzung aus, gaben der Monografie Gewicht und Rückhalt. Wie hätte sich Rudolf darüber gefreut! Ohne die Förderungen von Bund, Land und Gemeinden, vom vorarlberg museum sowie dem weitreichenden Sponsoring hätten wir diese erste Gesamtschau seines Werks nicht realisieren können. Ein großer Dank an alle! MPS / MH

homo amans faber

Rudolf Wäger – Versuch über Werk und Person von Otto Kapfinger

Erste Näherung

Sein Anteil am weitum beachteten Phänomen der Vorarlberger Baukultur nach 1960 scheint klar und eindeutig: Er gilt als einer der Pioniere radikaler Einfachheit im regionalen Haus- und Siedlungsbau; er wirkte als Bindeglied zwischen den etwas älteren ‚Vorläufern' Jakob Albrecht, Hans Purin, Leopold Kaufmann und dem Quartett der C4 – und der doch deutlich jüngeren nächsten Gruppierung, die ab 1979/80 dann offensiv und prägend im Ländle auftrat. In Rudolf Wäger vereinten sich auf einzigartige Weise bodenständige Handfertigkeit und ökonomische Nüchternheit mit einem kulturell weltoffenen Horizont und dem lebensgestalterisch Visionären. Er war aber kein rabiater Barrikadenstürmer oder lautstarker Avantgardist. Wäger war in Sprache und Gestik, auf der Baustelle wie im privaten Gespräch ein meist ruhig, bedächtig und zugleich absolut bestimmt, kritisch, auch selbstkritisch agierender Zeitgenosse. 1941 in Götzis geboren, war er 1959 ausgelernter Zimmermann, als planender und bauender Architekt aber fortan Autodidakt. Alternative Perspektiven zu der damals kulturell wie politisch so konservativen Welt des Ländle eröffneten sich Rudolf und seinen Brüdern Heinz (geb. 1936) und Siegfried (geb. 1942) durch die Ausbildung von Heinz zum Industriedesigner, die er ab 1958 an der neu eröffneten Hochschule für Gestaltung in Ulm erfuhr. „Wir fuhren per Autostopp hin, um die Architektur von Max Bill, seine Möbel und die Arbeit in den Klassen zu sehen – es war eine Offenbarung", erzählte Rudolf, „Heinz versorgte uns auch mit Fachzeitschriften, die uns die neue Architektur in Skandinavien und der Schweiz, die Werke von Alvar Aalto, Frank Lloyd Wright und anderen erschlossen."

1959 beginnen die Wäger-Brüder mit dem Haus für Heinz in Götzis kurzzeitig ein gemeinsames Planen und Bauen, wobei Siegfried als Mauermeister die nötigen Skills komplet-
002 tiert. Rudolf dazu retrospektiv: „Wir wollten im Kontrast zu der rundum dominierenden Kleinbürgerlichkeit etwas anderes schaffen. Wir hatten – vom Grundstück des Vaters abgesehen – keine Mittel, wir mussten alles selbst machen, wir nutzten den damals billigsten, als ‚Baracken-Material' abqualifizierten Baustoff Holz, weil wir damit fast alles eigenhändig machen konnten, bis hin zu Möbeln, und zeigen wollten, dass man – wie etwa in Skandinavien – auch mit Holz etwas ganz Neues, Schönes als Wohnumwelt bilden kann."

1962 gestalten sie in Götzis als Umbau in einem bestehenden Wohnhaus die Galerie Hämmerle – regional die erste Privatgalerie überhaupt und für viele Jahre hier ein originärer Schauplatz und Brennpunkt der zeitgenössischen Avantgarde. Es entstehen wichtige Kontakte zu jungen Künstlern, Literaten, Pädagogen, die umgehend auch zu Bauherren werden und somit jenes geistige und personelle Netzwerk aufspannen, aus dem die wegweisenden Wäger-Werke der 1960er und 1970er Jahre hervorgehen. Zu diesem Kreis zählen damals Bildhauer Walter Salzmann, Lehrer und Kabarettist Heiner Linder, Zeichner Walter Khüny, Pädagoge und Schriftsteller Franz Bertel, Keramiker Helmut Schnetzer, Jurist Günther Hagen, Grafiker und Maler Franz Gassner und noch etliche andere.

1964 plant und errichtet Rudolf neben dem Vaterhaus in Götzis für seine bereits fünfköpfige Familie das legendäre
003 Würfelhaus – ein im Nachhinein zur ‚Ikone' stilisiertes Musterbeispiel für Rudolfs Fähigkeit, mit einem Minimum an Aufwand, an Material und Fläche ein Optimum an räumlicher und funktionaler Qualität zu schaffen. „Ich habe es zu 80 Prozent selbst gebaut. Es erregte viel Interesse, natürlich auch Kritik, man staunte aber vor allem über die Kosten. Von da an kamen dann weitere Aufträge. Mit den viel größeren, viel aufwändigeren alten Wälder- oder Rheintalhäusern hatte das gar nichts zu tun. Inspiration fand ich eher in einem schlichten Bau von Aalto in Holz, senkrecht verschalt, mit eingeschnittenen Fenstern. Ich fuhr damals mit Sigi sogar nach Finnland, um dort in Architekturbüros Arbeit zu finden, aber ohne Erfolg."

Mit den befreundeten Künstlern gibt es in dieser Zeit auch Exkursionen nach Wien zu Fritz Wotruba und zu Joannis Avramidis. Mit Franz Bertel, Edelbert Köb sen. und der Baugruppe, die sich zur Planung der Siedlung Halde in Bludenz eigenständig formiert, besuchen sie die gerade nach Plänen des Atelier 5 fertiggestellte, revolutionäre Siedlung Halen bei Bern – auch die Weißenhofsiedlung des Werkbundes in Stuttgart. Die konkrete Planung und Umsetzung der Halde, die dann tatsächlich ein Markstein für die kommende Wohn- und Siedlungskultur der Baukünstler wird, überlässt Wäger dem erfahreneren Hans Purin. Doch aus Bertels profunder Schulung an der Pädagogischen Akademie Feldkirch kommen bald Wägers nächste AuftraggeberInnen: „Die jungen Lehrer hatten wenig Geld, meist aber einen Baugrund und in den Ferien Zeit, um selbst Hand anzulegen. Bei den meisten dieser Häuser bis über die 1980er Jahre war wichtig und entscheidend, dass ich die Leute immer an Ort und Stelle einschulte, wie sie Böden, Wandvertäfelungen und anderes selbst gut machen konnten."

Wie man statt in Einzelhäusern besser in Reihenhausverbänden leben könnte – schonender für die Landschaft und die Gemeindekassen, preisgünstiger und komfortabler für die Einzelnen, mit den zusätzlichen Vorteilen und Möglichkeiten gemeinschaftlicher Nutzungen –, zeigt Wägers Pro-
020 totyp, entstanden 1970 bis 1972 in Schlins: Die in zwei niedrigen Zeilen angeordneten Reihenhäuser für eine Handvoll ambitionierter Familien mit Kreativberufen, darunter auch Wäger selbst, sind neben Purins Halde zweifellos die ‚Urmeter' für die später so virulente neue Baukunst Vorarlbergs. Fritz Achleitner hielt sie für vorbildlich „zur Lösung des Wohnproblems mit geringen Mitteln in ländlicher Situation". Das Preis-Leistungs-Verhältnis war damals einzigartig im Lande, die Wohnqualität ist es bis heute.

Reinhard Gassner erinnert an einen für Wäger charakteristischen Moment: „Als es daranging, die Häuser aufzuteilen, wer wo einziehen sollte, beanspruchte der mitbauende Architekt nicht, wie sonst üblich, die ‚beste' Hausposition für sich. Er brach ein paar Streichhölzer ab und ließ uns ziehen. Ich zog das längere – und bekam somit das ‚oberste' Haus, am Ende der oberen Zeile. Er selbst mit Frau Hilde und den Kindern bekam das mittlere. So einfach und klar war das."

Rudolf Wägers späteres und umfangreiches Œuvre ist, von den erwähnten und wenigen anderen Beispielen abgesehen, einem breiteren Publikum kaum bekannt. Neben den Häusern, es sind wohl mehr als hundert, realisierte er Siedlungen, Industrie- und Nutzbauten, u. a. auch die große
057 Kirche Maria, Königin des Friedens, oberhalb von Dornbirn – mit Wolfgang Ritsch und Sigi Wäger. Er blieb nicht beim präzise, stets auf Ort und Aufgabe variabel abgestimmten Holz-Riegelbau stehen, er erreichte seine exquisiten Zimmermannsproportionen und -qualitäten dann auch mit industriellen Baustoffen, mit billigen Schalungsträgern, Eternitbeplankungen und Sperrholzwänden, mit Ytong-Steinen oder unverputzt geschlämmten Hohlblockziegeln. In einer zweiten Schaffensperiode studierte er unter anderem an Ort und Stelle die sozialen, politischen und gestalterischen Prinzipien der Tessiner „Tendenza" rund um Luigi Snozzi, Mario Botta, Flora Ruchat u. a. Und er transformierte in einigen Entwürfen deren im Massivbau – in Beton, Stein und Stahl – manifestierte Aspekte in materiell und formal reicher ausgestaltete Hausprojekte.

Seine ‚Rückkehr' zu avancierten Holzkonstruktionen traf nach 1990 auf ein sehr paradoxes Phänomen. Bauherren, die ein Holzhaus wollten, konnten sich dieses nicht mehr leisten. Denn mit der grandiosen Holzbau-Hausse im Ländle waren die Firmen inzwischen so ausgebucht, die Preise wegen der Nachfrage so gestiegen, dass Wäger seine kleinen Projekte, um sie für die Klienten erschwinglich zu machen, mitunter auf massiv – Ziegelmauerwerk verputzt – umplanen musste. Ich konnte aber sehen, dass selbst dann sein struktives Formgefühl, seine vom Holz geprägte Rhythmik und typische Proportionalität im baulichen Ausdruck spürbar blieb.

Zweiter Versuch

Der gelernte Zimmerer Rudolf Wäger war mit seinem Bruder Sigi, der immerhin die Baumeisterkonzession hatte, der einzige der Aktionsgemeinschaft „Vorarlberger Baukünstler" – 1984 im Widerstand gegen Verdikte der Berufsvertretung formiert –, der keine einschlägige Hochschulausbildung hatte, der sich zeitlebens als Autodidakt deklarierte und der unter Kollegen auch mit dem Nimbus des etwas schwierigen Einzelgängers gesehen wurde.

Innerhalb der regionalen Szene war und ist sein Beitrag bis zum Ende der 1970er Jahre hochgeschätzt, doch man sieht anschließend eine Zeit der ‚Abweichung' in postmoderne Formthemen und erinnert sich an seine Spätphase als leicht verbitterter Mahner, der am Erfolgslauf der Jüngeren nicht partizipieren konnte – zuletzt ein Zeuge des eigenen Mythos.

Im Jahr 2001, sein 60. Geburtstag nahte, und zehn Jahre später nochmals, schrieb ich dem vai, dass eine umfassende Werkschau und Würdigung über ihn anstehe, dass über die Synopsis der kanonischen ‚Hauptwerke' hinaus eine kritisch-analytische Erfassung vieler kaum bekannter Arbeiten etwa zwischen 1978 und 1990 interessant wäre, dass auch Kontext und Qualität der Projekte der 1990er und 2000er Jahre entsprechend in Relation zu setzen wären. Mir wurde damals schockhaft bewusst, dass ich eigentlich nur ein Drittel seines Œuvres gesehen, geschweige denn gut studiert hatte. Persönliche Kontakte waren über die Jahre auf wenige Tage konzentriert geblieben: zunächst 1981 bei der Bus-Exkursion der Österreichischen Gesellschaft für Architektur von Wien aus – wohl die erste Bereisung überhaupt ‚von außen' zur neuen Architektur im Ländle; 15 Jahre später – im Rahmen der Recherchen für den Architekturführer Vorarlberg – einige kurze Fahrten mit ihm von seinem famosen Satteinser Atelier-Kiosk aus zu seinen neueren Sachen; 2002 ein Telefax-Interview in der Vorbereitung der Wanderausstellung „Konstruktive Provokation".

Wesentlich ins Gewicht fällt freilich, dass ich über zwan-
052 zig Jahre verteilt viele Wochen im Haus und Atelierhaus
von Reinhard und Ruth Gassner in der Siedlung Ruhwiesen
verbringen konnte, als einquartierter ‚Gast' zur gemeinsa-
men Arbeit an Buch- und Ausstellungsprojekten. Diese gan-
ze Anlage in Schlins, noch ohne den später ebenfalls nach
Wägers Planung dazugestellten Atelierbau für Gassner, hat-
te ich schon auf der erwähnten ÖGfA-Tour gesehen. Noch
022 stärkeren Eindruck machten mir damals die Häuser Ess
056 (1972–1974, Düns) und Winter (1984/85, Dornbirn): äußerlich
unspektakuläre, kompakte Bauten in Holz auf Hanglagen,
doch im Inneren sah ich etwas für mich Neues. Wir hatten

damals jede Menge Zeit an Ort und Stelle, und die bildhafte und körperliche Wirkung der Begehung ist mir heute noch präsent.

Diese einfachen, scheinbar linearen Häuser öffneten sich innen auf unerwartete Weise zu räumlichen Erlebnissen. Den Hangverlauf nützend, spalteten und stuften sich da die Niveaus zu versetzten Ebenen mit niedrigeren und höheren Raumteilen, physisch und optisch an passenden Stellen komfortabel verknüpft durch Stiegen – Split Level in Verbindung mit zentralen, auch als Sitzplatz nutzbaren Heizkaminen; es waren jeweils ‚Innenwelten', homogen aus Holz gefügt in der allerselbstverständlichsten, ‚detaillosen' Detailbehandlung; auf kleinstem Raum, mit Klapp- und Schiebeteilen, mit Schrank-Taschen und dergleichen versehene, ausgeklügelte, möbelhafte Etuis – doch ohne jeden Anflug eines repräsentativen ‚Futterals', wie es bürgerliche Häuser und Wohnungen meist prägte; hier war nichts ‚schön' oder ‚nicht schön', alles auf engstem Raum gleich ‚richtig', zugleich gab es im Minimalismus der Maße und der Nutzbarkeit aller Flächen eine stark ins Räumliche, in die dritte Dimension und über die Enge hinaus ins Terrain, in die Landschaft weisende Anmutung.

Es waren gleichsam zauberhaft hausgewordene, antiluxuriöse Versionen der bekannten Reise-Schrankkoffer – oder richtiger gesehen: Die schlackenlose Kargheit bäuerlicher Nutz- und Wohnräume erschien transformiert in zeitgenössisch wohnliche, leichte und luftige, raumstrahlende ‚Werkzeugkästen' für gutes Tun und Sein unterm Dach. Erst viel später fand ich sprachlich weitere Analogien für diese Milieus, erinnerte ich mich an ähnliche Stimmungen in alten, fein gestalteten Schlafwagenabteils oder ausgetüftelten Kajüten in Segeljachten.

Wäger war sichtlich ab Mitte der 1970er Jahre so weit, seine bis dahin so schlichten, ausgereizten Konstruktionen zu komplexeren Raumfigurationen zu steigern, Formationen des Geländes und andere Aspekte des Kontextes stärker einzubeziehen. Von zwei in dieser Richtung weitergehenden, mir vorher unbekannten Entwürfen erzählte mir kürzlich der aus dem Burgenland stammende Architekt Robert Felber, der schon 1979 – damals noch im Studium an der Wiener Angewandten – von den Projekten für die Familie seiner

späteren Frau beeindruckt war. Wäger plante 1979/80 in
046 Lauterach ein Haus für Herbert und Eva Moosmann (geb.
Schmidt) direkt am Damm der Bregenzer Ach. Aus der Lage
des Damms und des Weges dort – drei Meter über dem
südwärts anschließenden Grundstück – entwickelte er eine
waagrecht und senkrecht abgestufte Erschließungs- und
Raumfigur, wiederum im Split-Level-Typus, der den räumli-
chen Versatz des Damms in eine horizontal gegeneinander
verschwenkte und vertikal ineinander verschränkte Staffe-
lung von öffentlichen und privaten Zonen zum tiefer liegen-
den Niveau des Grundstücks ‚entfaltete'. Zusätzlich machte
er aus seinem früher so strikten Über- oder Nebeneinander
von gemauerten Partien und dem Ständerwerk in Holz, wie
etwa in Fuhwiesen oder beim wunderbaren Atelier-Haus
019 Gassner in Lustenau, eine nun dicht an dicht ineinander
verflochtene Schichtung. Am Nachbargrundstück plante er
047 simultan für Peter Schmidt, den Bruder von Eva Moosmann,
ein im Ansatz noch interessanteres Haus, bei dem er grund-
risslich zwei Quadrate übereinandersteckte und mit 90-Grad-
Drehungen und Terrassierungen auch im Querschnitt auf
die Damm-Situation reagierte.

Aus Gründen, deren Erläuterung hier zu weit führen würde, blieben beide Projekte in der Ausführung Torsi. Felber, der dort als Helfer an der Baustelle erste Praxiserfahrungen machte, freundete sich aber mit Wäger an und begleitete ihn mehrmals auf kleineren und größeren Besichtigungstouren: „Wir fuhren zum Beispiel 1979 ein ganzes Wochenende ins Tessin und sahen dort alle Sachen, die ich nur aus Publikationen, er aber längst schon aus eigener Anschauung kannte. Wir konnten dort in alle Bauten hinein, auf einer anderen Fahrt sahen wir aber auch die skulpturalen Beton-Projekte von Walter Förderer; er kannte alles von Le Corbusier, auch Ronchamp, Terragni in Como und Mailand, war im Südburgenland bei Walter Pichler und Kurt Kocherscheidt und so weiter."

Exkurs

Im Gespräch über Wägers dort spürbare raumgestische Tendenz und mögliche Inspirationen kam die Rede auf die Gruppe von Kleinplastiken, die in einem gefilmten Interview in Rudls Haus in Übersaxen im Hintergrund zu sehen war. Felber dazu: „Ich weiß, dass er diese liegende, kubistische, von ihm selbst geschaffene Figur immer schon hatte und in all seine Wohnungen und Arbeitsstätten mitgenommen hat, auch die anderen Stücke." Wir waren uns einig, dass dieser latente Hang auch zu plastischen Formen schon um oder vor 1960 begründet sein musste, als er im

Kreis um Ewald Hämmerle Freundschaft schloss mit Walter Salzmann und Helmut Schnetzer – die ihrerseits sich auf Fritz Wotruba, Joannis Avramidis, Josef Pillhofer bezogen –, dass aber auch Rudls Entdeckung des skulpturalen Spätwerks von Le Corbusier eine Rolle spielte, gerade in der ganz Corbusier'schen Siedlung Halen, weiters wohl die raumplastische, ‚landschaftliche' Formenwelt von Alvar Aalto und nicht zuletzt die Maximen der Tessiner Architekten, die Rudl ab 1975 besuchte: „Die Architektur beginnt nicht beim Hauseingang, sondern an der Bordsteinkante – und weit davor; sie ist räumliche Fassung und Steigerung des Geländes, jedes Geländes", sagte sinngemäß etwa Luigi Snozzi.

In dem 2012 von Ingrid Adamer gestalteten Filmporträt für das Vorarlberg Museum spricht Wäger am Ende die in Übersaxen auf einem Bord versammelten, kleinen Torsi an: „Bevor ich je ein Haus baute, habe ich Figuren gemacht, aus Holz und auch anderem Material." Und er könne sich vorstellen, im Alter jetzt wieder Figuren zu machen, weil es da anders als in der Architektur möglich sei, „eine Idee wirklich ohne Kompromisse umzusetzen".

Erich Ess, Bruder des Bauherrn des erwähnten Dünser Hauses, Maler, Zeichner, Pädagoge und einer der wesentlichen Mentoren der Galerie Hämmerle, erinnert sich: „Die Wägerbuben waren früh mit Ewald Hämmerle bekannt, und Walter Salzmann war Rudls enger Freund. Wir waren ja gemeinsam bei Wotruba in Wien, mehr als einmal ..." In der von Hugo Ender 2005 gestalteten, mit Willibald Feinig herausgegebenen Dokumentation, die mir erst jetzt zugänglich wurde, ist der geistige und personelle Bezugsrahmen dieser so unkonventionellen, zugleich anti-modernistischen Kunst-Lebens-Gemeinschaft auf halbem Weg zwischen Wien und Paris gut nachvollziehbar. In der Hämmerle-Eröffnungsschau 1962 waren die kubistische „Liegende" von Salzmann sowie Skulpturen von Wotruba und Pillhofer zu sehen, weiters Werke von Avramidis, Dietrich, Ess, Khüny, Oberhuber und anderen, kommentiert von Heimo Kuchling und Peter Pichl. Ein Foto aus demselben Jahr von Ess zeigt den innersten Kern der Clique auf dem Weg zum Kunsthaus in Zürich. Salzmann, der ‚blinde Seher', wie er genannt wurde, hat sich bei Rudolf untergehakt, lässt sich von ihm führen. Ein großer Torso von ihm wird viele Jahre lang am Zugang

der Siedlung Ruhwiesen posieren. Der charismatische,
26 hochsensible Bildhauer und der zehn Jahre jüngere
Zimmerer aus der Provinz, der damals auch schon viel
herumgekommen war, hatten vieles gemeinsam. Erich Ess
1971: „Salzmann war der Inbegriff des Kompromisslosen."
Wägers ökonomisches und gestalterisches Ethos – in das
angewandte Metier des Bauens übertragen – war ähnlich
akkurat.

Wir kommen zum Anfang dieses Exkurses zurück, in dem
Robert Felber festhält: „Als Wäger 1979/80 solche Schritte
der Verräumlichung seiner Strukturen in Lauterach probierte,
kam der nächste dynamische Schwung ins Land, vor allem
durch die Cooperative (Dietmar Eberle, Wolfgang Juen,
Markus Koch, Norbert Mittersteiner) und ihre Jahrgangskol-
legen, die eine ganz andere ‚Einfachheit' proklamierten –
mit für die Behörden unproblematischen Steildachformen,
mit sehr unbekümmert detaillierten, billig angelegten Holz-
strukturen, und von da an wurde zum Beispiel auch sein
Einsatz ‚teurer' Leimbinder am Haus Moosmann kritisiert,
das hat dann die weitere Evolution seiner Konzepte über-
rollt – wie jedenfalls er es empfand." In den 1980er Jahren
erhielt er kaum mehr Aufträge für solche Ambitionen. Das
053 mit Elisabeth Rüdisser konzipierte Duo von Haus und Ate-
lier in Hohenems mit Pultdächern über DOKA-Schalungs-
trägern war dann seine konstruktive Antwort auf die viel
‚simpler gestrickten' Bauten der ‚Jüngeren'.

Dritter Ansatz

An der Schwelle zum Siebziger resümierte Rudolf in einem Interview mit Arno Ritter für die Ausstellung „konstantmodern“ im aut. architektur und tirol sein Werk und auch die Zukunft der Profession ziemlich skeptisch. Wie auch immer – sein Vermächtnis, das heute dringender denn je zu studieren, weiterzubilden wäre, ist auch von globaler Relevanz: „Weniger ist mehr!“ Und solches Weniges, materiell (!) Weniges, muss sich an der Vision einer emanzipierten und gemeinschaftlich orientierten Lebensweise bestimmen. Wäger und seine erwähnten ZeitgenossInnen/WeggefährtInnen/BauherrInnen suchten nach einer neuen, anti-bürgerlichen Lebensform, nach Unbelastetheit, Freiheit, Gleichheit in der Verschiedenheit, nach mentaler/sinnlicher Fülle im materiell Einfachen, nach Inhalten, denen das Bauen adäquat dienen sollte, nach einer Architektur, die als Werkzeug ein nicht kommerzialisiertes, ein nicht konsumfixiertes, ein geistig und sozial authentisches Dasein ermöglichen, stimulieren sollte.

Wo Ludwig Mies van der Rohe sein berühmt-berüchtigtes „less is more“ von der Spitze der industriellen Gesellschaft herab imaginierte, dachten Wäger und sein Umkreis mitten in der Wirtschaftswunderzeit ihre bauliche Einfachheit ‚von unten heraus‘, aus konkreter Not und dem Gebot des eigenen Handanlegens heraus und aus der leidenschaftlichen Fragestellung nach den ausschlaggebenden, immateriellen Werten und Qualitäten unseres Lebens.

Franz und Helga Gassner nannten als Motto ihres Atelier-
019 Hauses in Lustenau den ‚Wohnwaggon ohne Räder‘. Analog dachte auch die Errichtergruppe von Ruhwiesen ihre Anlage als ‚Shelter‘ – verwandt dem Konzept der altjapanischen Häuser –, nur ein, zwei Grad dichter, fester, ‚belastender‘ als ein Zelt oder ein Regenschirm. Die Schönheit dieser Habitate weist in eine Sphäre, die jenseits von Dualität liegt. Wie in anonymen Handwerksprodukten oder Geräten sind in Wäger-Häusern Aufwand und Zweck synchron, auch zeigt sich keinerlei Absicht, Individualität zu vermitteln. Die ganze Form ist auf perfekte Weise ‚ereignislos‘ und damit maximal offen, anpassungsfähig. Wir sehen verwandte Haltungen in Ernst Hiesmayrs Schrift „Das Karge als Inspiration“ oder

in dem paradoxen Satz von Heinrich Tessenow: „Das Einfache ist nicht immer das Beste, aber das Beste ist immer einfach ...“

Bei aller zeitlichen und kulturellen Distanz zwischen Kalifornien in den 1920ern und dem Rheintal in den 1960ern scheint mir als ein ‚Bruder im Geiste‘ der ähnlich enigmatisch-charismatische Rudolph Schindler – in seinen auf Autonomie und Individualität angelegten Konstruktionen, in seiner täglichen Mitarbeit auf den Baustellen seiner aus simplen Komponenten modular und räumlich komplex gewobenen Hanghäuser, in seiner Integration in antibürgerliche, reformfreudige, künstlerisch und pädagogisch visionäre Zirkel und Bauherrschaften, für die er oft auch kollektive Bau- und Lebensformen anstrebte – aber nur selten erfolgreich realisieren konnte.

Andere Vergleiche liegen auf der Hand, denken wir etwa an das Engagement von Schindlers Mentor Adolf Loos in der Phase der Wiener Siedlerbewegung 1920 bis 1923, wo Loos' zahlreiche Siedlerhaustypen im Patent „Haus mit einer Mauer“ kulminierten – eine Idee, die variiert in der Bludenzer Halde von Purin und in Wägers Ruhwiesen weitergedacht ist. Die einbekannten Vorbilder skandinavischer Wohnbaukultur in Holz nach 1950 gehören dazu – und auch Max Bills ökonomisch-soziales Ethos, dem Wäger so streng verpflichtet blieb: maximale Nutzung vorhandener Maße von Tafeln, Balken, Pfosten; keine Verschnitte; modulare Aufspannung der Strukturen ohne Dogmatik, abgestimmt in Achsmaße von 90 bis 110 cm auf den jeweils kleinsten Raum, die Gang-/Stiegenbreite und das Gesamtvolumen des Projekts.

Es passt genau, wenn Arno Ritter im Buch „konstantmodern“ Wäger im Kreis von Atelier 5, Gerhard Garstenauer, Johann Georg Gsteu und Werner Wirsing vorstellte, die alle auf ähnliche Weise in Ausbildung und Charakter des Œuvres geprägt sind. Wenn Erich Ess zu Bildern von Maler und Restaurator Hubert Dietrich, ebenfalls Wägers Bauherr, bemerkte: „durch Nüchternheit kompensierte Phantasie“, so trifft das auch Wägers Weg, in dem leidenschaftliche, auch disruptiv verlaufende Beziehungen und Reflexionen sich in der strikten Ökonomie seines Bauhandwerks disziplinieren und ausagieren mussten. Wolfgang Ritsch, der Tisch an

Tisch mit Rudl an der Kirche in Dornbirn-Watzenegg plante, nennt ihn einen ‚homo amans faber', erinnert sich auch an die Ecken, Kanten und Sprödigkeiten des Älteren, der in seinem zimmermannsmäßigen Realismus eben kein eloquenter, flexibler Teamworker war. „Am Stimmigsten war es, wenn er mir gegenüber stundenlang in Stille saß und im steten Zeichnen entwerfen konnte – eine seltene Begabung. Er zeichnete immer freihändig, immer mit Bleistift, alle Risse gleich im Maßstab 1 : 20, parallel dazu sofort die Details 1 : 2."

Es ist diese feinnervige, bei aller Kargheit in allen Teilen ‚handgreiflich' schwingende Ausstrahlung der Wäger-Häuser, die ihre MiterrichterInnen und BewohnerInnen nachhaltig geprägt hat, wie sie fast durchwegs bezeugen. Neben allen ausgeklügelten Funktionen und räumlichen Facetten ist es dieses Spiel der sinnreich optimierten Konstruktivität – mit der Zartheit der rhythmischen Verläufe über alle Details in ein Ganzes –, das Wägers Bauten unverwechselbar machte und macht: als Basis für ein Leben ‚mit leichtem Gepäck', als pure, hochpotente Instrumente – für die Emotion, den Eros, die Musik des guten Lebens.

Quellen
Gespräche mit Rudolf Wäger 1996, 2003
Gespräche mit Hugo Ender, Erich Ess, Robert Felber, Reinhard und Ruth Gassner, Marina Hämmerle, Edelbert Köb, Martina Pfeifer-Steiner, Wolfgang Ritsch im Mai und Juni 2020

Literatur
aut. architektur und tirol (Hg.): konstantmodern. Fünf Positionen zur Architektur. Atelier 5, Gerhard Garstenauer, Johann Georg Gsteu, Rudolf Wäger, Werner Wirsing, Wien 2009.

Hugo Ender, Willibald Feinig (Hg.): Auf schwankendem Boden. Geschichte der Galerie Hämmerle, Götzis/Vorarlberg 1962–1993, Hohenems 2005.

Soetsu Yanagi: Die Schönheit der einfachen Dinge, Bergisch Gladbach 1999.

Ernst Hiesmayr: Das Karge als Inspiration, Wien 1991.

Ernst Hiesmayr: Eine neue Tradition. 250 Jahre Handwerker- und Gewerbezunft Egg-Großdorf, Dornbirn 1995.

Wolfgang Fiel (Hg.): Getting Things Done. Evolution of the Built Environment in Vorarlberg, 2014, Interviews mit 57 Persönlichkeiten, www.gettingthingsdone.or.at.

Faxabsender: +055242896 Rudolf Wäger 19/02/03 13:06

Lieber Otto,

ich versuche zu Deinen Fragen stichwortartig zu antworten und die ‚Zwischentöne' können wir dann mündlich abhandeln.

...

zu 3) Die Initiatoren der Siedlung Halde in Bludenz (Bertel+Hanser) sind zuerst an mich herangetreten bezüglich der Planung. Ich habe diese Leute nach Bern geführt, um die Siedlung Halen zu besichtigen als Beispiel der Verdichtung. Die Siedlung Halde in Bludenz habe ich mir damals nicht allein zugetraut und dadurch wurde dann Hans Purin von Bertel ins Spiel gebracht. Purin wollte allerdings dies nicht mit mir zusammen machen und hat kurz und bündig erklärt, er mache es alleine. Dies war mein erster Kontakt mit Purin. Natürlich habe ich die Projekte von Purin verfolgt, da zu dieser Zeit nur er die radikalen Sachen gemacht hat. Aber ein etwas engerer Kontakt zu ihm ist erst entstanden, als ich zur ZV als Mitglied von ihm vorgeschlagen wurde. (Ende 70er od. Anf. 80er)

Fragenbeantwortung 19.02.03 zur Ausstellung „Konstruktive Provokation" an Otto Kapfinger, Konzeption und wissenschaftliche Leitung.

zu 4) Also die viel beschworene Holzbautradition war für mich sicher nicht das Vorbild. Als Zimmerer hab ich bei den traditionellen Häusern, die wir ausgeführt haben, immer das Gefühl gehabt, daß dabei sinnlos viel Konstruktionsholz verbaut wurde, und dabei an die skandinavischen Beispiele gedacht. Zu der Zeit war es zumindest beim ‚normalen Volk' verpönt, mit Holz ein Haus zu bauen; also war schon die Tatsache, ein Holzhaus zu bauen, radikal gegen die damalige ‚Tradition'; also versuchten wir auch gleich noch die ‚Form' zu radikalisieren. Die damaligen Kämpfe mit den Behörden und den konservativen Eltern + Schwiegereltern der Auftraggeber sind Legende.

...

„Bodenständiges Bauen“

Leserbrief von Rudolf Wäger „Bodenständiges Bauen“ Zum Beitrag vom 4. Dezember 1963, VN Vorarlberger Nachrichten

Die Gedanken, welche im Artikel zum bodenständigen Bauen dargelegt wurden, mögen vielen eine Bestärkung sein, drängen aber manchen das Gefühl auf, daß fruchtbaren Fortschrittsbemühungen und Erkenntnissen ein Ende gesetzt werden könnte. Vertreter des bodenständigen Bauens scheinen zu vergessen, dass der Ablauf der Zeit von dynamischen Einflüssen diktiert wird und sich nicht statischen Gesetzen unterordnen kann. In diesem Prozess ist das Bauen seit den ersten Anfängen aus dem Kinderschuhstadium herausgetreten und zur bewussten Aufgabe geworden. Neben der primären Forderung, Menschen zu behausen, charakterisiert das Bauen einen ganz bestimmten Entwicklungsstand, zwangsläufig den zivilisatorischen und kulturellen Ausdruck einer bestimmten Zeit.

Vorarlbergs Baugeschehen in großen Zügen lässt feststellen, dass einheimische Bauschaffende aus früherer Zeit auch im Ausland höchst Anerkanntes geschaffen haben. Die Bauformen, welche jene Leute damals vertraten, hatten mit den Behausungen der Bürger wenig gemein. Die herrschende Ordnung im Lande beeinflusste weitgehend die heimische Kultur. Daraus bildete sich dementsprechend eine einfache Umgebung. Man vermied bewusst übertriebene Vornehmheit, Repräsentanz oder Prunk. Eine solide und praktische Einstellung war auf lange Zeit für diese Kultur bestimmend. Mit dem Aufkommen des Industriezeitalters und politischer Wirrnisse wurde eine kontinuierliche Weiterentwicklung solcher Lebensausdrucksformen beträchtlich gestört. Stilimitationen, keinerlei Bezug zum Leben hiesiger Menschen aufweisend, waren die Folge.

Dem Bemühen, nach den Kriegen die Ausdrucksformen alter Baustile mit in den Aufbau einzubeziehen, standen gänzlich neue Voraussetzungen entgegen. Die Absicht, einen würdigen Anschluss an eine Entwicklung zu finden, die von übernationalen Einflüssen abgebrochen war, konnte für die Lösung der Probleme kein Ausgangspunkt sein. Besonders rapider Bevölkerungszuwachs durchquerte derartige konservatorische Bemühungen. Zudem wurde Wesentliches alter Kulturen gar nicht mehr beachtet. Die

Anwendung neuer technischer Möglichkeiten, vermischt mit Übernommenem und von überholten Baugesetzen korrigiert, führte zu Umweltbildern, die weder dem einheitlichen Werk der Vorfahren Ehre machen, noch den sich inzwischen völlig gewandelten Bedürfnissen entsprechen. Es ist zum Beispiel heute nach Vorarlberger Gesetz unmöglich, ein Holzhaus weder nach alten Vorbildern noch nach neuen Gesichtspunkten zu bauen.

Nach alledem sucht man vergeblich nach den einleuchtenden Gründen, die dem Begriff ‚bodenständig' so viel Bedeutung beimessen. Ist es die Verneigung vor dem Kulturgut unserer Ahnen oder ist es unterbewusst Angst, Gegenwärtiges und Zukünftiges zu bewältigen? Tatsache ist doch, dass wir, genau wie alle vor uns, mit unseren Mitteln, der Zeit entsprechend, bauen müssen. Wie unsere Kleidung unserer Zeit angehört und auch von den Vertretern des Bodenständigen voll akzeptiert wird, haben Bauten Berechtigung, den Charakter eines Erzeugnisses aus unserer Zeit aufzuweisen. Heimatliebe kann deswegen weiterhin bestehen bleiben. Wenn gutes Neues neben gutem Alten zu stehen kommt, kann nur das eine das andere respektieren. Dies gilt für die Stadt wie für das Dorf. Ansichten, wie z. B. „geschlossene Bauweise in der Stadt und aufgelockerte für das Dorf", haben keine Gültigkeit mehr, seit Fortbewegungsmittel berücksichtigt werden müssen. Beide Bauweisen werden in Zukunft anlagemäßig einander angeglichen, genau wie die Lebensformen. Auch Grundstücke sind beiderorts kostbar geworden. Ist es richtig, wenn sich Gemeinden hierzulande allseitig mit ‚Häuschen' ausdehnen und die Natur überwuchern? Wie wird die Landschaft berücksichtigt; etwa damit, dass die Häuser ‚Giebelhäuschen' sind? Welche Faktoren sind entscheidend, beispielsweise für die Gestaltung unserer öffentlichen Gebäude? Es sind eindeutig die zeitnahen Bedingungen, Menschen zu vereinen, zu bilden und zu leiten, dass sie wiederum die Zukunft bewältigen.

Ob eine Hausfibel eine wirksame Hilfe für ‚kulturbedrohte' Gemeinden bedeutet, muss wirklich bezweifelt werden. Solche ernstzunehmende Aufgaben der Gemeinden bedürfen vielmehr einer Beratung durch qualifizierte Städteplaner. Wollen Ziele erreicht werden, die mit dem kulturellen Wert der Umwelt unserer Vorfahren vergleichbar sind, darf nicht nur in den „Rückspiegel" gesehen werden. R.W.

Bauwerke 1965–1972

003 **Würfelhaus**
Götzis, Bulitta 43
1965

Dieses Würfelhaus aus Holz könnte man einen Schlüsselbau für Vernunft im Wohnbau nennen: optimale Raumausnutzung und billige, jedoch gediegene Konstruktion, die einen großen Anteil von Eigenleistung erlaubt (39 m^2 bebaute Fläche, Wohnraum mit 24 m^2 Küche, Heizraum, Bad mit WC, Studio und 2 Schlafzimmer, Abstellraum). FA

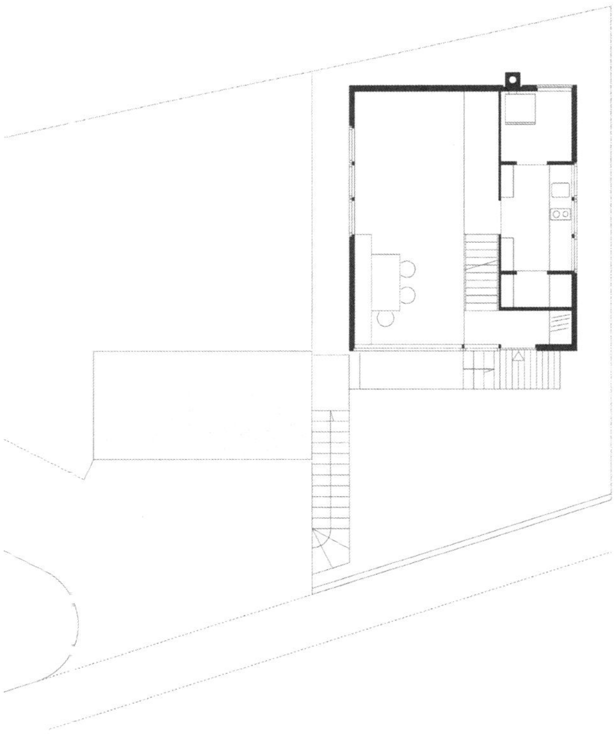

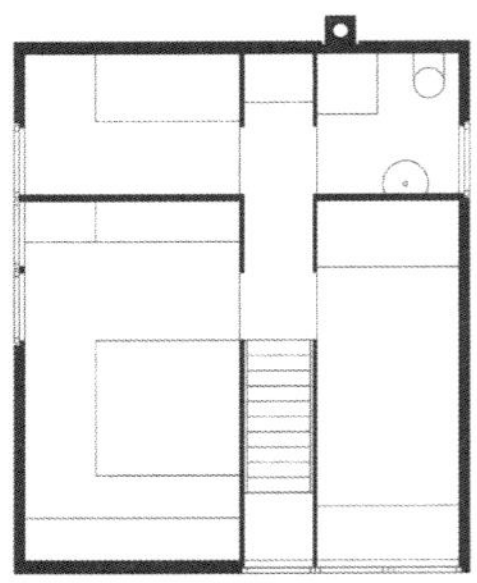

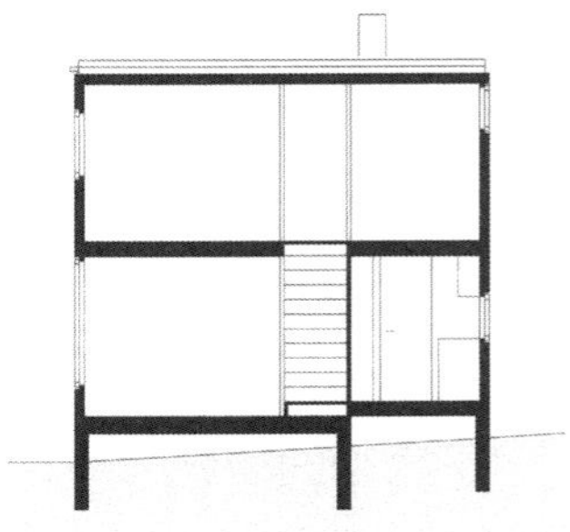

Vom Würfel zur Ikone

Wer kennt es in Architekturkreisen hierzulande nicht, das emblematische Foto mit dem Esstisch im Wohnraum des Würfelhauses, aufgenommen von Fritz Achleitner? Nicht-Eingeweihten vermittelte das Motiv seinerzeit wohl kaum eine Vorarlberger Stube der Ära des Wirtschaftsaufbaus, sondern schien es vielmehr einer finnischen Architektur-Zeitschrift der 1960er Jahre entsprungen. Oder handelte es sich gar um das Interieur der Ferienhütte eines italienischen Künstlers der Arte Povera? Diese unsentimentale Kargheit hingegen Vorarlbergs (Bau-)Kultur zuzuordnen, das mutete unwahrscheinlich an.

Es sei denn, man hatte schon von ihm gehört, dem Zimmerer aus Götzis, der an der Bulitta eigenhändig ein Minihaus für sich und seine Familie baute. Dann erspähte man vielleicht schon vor 55 Jahren beim Investigationsrundgang den Innenraum des Würfels, der genau genommen keiner ist. Denn die Verkürzung der Perspektive von der Bulitta aus, der Landstraße Richtung Oberer Berg, ist so groß wie das oberhalb liegende Terrain steil. So wirkt das Würfelhaus von unten gesehen nahezu quadratisch. Heute entzieht es sich sogar fast den Blicken der Vorübergehenden. Denn Wäger schob für Hedi Schlattinger-Zehle, Freundin, Käuferin und Nachnutzerin des Hauses, eine Garage mit Kellerraum gedanklich salopp in den Hang, anbei bilden etliche Stufen den neuen Zugang. Nun thront auf dem Betonsockel ein modernes Holz-Salettl in Wäger'scher Manier, zwar nicht mehr ganz so durchlässig wie ursprünglich geplant, aber insgesamt gut ins Gelände modelliert. Die umtriebige Lehrerin und Kunstsammlerin war eine zentrale Figur in der seinerzeit von der intellektuellen Avantgarde so geschätzten Galerie Hämmerle, deren Ausstellungen und Gespräche Wäger über Jahrzehnte inspirierten und nährten. Seit ihrem Tod bewohnt ihr Mann Hartwig Zehle das Haus alleine. Es wirkt wie eine tröstliche Hülle um ihn herum und man fühlt seine Übereinstimmung mit Garten und Ort. Denn sowohl der unaufgeregte Geist der Moderne als auch der seiner Gefährtin sind darin nach wie vor präsent. Alleine ist relativ, Hartwig ist in guter Gesellschaft. Das ist nicht nur der Aura seiner Hedi zu verdanken, nein, auch dem Raum, der so minimiert und austariert sämtliche Bedürfnisse auf kleinstem Raum erfüllt.

Schon der Eingang könnte kleiner nicht sein, die Haustüre so beiläufig wie eine Zimmertüre, ehemals mit Eternit beschlagen, heute in sattem Blau. Längs zum Haus gibt es drei Schichten – die der Nebenräume inklusive Küche, eine Mittelzone mit Stiege, Gang und Kanapee auf dem Podest, und die Räume zum Wohnen, Essen, Schlafen und Arbeiten mit Blick aufs Tal. Beide Stockwerke umfassen insgesamt rund 75 m², das reichte gerade noch, als das dritte Kind mit im Bunde war. Aber die Aussicht auf Wohnen im Verband mit Gleichgesinnten war verlockender als die Beengtheit und Abgeschiedenheit eines minimal gehaltenen Einfamilienhauses. Der Umzug nach Ruhwiesen schien die Antwort auf die Lebenssituation.

Das Würfelhaus erzählt auch nach mehr als fünfzig Jahren noch von der Reduktion und dem selbstauferlegten Mangel. Zu sehen und zu spüren ist dies an den Dimensionen der Pfosten-Riegel-Konstruktion und den Wandstärken sowie der Geradlinigkeit und Einfachheit von Details und Funktionszusammenhängen. Es erzählt auch immer noch vom radikalen Zimmerer, der das Minimum an Platz und Material wagte, um das Maximum an Raum und Garten zu generieren. Mit eigenen Händen und Material im Wert von 165.000 Schilling (2021: 66.700 Euro) zimmerte er sich seine eigenen vier Wände. Zuvor reichte er bei der Behörde einen Entwurf mit Dach ein – wen kümmerte es, dass der Erbauer der ‚Cabaña' nach Bewilligung selbstredend darauf verzichten konnte. Der junge Planer und Handwerker nahm auch in Kauf, dass die Innenwände mit Spanplatten beplankt waren, denn mehr war nicht leistbar. Geheizt wurde mit Holz und Kohle, per Kanal im Podest vor der Küche leitete man die Heißluft Richtung Ausblasöffnung bei der Stiege. So gelangte warme Luft auch ins Obergeschoß, das bis aufs Bad unbeheizt war – und dennoch in Wägers Erinnerung nie kalt. So spartanisch er in seinen Ansprüchen war, so autonom war er auch beim Bau des Würfelhauses: „Konstruktion zugeschnitten, zusammengebaut, aufgestellt, ausgefüllt mit Isolierung, das habe ich alles mehr oder weniger fast allein gemacht. Ich habe Spanplatten he-rumtransportiert, habe mir extra einen Griff gemacht, damit ich eine raumhohe, so eine breite heben kann. Darum habe ich heute eine kaputte Schulter. Tja, man muss es halt in Beziehung setzen zum damaligen Baupreis."*

Lässt man die Vorarlberger Holzbauten jener Zeit Revue passieren, gibt es wohl kein zweites Haus, das mit dieser Einfachheit und Schlichtheit auskommt. Das Würfelhaus war eine Ausnahmeerscheinung. Für einige der damals noch studierenden, nachfolgenden Kollegen kam es einer Offenbarung gleich – hier ist eine Spur, hier wird etwas manifest, an dem wir weiterarbeiten können! Ja, drei Jahrzehnte später entstanden „Susi", „Fred" und andere vorgefertigte, sogar transportable Minihäuser aus der Hand der jungen Wälder Kollegen Johannes und Oskar Leo Kaufmann. Vielbeachtet und rund um den Globus publiziert, staunte die Fachwelt über die komfortablen Minimalbehausungen. Die Standards waren andere geworden, die Wandstärken auf das Dreifache angewachsen und die Kosten wahrscheinlich auf noch mehr als das. Rudolf Wäger war seiner Zeit voraus. Er wagte, was ein Architekt so nicht machen würde und ein Zimmerer schon gar nicht. Quell dieses Wagemuts war das „Eigene-Hand-Anlegen", das Vertrauen in das eigene Gespür für Statik und Raum. Auch wenn sich beim Würfelhaus so manche Dimensionierungen letztendlich als zu schlank erwiesen – es mussten später die Dachbalken verstärkt werden –, ist und bleibt seine konstruktiv-räumliche Vorstellung unter den Baukünstlern eine Klasse für sich. MH

* O-Ton Rudolf Wäger, Audio MPS 2018

DER GROSSE READER'S DIGEST WELTATLAS
STRASSENATLAS
Finnland

009 **Haus Häusle**
mit Sigi Wäger
Hohenems, Robert-Koch-Straße 1a
1968

Am Rande einer Vorkriegssiedlung im Hohenemser Herrenried komplettierte ein Haus mit quadratischem Grundriss und flachem Zeltdach den einheitlichen Straßenzug in zweiter Baulinie; heute ist von der Siedlung kaum mehr etwas übrig, das Haus Häusle aber hat sich bewährt. Eigenbau mit handanlegendem Planer. Ungewohnte Raumfolgen in einfacher Konstruktionstechnik, handhabbare Dimensionen und kompakte Form fanden darin Ausdruck und animierten in der Folge Freunde des Hausherrn mit ähnlich knappem Budget und eigenem Grundstück zu selbiger Architektenwahl: Das Werk ist ein wirkungsvoller Türöffner für weitere Aufträge. MH

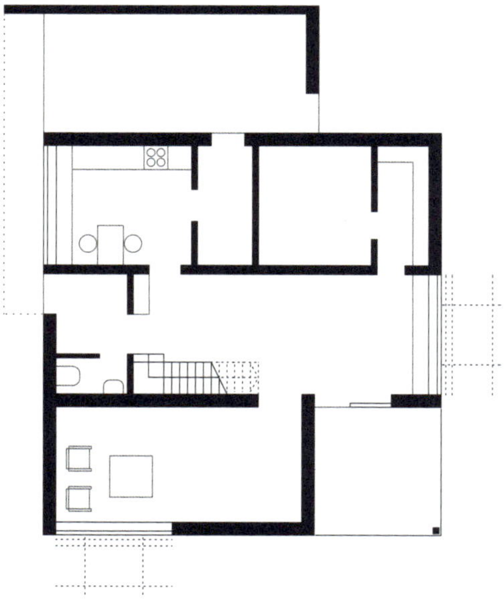

Alternative Bürgerlichkeit

Im Haus von Erich und Maria Häusle steckt ein gewisser Pragmatismus, der gar nicht so weit von den Haustypologien der frühen 1960er Jahre entfernt scheint. Einfach und kostengünstig mussten sie sein, die Einfamilienhäuser der Nachkriegsgeneration. Doch in dem Bauwerk steckt mehr – eine subversive Unterwanderung gängiger Bürgerlichkeit macht das Haus zum zeitlosen Klassiker.

Mit den Wäger-Brüdern seit Kindestagen vertraut – Erich Häusle wuchs im selben Clan auf –, war es naheliegend, dass er eines Tages einen von ihnen zur Planung heranziehen würde. Der quadratische Grundriss spannt in Ost-West-Richtung drei Raumschichten auf, in der mittleren davon verbindet eine einläufige, geländerlose Treppe die beiden Stockwerke. Dort lag anfangs im Erdgeschoß eine spartanische Küchenzeile, später verlegte man mit planerischer Unterstützung von Rudolf die Garage in einen Anbau und an ihre Stelle trat eine großzügige Essküche mit Blick zur Einfahrt. Im Obergeschoß war die Mittelzone Spiel- und Bewegungsraum der drei Buben. Der gedeckte Sitzplatz auf Gartenniveau erhielt im Schlafgeschoß ein Pendant.

Heute schätzen die Bauherren den Dachüberstand und den sorgfältig gezimmerten Dachstuhl als Stauraum; bei der Einreichung hingegen machte sich Frust breit, als Bürgermeister und Bauverwaltung einem Flachdach nicht zustimmten. In der Vertikalen bildet klassischer Ständerholzbau die Füllelemente zwischen den Fensterteilen. Das zweischalige Mauerwerk aus Zementhohlblocksteinen, dem Kostendruck geschuldet, wurde durch gelöschten Kalk nobilitiert. Hier mauerten Rudolf und Sigi Wäger eigenhändig, mischte der Bauherr den Malter und entstanden ebenfalls aus Wäger-Händen Dachstuhl und Wandelemente.

Das Haus hat kaum an seiner genügsamen Ursprünglichkeit eingebüßt, selbst die verschiebbaren Bretter an zwei Auslegerstangen sind als Sonnenschutz noch intakt. Analogien zu zeitgleich entstandenen Typologien von Hans Purin sind nicht von der Hand zu weisen, und dennoch wirkt es maßgeschneidert für Ort und Auftraggeber. Neben Brüdern und Freunden des Bauherrn wählte auch 35 Jahre später einer der Söhne (106) jenen Architekten, der ihm den frei bespielbaren Raum im Zentrum des Elternhauses bot – ein Lob an die kluge Einfachheit. MH

013 **Haus Tschernig**
Rankweil, Hartmanngasse 21
1970

Als es gebaut wurde, gab es rund um das eineinhalbgeschoßige Flachdachhaus nur grüne Wildnis und Wiesen mit spärlicher Nachbarschaft. Die Wohnebene liegt einen Halbstock höher, damit ergibt sich ein vollwertiges Untergeschoß mit natürlich belichteten Räumen. Der quadratische Grundriss ist im strengen Raster aufgeteilt: 4 mal 4 Meter an jeder Ecke, dazwischen Schneisen mit 3 Metern Breite. Es gibt keinen Gang, jedoch neben der Treppe, die vom Eingangsbereich hochführt, ein funktionsgebundenes, prominent positioniertes ‚Kabäuschen'. MPS

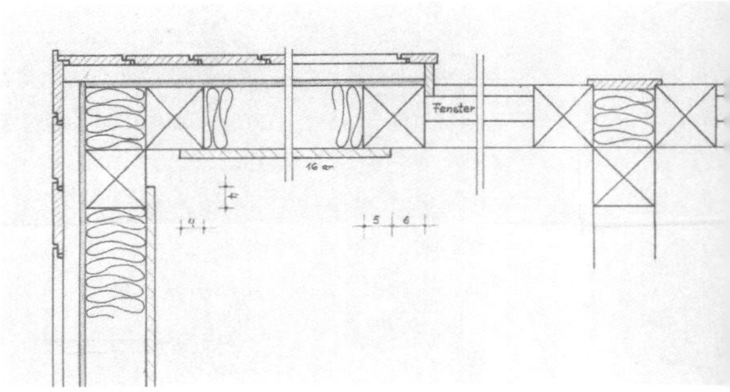

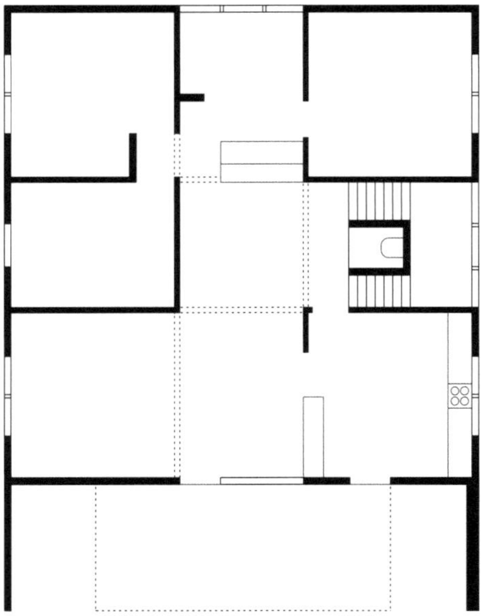

Viel dazugelernt

Mit der Offenheit im Grundriss und nach draußen, mit der Großzügigkeit hätten sich auch ihre Vorstellungen verändert, seien „aufgebrochen“ und „offener“ geworden, erzählen Hedi und Hans Tschernig. Die drei kleinen Kinder seien fröhlich herumgeflitzt, und auch wenn man sich damals mit antiautoritärer Erziehung befasst hat, gab es elterlichen Halt und Rahmen. Genauso verhält es sich mit dem stringenten Raster des Grundrisses ihres Hauses: Ein Quadrat von 11 mal 11 Metern, in klarer Geometrie funktionsgemäß gegliedert. Ebenerdig betritt man das Haus und spürt an der Raumhöhe, wie es weitergeht – einen Halbstock höher zur Wohnebene, ein paar Stufen hinunter ins Souterrain. Die Räume dort sind von drei Seiten natürlich belichtet und der größte (24 m²) – am Anfang Kinderspielzimmer, später zum Büro umgebaut – hat sogar eine Terrassentür zur Gartenmulde. In klaren Strichen ist der Grundriss gezeichnet, räumlich entfaltet er sich beeindruckend weitläufig: An jeder Ecke gibt es einen 16 m² großen Bereich – nach Osten und Westen als Schlafzimmer, nach Süden zusammenhängend in einer Raumsequenz von Wohnzimmer, Essplatz und der mit einem beidseitig bedienbaren Geschirrschrank zonierten Wohnküche. Die Mitte ist offener Verteiler und gewinnt vom überhöhten Treppenaufgang. Originell ist der kleine, quasi eingehängte Kubus daneben, der sich nicht als Lift, sondern als Toilette entpuppt.

Den Konstruktionsraster gab der Holzständerbau vor, der auf die betonierte Decke aufgesetzt wurde. Für das in der Fassade bewusst abgesetzte Flachdach kamen die damals noch unüblichen Leimbinder zum Einsatz. Außen ist ansonsten vertikal verschalt, die von unten nach oben zu ziehenden Fensterläden sind quer gelattet. Konstruktiven Sonnenschutz bietet das große Vordach über der Terrasse, der Garten entfaltet sich als Paradies mit Nussbaum und Bio-Gemüsebeeten. Unverständnis begegnete damals der jungen Familie mit ihrem Haus ‚ohne‘ Türen und so großen Terrassenfenstern, die es bestimmt unbeheizbar machen müssten. „Unsere ‚Wohnkiste‘ war keine bodenständige Architektur“, stellen die Tschernigs – noch immer zufrieden – fest. MPS

014 **Zweifamilienhaus Blöb**

Feldkirch, Schregenbergstraße 27
1971, abgerissen

Ein Sichtmauerwerk mit abstrakten, riesigen Öffnungen umhüllt beim Wohnhaus die hineingestellte Holzkonstruktion. Getrennt durch einen Spalt, doch über den gemeinsamen Eingang und Keller zusammenhängend, schließt eine etwas niedrigere Kubatur an. Reizvolle Außenräume mit Terrasse, Treppe und Balkon entstehen beim Haus im Haus innerhalb des Mauerrings gegen Süden und Westen, bei der Einliegerwohnung stülpt sich die Veranda keck in den Garten hinaus. Nach einem Eigentümerwechsel wurde das Bauwerk jedoch vollständig abgebrochen und damit ein Zeugnis außergewöhnlicher Architektur beseitigt. MPS

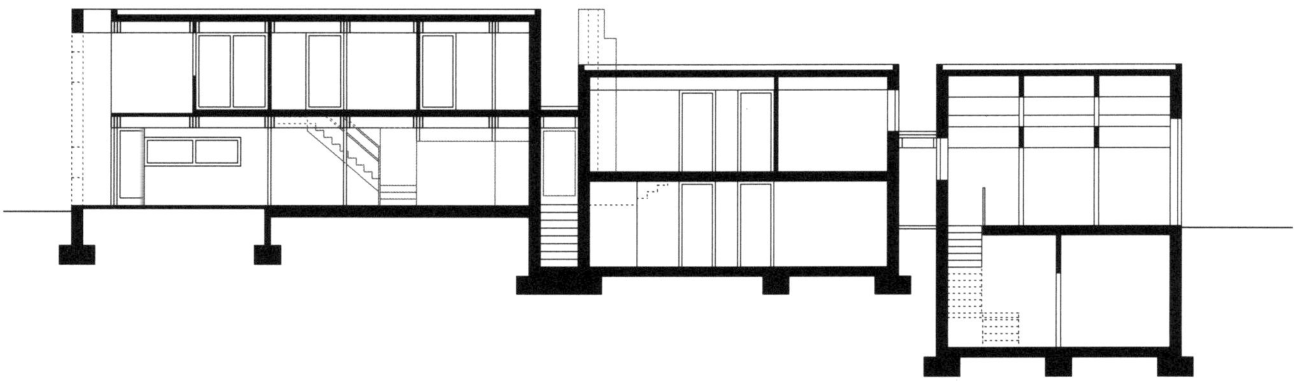

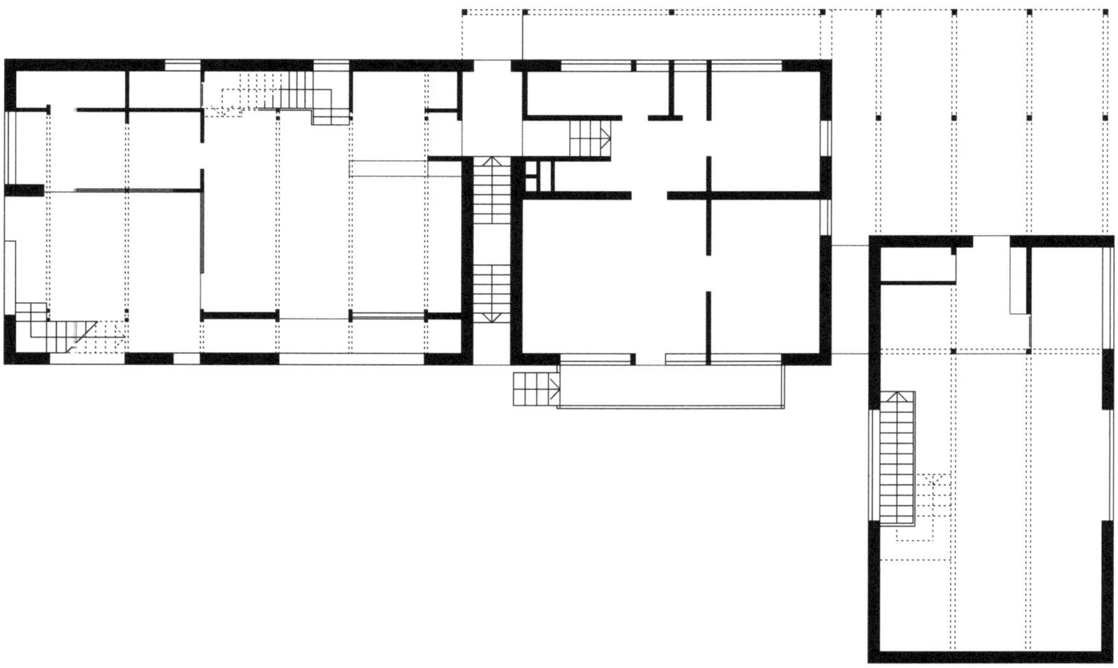

Hülle und Kern

Assoziationen mit Mario Bottas Bauten sind erlaubt. Das Ensemble entwickelt sich über die Länge des flachen Grundstücks, sodass der auffällige Teil der Kubatur von der Straße her nicht einsehbar wird. Geplant war nämlich noch das Fotoatelier des Bauherrn, das etwas versetzt an die Wohneinheit der Schwiegermutter gestellt worden wäre. Dieses wurde nach der Scheidung nicht mehr realisiert. Sichtmauerwerk war aber für alle drei Baukörper vorgesehen, das Atelier hätte mit den großen Oberlichten nach Norden und einem annähernd raumhohen, quadratischen Fenster zur Straße hin räumlich einiges geboten.

Die Erschließung erfolgt überdeckt und von Norden her, die gemeinsame Haustüre akzentuiert zugleich den Abstand der beiden Gebäude. Im Windfang kreuzen sich die Wege, rechts geht es ins Haus, links einen Halbstock höher zur Einliegerwohnung, geradeaus ein paar Stufen hinunter in die Kellerräumlichkeiten, dann gleich wieder hinauf und zur Tür hinaus in den Garten. Das Untergeschoß wird gemeinsam benutzt, für reichlich Belichtung von Waschküche und Bastelraum sorgt ein Fensterband unter der auskragenden Veranda der Wohnung. Das Wohnhaus ist eigentlich ein Holzbau, die Konstruktion wird in den geschlossenen Mauerring hineingestellt, was an Licht und Aussicht gebraucht wird, ist ausgeschnitten. Innerhalb der Hülle entwickeln sich die Grundrisse nach Süden und Westen befreit von diesen Mauern. Terrasse und Balkon, erschlossen auch von einer Außentreppe, werden auf die durchgezogenen Holzträger gelegt, es entstehen unter dem alles überspannenden Flachdach vielschichtige Freiluftwohnzimmer. Querformate bei den Fenstern, teilweise übereinandergelegt und raumhoch, sowie verglaste Terrassentüren verfeinern im Wechsel mit wenigen geschlossenen Wandflächen das gekonnte Spiel von innen und außen. MPS

015 **Zweifamilienhaus Dietrich**
Mellau, Hinterbündt 83
1971

Wägers Interpretation alpinen Bauens ist so eigenständig wie radikal. Der Typus legt zwar eine Analogie zum Wälderhaus nahe, jedoch entfaltet sich anderes. Wohn- und Wirtschaftsteil sind umgemünzt in zwei Wohneinheiten, Feuermauer und Terrainsprung markieren es deutlich, sogar die Dachrinne in Falllinie wird zur Kerbe. Das Dach selbst begehrt auf, simuliert sechs liegende dreiseitige Polyeder, widerständig auch das dreifaltige Giebelfeld. Bretterelemente quer und längs verzahnen die Fassaden, ebenfalls modular gehalten sind Fenster und Schiebeläden. Die strukturelle Stringenz setzt sich im Inneren fort. Großzügige Räume und minimierte Erschließung sind die Devise. Konstruktionsraster und kräftige Balkenlagen spielen im Erdgeschoß den Wohnraum frei, dabei lassen Schiebetüren das Haus atmen, wirken leger und verschränkend. MH

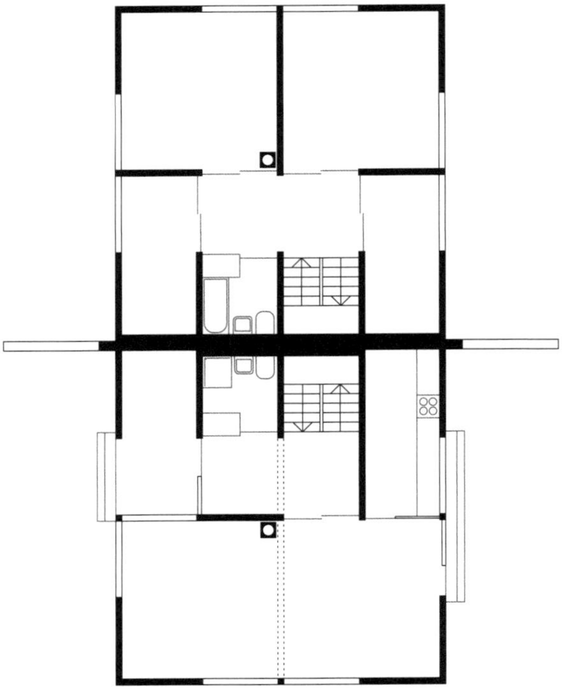

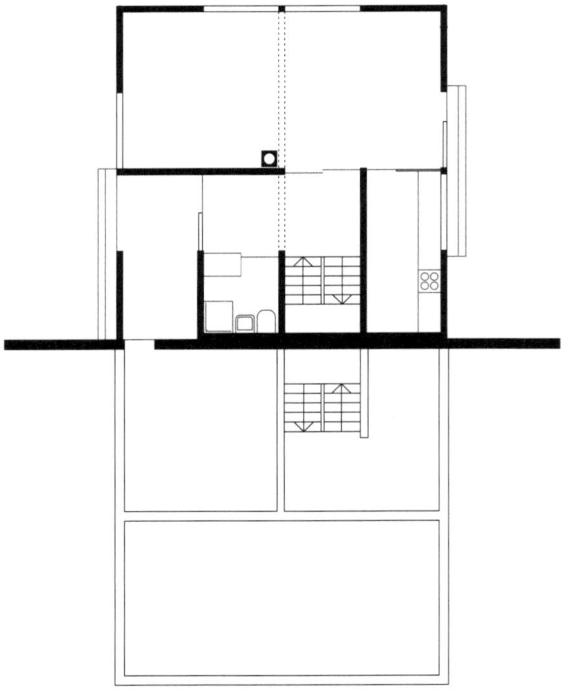

Zu Besuch bei Margarete Dietrich

Margarete Dietrich lebt in Wien, ist Architektin und eines von drei Kindern des in Mellau geborenen Malers Hubert Dietrich und seiner Frau und Gefährtin Annette Pott.

Tja, das ist also unser geliebtes Wohnzimmer. Im Originaleinrichtungskonzept stand hier ein einfaches Bett mit grünem Überzug. Das gesamte Mobiliar ist von Rudolf selbst entworfen, ergänzt durch ein paar dänische Sitzmöbel. Die Bauernmöbel gehören nicht zur Originaleinrichtung, die hat mein Vater aus alten Bauernhäusern zusammengesammelt. Er ist 2006 gestorben, das Haus hat er 35 Jahre zuvor gebaut, im Jahr 1971 verbrachten wir hier erstmals die Ferien. Mein Vater fand durch seinen Freund Walter Salzmann, einen blinden Bildhauer, zu Rudolf. Salzmann wohnte und arbeitete in einem von Rudolf geplanten Haus in Göfis (004) und gehörte derselben Generation an wie mein Vater.

Das Elternhaus meines Vaters steht ein wenig weiter oben am Hang, mein Vater erbte ein Grundstück und baute darauf dieses Ferienhaus. Wir hatten überhaupt keine Mittel, er hatte sich von null an in Wien alles aufgebaut. Seine Restaurier-Ausbildung hatte er erst 1960 begonnen, er bezog damals nur ein Lehrlingsgehalt, hatte aber 1965 schon alle drei Kinder, daneben verdiente er sich mit Kunst-am-Bau-Aufträgen etwas dazu, er wollte unbedingt dieses Haus bauen. Rudolf plante für ihn ein Low-Budget-Haus, die Baukosten betrugen rund eine Million Schilling für unseren Teil. Die Außenwände sind nur 12 cm dick, das ganze Haus ist auf einem Raster von 2,15 Metern aufgebaut, auf den Balken liegen 5 cm Dielen, welche die 2 Meter Lichte überspannen, darüber ist dann noch ein Bretterboden. Man nimmt jeden Schritt wahr, das Haus ist sehr hellhörig. Zudem gibt es über den Zimmertüren durchgehende Oberlichtbänder, das heißt, man bekommt auch mit, wenn irgendwo das Licht angedreht wird. Das Konzept verlangte einfach den Bewohnern ein paar Konzessionen ab, die musste man in Kauf nehmen. Aus den konzeptuellen Überlegungen stammen auch die modularen Fenster, Ausgangsbasis ist ein Element mit zweifach quadratischem Zuschnitt – ein Teil fix, ein Teil beweglich. Abwandlungen sind das verdoppelte und das halbierte Grundmodul, so wie sie bei der Terrasse bzw. in der Küche und im oberen Stock zu sehen sind: einfach und logisch entwickelt.

Mein Vater teilte Grundstück und Haus mit seiner Schwester, ihr gehörte der hangseitige Teil, wir bewohnen den unteren Teil und haben zwei Stockwerke. Sie lebte hier ganzjährig, das war ihr Wohnhaus. Nach der ursprünglichen Idee wollte Rudolf die zwei Einheiten als Einzelbaukörper planen. Es schien aber völlig ausgeschlossen, das in der Gemeinde durchzubringen. In einer Nacht- und Nebelaktion saßen dann Walter Salzmann, mein Vater und Rudolf zusammen und überlegten gemeinsam eine Alternative. Rudolf war zwar von seinem Konzept überzeugt, willigte dann aber ein, den Typus einer Großform, ähnlich jenem der Wälderhäuser, zu verfolgen. Im Dorf wurde sehr über das Haus geschimpft, einige wollten es am liebsten anzünden. Es wäre kein Haus, sondern ein Stadel, und in einem Stadel wohnten Tiere und nicht Menschen. Die Dorfbewohner verstanden unser Haus als Affront auf ihre Kultur, dabei orientierten sie sich zu der Zeit am sogenannten Tiroler Stil, der mit unserem Wälderhaus herzlich wenig zu tun hatte. Selbst heute nennen es viele das Haus ohne Fenster. Macht man die Läden zu, sieht man ja keine Fenster. Es gibt immer noch Leute, die das Haus unpassend finden.

Alle, die hierher kommen, lieben jedoch das Haus. Es hat seine Eigenheiten und ist sehr spartanisch. Obwohl die Wände so dünn sind,

wird es doch ausreichend warm, wenn entsprechend geheizt wird. Das ist zwar unökologisch, aber es funktioniert. Bei Temperaturen um null Grad hält sich der Heizbedarf sogar ziemlich in Grenzen. Das Haus ist eigentlich sehr groß, unsere Einheit hat fünf Schlafzimmer, teilweise sind zwölf bis fünfzehn Leute hier.

Die zwei Badezimmer, eines im Erdgeschoß, eines im oberen Stock, werden demnächst erneuert, ich versuche aber, sie möglichst originalgetreu zu erhalten. Der Boden im oberen Bad besteht aus zwei großen Eternitplatten, die Armaturen haben einen Schwenkarm und einen Umschaltmechanismus zwischen Dusche und Waschtisch. Sie sind kaputt, ein Ersatz ist nicht mehr zu bekommen. Die Wände bleiben Holztäfer, im Bereich der Dusche und der Badewanne werden sie mit weißem Corian belegt. Es gibt einen Schrankraum, damit die Kästen in den Zimmern entfallen. Das Original-Stockbett ist nicht abgesichert, manchmal ist ein Kind runtergefallen, das hat aber offenbar nie jemanden gestört. Alle Sessel sind ebenfalls noch original, einige habe ich unlängst neu bespannt. Ein Raum war das Atelier meines Vaters, noch immer steht da sein Kanapee und ist der Blick aus dem Fenster auf die Kanisfluh betörend. Dieser Berg war sehr wichtig für ihn, er war eine Metapher für seine Heimat. Am liebsten malte er aber

in der Natur. Unser Haus war das letzte im Dorf, wir lagen am Siedlungsrand und hatten freie Sicht auf den Diedamskopf. Dann verstellte uns ein Einfamilienhaus den Blick, daraufhin pflanzte mein Vater eine dichte Baumreihe.

An der äußeren Erscheinung fällt die Ausbildung der Stirnseite des Hauses auf. Meiner Erinnerung nach resultiert sie aus einem Kunstgriff, der in jener Nacht der gemeinsamen Überarbeitung entstand. Im Dachraum befinden sich noch zwei Räume mit einem Matratzenlager. Bei den Oberlichten der Zwischenwände zum Gangbereich ist das Wellenschliffglas original. Es gibt keine üblichen Türen, alle Zimmer werden über Schiebetüren begangen, und die stehen meistens offen. Ebenso sind vor den Fenstern anstelle normaler Fensterläden Schiebeläden angebracht. Bei den Balken kamen Brettschichtträger zum Einsatz – die sind so fein dimensioniert, dass die Stützen breiter sind als die ohnehin schon gering ausgefallenen Träger. Ernst Kaufmann hat das Haus mit seinen Leuten aufgerichtet. Hier sind noch die Löcher der Hunderternägel zu sehen, die die Zimmerer eingeschlagen haben, um ihre Jacken aufzuhängen. Das Haus hat eine gewisse Brutalität. Es ist sehr robust und wurde minimiert, wo es geht. In der Dämmschicht der Außenwand sind beispielweise nur 6 cm Tellwolle. Die Küche ist ebenfalls noch original und sehr einfach gehalten. Wir haben nur den Herd ausgetauscht und nachträglich einen Geschirrspüler eingebaut.

Für mich speichert dieses Haus sehr viel von meinem Vater, meiner Familie. Es ist für alle, die es nützen, ein Ort der Auszeit, des Rückzugs. Und zugleich ist es weit und atmet, es passt sich mühelos an viele Szenarien an und verbindet uns in seiner Vertrautheit. MH

019 **Haus Gassner**

Lustenau, Mariahilfstraße 18
1972

Einfach, kompakt, gut. Das Gassner-Haus, von Wäger in einen ursprünglich weitläufigen Obstgarten geplant, ist ein radikales Frühwerk, bestechend in Stringenz und Einfachheit. Minimal und wohlproportioniert in den Außenmaßen schichten sich zwei Bauteile aufeinander: erdverbunden das Sockelgeschoß in unglasiertem Ziegelmauerwerk, erhebend, sich mit dem Geäst verbindend das eigentliche Wohngeschoß in dunkel lasiertem Holzständerbau. Rhythmik und Zonierung entstehen durch Tragstruktur und Fensterformate. Im Inneren bilden sich die Bewegungsabläufe als gut durchdachte, hoch effiziente Raumstruktur ab. MH

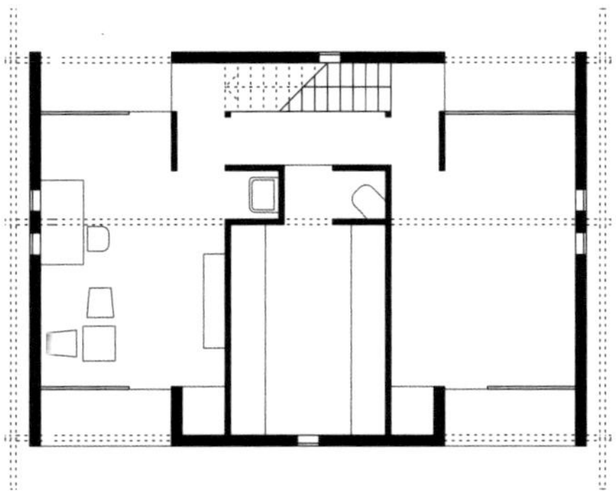

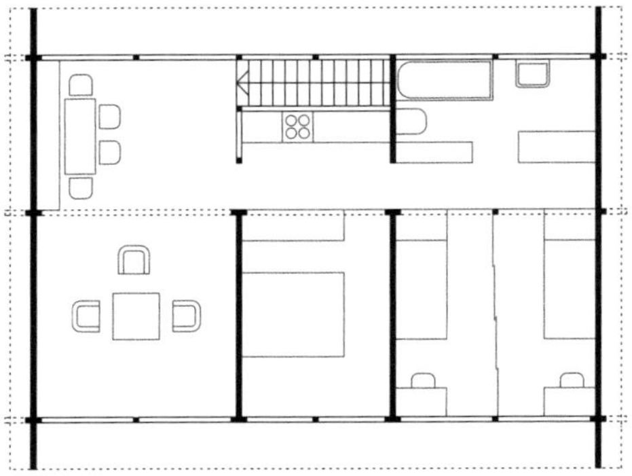

Reduziert auf das Wesentliche

Bei vielen Bauherren entsteht der Eindruck, dass ihre von Rudolf Wäger geplanten Häuser mit ihnen im Gleichklang schwingen. Im Haus Gassner ist das besonders deutlich spürbar. Hat dieses einfache, kompakte Gebäude Franz und Helga so geprägt? Oder ist es umgekehrt, hat Rudolf es verstanden, welche Werte dieses junge Paar in sich trug und was es als Hülle dazu brauchte? Es ist wohl ein Wechselspiel, das diese Übereinstimmungen entstehen lässt, das zeigt sich in den vielen verschiedenen Raumkonfigurationen, die Rudolf im Laufe der Jahre konzipierte. Er muss eine Gabe dafür gehabt haben zu erkennen, wer in welchen Haustyp gehört.

Ausgangspunkt für eine räumliche Veränderung der Gassners war tatsächlich die Idee eines Wohnwagens – analog zum pferdegezogenen Planwagen einer Romafamilie in der Camargue. Das Schwarz-Weiß-Foto mit der Szenerie der umherziehenden Fahrenden ziert noch heute die Wand. Damit Franz, Drucktechniker, Grafiker und vor allem Künstler, abseits der engen Mietwohnung Raum für Kontemplation und Kreativität finden konnte, überlegten sie, sich einen Wohnwagen als Atelier anzuschaffen. Dem kam die Übergabe eines familieneigenen Grundstücks zuvor – plötzlich eröffnete sich die Möglichkeit zum Bau eines eigenen Hauses inklusive Atelier.

Obwohl interessiert an den gemeinschaftlichen Wohnanlagen, die Rudolf in Planung hatte, konnte der wirtschaftliche Vorteil eines eigenen Grundstücks nicht ausgeschlagen werden – ein Umstand, der für viele junge Bauherren jener Epoche, die offen für zeitgenössische Architektur jenseits biederer Nachkriegsbauten waren, wirksam wurde und der erklärt, warum letzten Endes doch viele beim Einfamilienhaus im Dunstkreis der Großfamilie landeten, obwohl sie kollektiven Wohnformen zugänglich waren.

18
Mariahilfstraße

In der Kompromisslosigkeit und Fokussierung auf das Wesentliche finden sich Bauherr wie Architekt. Aus dieser Haltung heraus entstand ein minimiertes Haus, das neben Wägers eigenem Würfelhaus an Stringenz kaum zu überbieten ist. Wohl deshalb bevorzugten die Bauherren diesen Entwurf, denn er war einer von dreien, die Wäger für das Grundstück plante. Alle drei Ansätze wurden von den Auftraggebern gleichermaßen geschätzt und von Franz Gassner mit Begeisterung als Modell umgesetzt. In der 3D-Übersetzung ließ sich gut erkennen, wie sie in Konzeption und Materialisierung divergierten. Vielleicht wirkte unterbewusst auch ein Ausspruch von Rudolf, der meinte: „Solltet ihr mal Hochwasser haben, kann der Wohntrakt als Arche Noah davonschwimmen."

Das Haus, eine Hybridkonstruktion aus Sichtmauerwerk im Erdgeschoß und darauf aufgerichtetem Ständerholzbau, kommt mit erstaunlich wenigen Details aus. Obwohl maßgeschneidert auf die Bedürfnisse der Jungfamilie, gleicht es einem Prototyp für standardisiertes Bauen. Der Grundriss ist im Wesentlichen über die Querachse gespiegelt, die Proportionen oszillieren zwischen 4 zu 3, 12 zu 7 im Inneren und 11 zu 9 plus beidseitig halben Achsen in der Dachkonstruktion. Sie folgen einem stringent geplanten Raster. Die Küche, eigentlich im Gangbereich angesiedelt, wird zur effizienten Schaltzentrale, zum Herzstück des ganzen Hauses. Der offenporige, einfache Ziegel bringt Erdung und das Holztäfer an Wand, Decke und Boden Geborgenheit mit sich – ungeschönt, sanft und roh zugleich. Vier Einzüge im Erdgeschoß formen windgeschützte Nischen, Wohnraum und Atelier sind beide durchgesteckt, die horizontal strukturierten Öffnungen geben den Blick frei zur halböffentlichen Zugangs- sowie zur privaten Gartenseite. Ja, man wähnt sich eins mit den umstehenden Bäumen der mittlerweile dezimierten Obstwiese, man lebt mit der Natur draußen und spürt sie unvermittelt drinnen.

Die rhythmische Tektonik des Holzbaus wird durch zwei gestalterische Elemente unterstrichen: Ost- und westseitig kragen die Wandscheiben über die Balkenlage aus, formen gleichsam eine schützende Geste, Oberlichtbänder lassen das Dach darüber schweben, bringen Morgen- und Abendlicht ins Haus. In dieser Wäger'schen Raumskulptur kommen Paradoxe zum Ausdruck, die sich in der Kunst von Franz Gassner wiederfinden und nach wie vor betören: Ruhe durch Verdichtung, Intimität im Einfachen, Patina der Zeitlosigkeit. MH

WALTER PICHLER

CHIM

CHIM

020 **Siedlung Ruhwiesen**
Schlins, Waldrain 12–22
1972

Diese bescheidene Reihenhaussiedlung mit sechs Wohneinheiten, aus Holz gebaut, ist ein wesentlicher Beitrag zur Lösung des Wohnproblems mit geringen Mitteln in ländlicher Situation. Die Art der Anlage erfordert wenig Baugrund und bringt doch die Vorteile des freistehenden Einfamilienhauses. Der rationelle Grundriss und die Art der Konstruktion erlauben Veränderungen ohne großen technischen Aufwand. Der Vergleich mit den Nachbarhäusern zeigt auch, dass diese Siedlung auffällig im Gelände liegt, sich also vorbildlich in die Landschaft einfügt. FA

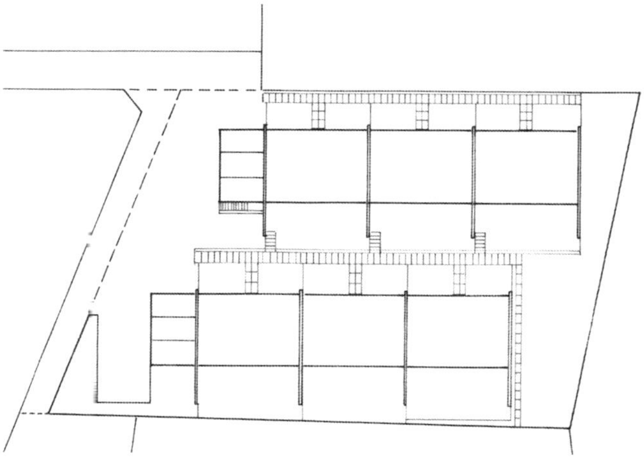

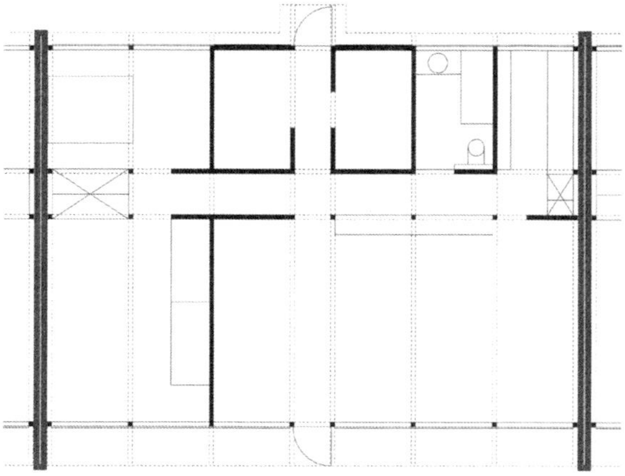

Nomen est omen

Am Waldrain in Schlins ist Rudolf Wäger und der Errichtergemeinschaft etwas gelungen, wovon die meisten Bauträger nur träumen können. Sie machten dem Namen des idyllischen Hanggrundstücks alle Ehre und schafften es, die Qualitäten von Ruhwiesen in ein architektonisches Konzept zu gießen und dementsprechend umzusetzen. Auch wenn der Begriff „Ruhwiesen" einer Fehlinterpretation des ursprünglich rätoromanischen „Ruafis" bei der Übertragung in den Franziszeischen Kataster entsprang, ist er mehr als treffend – und bis heute wirkmächtig: Ort sowie Reihenhausanlage betören bei jedem Besuch. Die ambitionierte Baugruppe von jungen Kreativen und Kunstschaffenden, zu der Wäger selbst gehörte, war inspiriert vom Ideal des gemeinschaftlichen Wohnens und vereint im Ansinnen, kostengünstig zu bauen. Dazu gesellte sich der Anspruch, über die gängige „Hüslebauermentalität" hinauszudenken und sich an Vorbildern wie der Großsiedlung Halen bei Bern von Atelier 5 zu orientieren, die eigens zu dem Zweck gemeinsam bereist wurde. Was die beiden Siedlungstypologien verbindet, ist das Geschick der Planenden, die erforderliche Kubatur so ins Gelände zu betten, dass sie mit diesem eine Symbiose eingeht und die kultivierte Landschaft zur gebauten Landschaft wird. Zudem basieren die Entwürfe auf einer linearen, additiven Gebäudetypologie, der Reihung von Einzelhäusern unter Wahrung größtmöglicher innerer Flexibilität.

Wäger setzte anfänglich auf ein dreigeschoßiges Konzept. Wenig Bodenverbrauch und schmale, im Hangverlauf in die Tiefe gehende Nutzgärten waren das Ziel. Architekt Ernst Hiesmayr, Professor an der TU Wien und damals beratend für die Gemeindeplanung tätig, erteilte diesen Ideen als zu wenig orts- und ortsbildbezogen eine deutliche Absage. Im zweiten Anlauf verteilte Rudolf die ursprünglich als Split-Level angelegte Gestalt von fünf schmalen Reihenhäusern auf zwei Reihen à drei Einheiten, ähnlich

Waldrain

dem heutigen Konzept, allerdings weniger tief als dieses und dafür zweigeschoßig. Entgegen der Überzeugung von Rudolf, der in der reduzierteren Grundfläche und den größeren Gärten ein Zukunftsmodell sah, blieb Hiesmayr bei seiner Aussage und regte in der Folge zur Planung erdgeschoßiger Häuser an – die Anlage sollte seiner Meinung nach höhenmäßig noch weniger in Erscheinung treten, um das Einfamilienhausumfeld nicht mit einer überragenden Großfigur zu dominieren. So entschloss sich Wäger zu einer Art Teppichsiedlung: Zwei zueinander versetzte Riegel bündeln jeweils drei höhenversetzte Bungalows mit kleinen, nach Süden vorgelagerten Gärten, die Erschließung erfolgt hangseitig von Norden, dabei modellieren kleine Stützmauern die Terrassierung. Die Typologie nimmt geschickt das Terrain in beide Richtungen auf, reagiert wie ein flexibles Tuch auf das vorhandene Gelände. Aus den ehemals groß gedachten Gärten wurden intime, dreiseitig geschlossene Gartenzimmer mit bildfüllendem Blick auf den Rätikon. Wäger war sich sehr wohl bewusst, dass der ökologische Fußabdruck der beiden ursprünglichen Ansätze geringer und der Anteil an Nutzgarten größer gewesen wäre, räumte jedoch ein, dass im Gegenzug das eingeschoßige Konzept mehr Nutzungsmöglichkeiten bot, weil alle Funktionen auf einer Ebene angeordnet wurden und es zudem die kostengünstigste Variante darstellte.

„Es war uns wichtig, mit einem Raster zu arbeiten sowie eine sehr einfache, klare Konstruktion zu wählen, die eine gewisse räumliche Flexibilität ermöglicht", erläuterte Rudolf Wäger in einem Interview einige grundlegende Aspekte dieser Reihenhausanlage*. Noch war die Baukünstlergruppe nicht formiert und die zeitgenössischen Holzbauten der Pioniere der 1960er Jahre ließen sich an zwei Händen abzählen. Bauherren, die sich für Holzbau entschieden, waren die Ausnahme, denn Massivbauten standen hoch im Kurs und die Renaissance des Holzbaus war noch nicht eingeläutet.

Genaugenommen ist die Anlage in Ruhwiesen ein Hybridbau – die Feuermauern zwischen den Wohneinheiten sind in kostengünstigen Betonsteinen gemauert und weiß geschlemmt. Dazwischen wird ein Skelettbau errichtet, die gesamte Wohneinheit kommt – wegen der Stützen im Mittelbereich – ohne tragende Wände aus. Dadurch sind viele Grundrisskonfigurationen möglich, was sich bei einigen Familien als sehr praktikabel erwies; den sich wandelnden Bedürfnissen kommen die BewohnerInnen mit einfachem Versetzen der Wandscheiben nach, der Raster von 1,90 Metern bewährt sich als probate Maßeinheit, durch die die Räume entsprechend wachsen und schrumpfen können.

Die hausüberspannenden Zangen aus Brettschichtträgern geben den Rhythmus vor, sie flankieren die tragenden Pfosten und unterstreichen in den nach Norden und Süden gerichteten Fassaden die konstruktiven Akzente. Sie tragen die unterschiedlich weit auskragenden Vordächer, die südseitigen werden im Sommer als konstruktiver Sonnenschutz wirksam, im Winter hingegen fallen die Sonnenstrahlen tief ins Hausinnere und reduzieren den Heizwärmebedarf. Einzig in der Eingangsachse halbiert sich der Raster, es entsteht ein Quadrat im Flurbereich, die gefühlte Mitte wird im Grundriss und auch vor Ort ablesbar. Die Raumhöhe liegt bei 2,35 Metern, die Unterkante der Balken bei rund 2 Metern. Für heutige Verhältnisse ist das gering, aber stimmig in der Proportion zu den Raumeinheiten. Zwar lässt sich die Grundstruktur innen auf einen Blick erfassen, trotzdem überrascht es, welche Funktionen wo untergebracht sind. Obwohl die Häuser nur 105 m² Wohnnutzfläche haben, verbreiten sie nonkonformistischen Geist und nonchalante Großzügigkeit. Noch heute faszinieren sie in ihrer Durchlässigkeit und ihrem Raumklima, energetisch wie atmosphärisch. Was Ausstattung und Mobiliar anbelangt, inspirierten die kulturaffinen BesitzerInnen sich gegenseitig. Skandinavische Schlichtheit hielt Einzug auf den Schlinser Fuhwiesen. Raumbestimmend, innen wie außen, ist das Lagernde der liegenden Struktur – horizontal strukturierte Fenster, schmale Fensterbänder zwischen den Trägern, in drei Gruppen zusammengefasste Holztäfer der Fassade – all diese Elemente unterstreichen die gekonnte Schichtung in den Hang.

Dem Bauen ging ein intensiver Planungsprozess mit den drei Parteien (Galehr, Gassner, Schnetzer), die schon mit im Boot waren, voraus. So detailliert die Pläne waren, so schlank war die Ausschreibung – alle Gewerke zusammen umfassten nicht einmal zwanzig Seiten. Umso intensiver wachte Wäger über den Hergang auf der Baustelle, durch die Ständerbauweise und die angewandten Materialien sind die Häuser so ausgelegt, dass viel Eigenleistung erbracht werden konnte. So beliefen sich die Gesamtkosten pro Reihenhaus auf ca. 500.000 Schilling, heute entspricht das einer Kaufkraft von rund 155.000 Euro.

Für die angestrebten Gemeinschaftsräume, wie sie in Halen zu finden sind, waren weder Platz noch Mittel vorhanden. Dennoch blieben Austausch und Zusammenhalt unter den Errichter-Familien in den Anfängen intensiv. Vor allem die Kinder profitierten von der Gemeinschaft – sie waren zu Gast am Nachbartisch, eroberten den angrenzenden Waldgürtel als gemeinsames Revier und nutzten die große Wiese nebenan zu Auslauf und Spiel.

Rund zehn Jahre nach Planung der Reihenhäuser erstanden Reinhard und Ruth Gassner das nördlich der Anlage gelegene Grundstück, um dort ihr Atelierhaus nach Plänen von Rudolf Wäger zu errichten. Der Raster der Reihenhäuser diente als Grundstruktur, das gestalterische Konzept hingegen orientierte sich an damals aktuellen postmodernen Tendenzen. Satteldach, Rundfenster und vertikale, filigrane Fensterformate setzen einen feinen Kontrapunkt zur kraftvollen, horizontal strukturierten Moderne der Reihenhäuser. Anfang der 2000er Jahre wich das informelle Vorfeld mit bewachsenem Hügel einer Umgestaltung durch Architekt Hans Hohenfellner. Eine behutsam gesetzte Sichtbetonmauer markiert seither die Grundstücksverhältnisse, der pavillonartige Carport zoniert die entstehende Fläche und generiert einen bekiesten Hof Richtung Atelierhaus. Durch die Verlegung der Treppe nach außen wurde im Erdgeschoß der Ausbau zum vollwertigen Atelierraum möglich.

Wohl kaum ein Bauwerk der Nachkriegsmoderne in Vorarlberg war so viel beachtet und von interessierten Architekten und Studentengruppen bereist wie die Reihenhäuser in Ruhwiesen. Innerhalb der Baukünstlergruppe und der nachfolgenden Generation an Vorarlberger ArchitektInnen findet die Stringenz und Einfachheit der Anlage viel Beachtung, jedoch kaum Nachahmer. In Schlins hingegen stießen die Häuser

bei vielen auf Unverständnis, sie wurden als Hasenställe diskreditiert. Diejenigen aus dem Dorf, die dort aus- und eingingen, wurden jedoch eines Besseren belehrt.

Wenngleich die Haldensiedlung von Hans Purin und einige der Reihenhäuser der Gruppe C4 vorgängig und ähnlich in Ansatz und Wirkung sind, bleibt Ruhwiesen, mit seiner Anleihe an der Gartenstadt Roland Rainers, dennoch hierzulande das Sinnbild für eine gelungene Fusion von Baukultur und Landschaft. MH

* O-Ton Rudolf Wäger, Audio MPS 2013

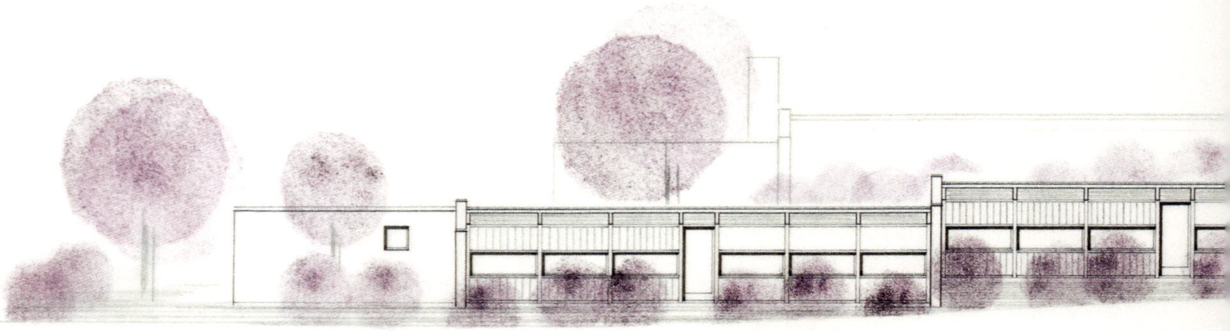

Ansicht Süd M 1: 200

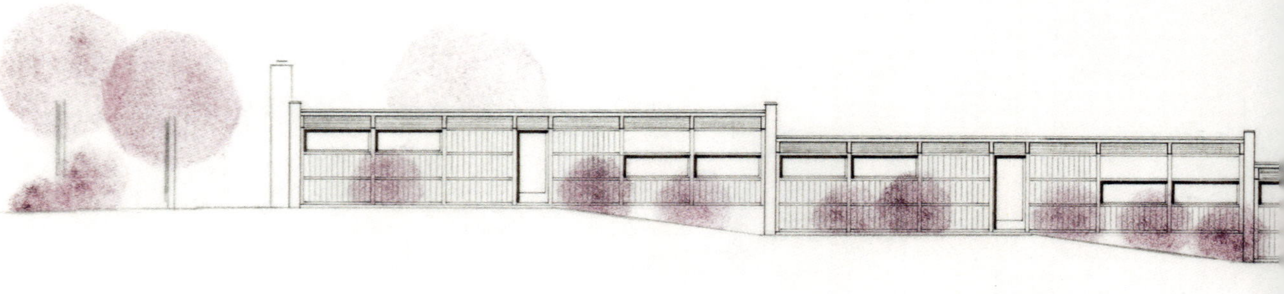

Ansicht Nord M 1: 200

Vorentwurf dreigeschoßig Ansicht Süd M 1: 200

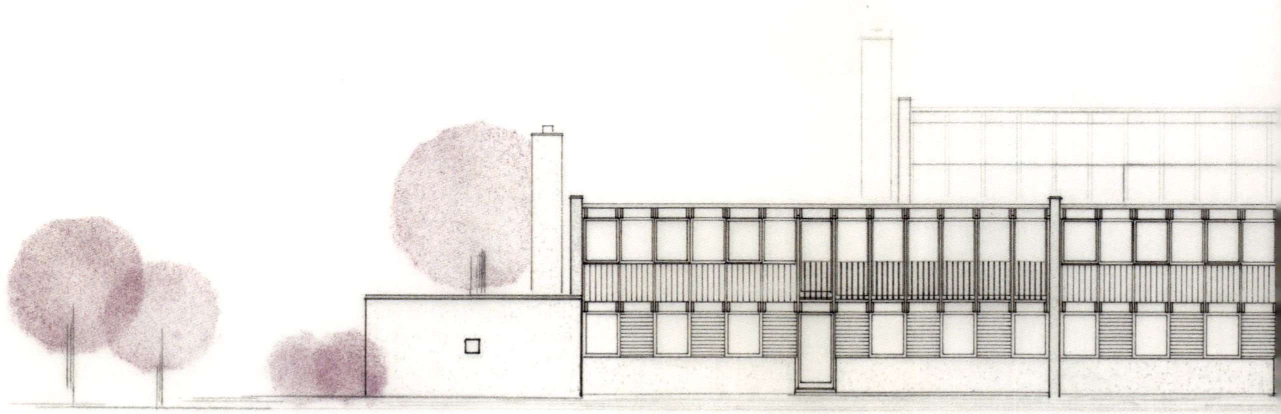

Erster Einreichplan zweigeschoßig Ansicht Süd M 1: 200

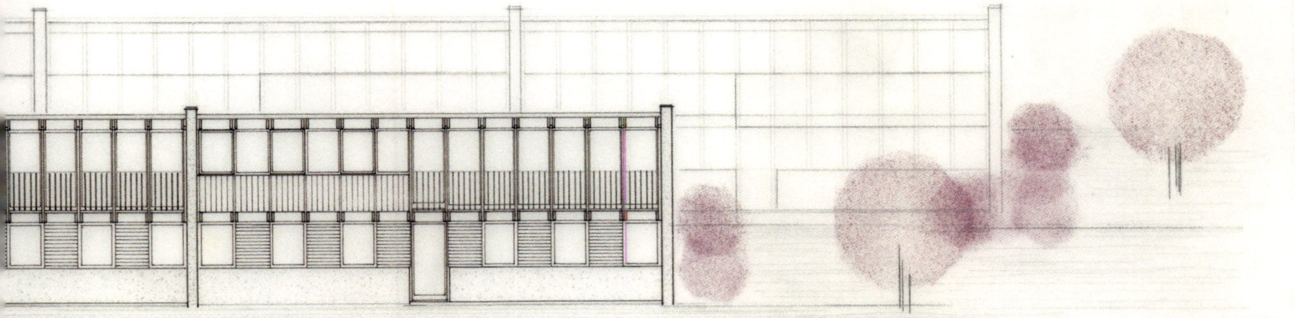

6. a) Wäger hat Idee zum verdichteten Flachbau.
" kennt Schnetzer und Gassner die sich dafür interressieren. Gassner kennt Gehler der auch mitmacht. Schnetzer-Wäger suchen Grund der allen zusagt. Dann Planung mit den Leuten. Einreichung der eingeschossigen Häuser, nachdem zweigeschossige als zu aufdringlich bezeichnet werden! Nach Bewilligung werden für die restlichen zwei Häuser Leute gesucht und schnell gefunden (Bauwart + Stuchly) Wäger macht Detailplanung, Ausschreibung und Vergabe der Baumeisterarbeiten, für das Holzskelett und die Bedachungen. Heizung und Sanitäre sowie Fenster werden auch von Professionisten ausgeführt.
Arbeiten wie Isolierungen, Täferungen, Estriche, Fliesenlegerarbeiten, Malerarbeiten, Innentüren, Möblierungen werden zum größten Teil von den jeweiligen Besitzer selber ausgeführt. Die Materialien wurden vom Planer für alle bestellt. Der Planer bringt den Leuten auch die Verarbeitung der Materialien bei.

b) Die Häuser sind konstruktiv einheitlich und lassen trotzdem im Grundriß innerhalb der gegebenen Fläche Variationen zu.

c) Fußbodenheizung, Selbstbauanteil ca. 25%

7. Der erste Versuch, eine „moderne" Reihenhaussiedlung mit zweigeschossigen Holzhäusern zu bauen, wurde von der Behörde (Sachverständiger Hiesmayer) als zu aufdringlich empfunden. Die Behörde hat uns nahe gelegt, die Häuser niedriger zu machen (zu verstecken) und so der Landschaft „anzupassen". Die bereits vorhandenen schaurigen Einfamilienhäuser wurden dabei natürlich nicht in die Überlegungen mit einbezogen.
Die Vorteile der zweigeschossigen Anlage wären gegenüber der gebauten gerade nach heutiger Sicht groß: Alle Räume südseitig, 40% weniger Dach + Fundamente + Aussenflächen mehr Garten auf der Sonnenseite.
Frage: ist Bauen in der Landschaft nur gut, wenn es versteckt passiert?

Lieber Dietmar!
vielleicht könntest Du mir 1 Exemplar „Häuser im Alpenraum" nach Feldkirch zukommen lassen?!
Schöne Grüße Rudolf
Danke!

Ich komme vom Handwerk

Rudolf Wäger erzählt seine Wohn- und Arbeitsgeschichte

Soll ich wirklich ganz von vorne beginnen? Ich bin in Götzis, im Haus am Sägerweg 3 geboren. Ich war neun, als wir umgezogen sind, der Vater hatte das Haus in der Bulitta auf einer der Parzellen des großen Familiengrundstücks gebaut. Zwei Jahre später starb die Mutter. 1962 bin ich ausgezogen, habe geheiratet, im Herbst waren wir schon zu dritt. Bei der Tante im Dorf bewohnten wir zwei Zimmerchen mit Waschküche im Halbstock, drei Jahre lang, bis zum dritten Kind. Dann war das Würfelhaus fertig.

Eigentlich wollte ich Lehrer werden, aber nach der achten Klasse Volksschule bestand der Vater darauf, dass ich bei der Textilfabrik Huber zu arbeiten beginne. Ich bin im Nähsaal beim Unterhosen-Zuschneiden gelandet. Mit einer frechen Bemerkung war die Karriere dort allerdings bald zu Ende und ich wurde ins Lager versetzt bzw. half auch in der Schreinerei aus. Einer der Huber-Chefs hatte in Gargellen im Montafon ein großes Anwesen gekauft, und da wurden wir von der Schreinerei beim Umbauen eingesetzt. Dem Juniorchef der Zimmerei Gisinger wiederum bin ich dort offensichtlich aufgefallen, er fragte mich, ob ich nicht eine Lehre beginnen wollte. Ich musste jedoch noch Geld in der Fabrik verdienen, und als diese vom Vater verordnete Zeit vorbei war, hatte meine Stiefmutter mich schon bei der Bäckerei in Götzis untergebracht. Länger als ein halbes Jahr habe ich das aber nicht ausgehalten. Ich bin auch krank geworden, täglich um zwei Uhr aufstehen, das war nicht meins. Also habe ich schlussendlich doch die Lehre zum Zimmerer gemacht.

Nach den drei Jahren interessierte mich die Schreinerei Schwab nebenan, die hatte sich nämlich auf Fensterbau spezialisiert. Irgendwie war damals schon in meinem Kopf, einmal in einem Planungsbüro zu arbeiten, und es erschien mir sinnvoll, mich mit Fensterdetails zu beschäftigen. Nach einem halben Jahr bei der Firma Schwab habe ich dann tatsächlich bei Architekt Helmut Rainer in Feldkirch als Zeichner begonnen. Das Büro war eine größere Stube mit wandseitig aufgereihten Zeichentischen. Immer nach dem Frühstück ist der Chef gekommen, hat irgendwelche dicken Striche zu Papier gebracht und gesagt: Das zeichnest du heute. Doch nach neun Monaten wurde mir fristlos gekündigt. Warum? Als der Architekt mit dem Statiker über die banalen ‚Hüslebauer' lästerte, konnte ich mir einen provokanten Widerspruch nicht verkneifen, dafür habe ich nämlich im Büro Ansätze zur modernen Architektur zu sehr vermisst. Danach habe ich bei der Baufirma Hilti & W begonnen. Als die mich – frisch verheiratet – im Außendienst als Bauleiter für die Unterkunftshäuser beim Kops-Kraftwerk nach Partenen geschickt haben, war es bald genug. Versuche gab es anschließend in Dornbirn bei den Architekten Thurnher und Spiegel – einen Tag – und zwei Monate bei Architekt Ludwig. Das war's eigentlich mit meinen Erfahrungen in Zeichenbüros.

1962 kam der erste Planungsauftrag von meiner Cousine.
001 Ihr Vater und der Bruder waren Dachdecker, das Haus haben wir also weitgehend zu dritt gebaut. Inzwischen hatte ich auch schon viel Inspirierendes gesehen. Heinz, der an der Hochschule für Gestaltung in Ulm studierte, versorgte uns mit interessanten Architekturzeitschriften. Mit meinen Brüdern Sigi und Wolfgang reiste ich per Autostopp nach Finnland. Mit Sigi suchte ich bei weiteren Aufenthalten sogar einmal Arbeit in Helsinki: Wir haben einfach bei Architekturbüros angeläutet, die wir aus den Fachzeitschriften kannten, waren aber nicht erfolgreich, weil diese ausschließlich Architekten beschäftigten und keine Techniker. Und Wolfgang hat ja auch später seine Frau in Finnland kennengelernt, er hat drei Jahre lang dort gelebt.

Irgendwann beschlossen Heinz, Sigi und ich, ein Haus zu
002 bauen, ein Statement abzugeben, auf Vaters Grundstück gab es noch Platz. Es war aber nicht von vornherein klar, dass Heinz schlussendlich dieses Haus übernehmen würde. Wir haben miteinander geplant und eigenhändig die Säulen betoniert, die Stahlträger aufgelegt, die Betondecke gefertigt, Sigi hat im oberen Stock das Sichtmauerwerk ausgeführt, außen haben wir eine isolierte Holzschalung angebracht. Ich war natürlich für die Dachkonstruktion zuständig. Für die 6,20 Meter langen Holzbinder haben wir auf einem Bockgerüst eine Lehre gemacht und tagelang die Bretter

zusammengenagelt. Mittlerweile war aber meine Familie auch
003 schon angewachsen, wir erwarteten das dritte Kind, und deshalb baute ich das Würfelhaus am unteren Teil des Bulitta-Hangs. In einem halben Jahr habe ich das alles selbst aufgestellt! So ein minimiertes Haus hat eigentlich nur funktioniert, weil der Riesenschuppen des Vaters nebenan stand.

Naja, und dann ist es wirklich losgegangen mit dem Planen, gezeichnet wurde abends am Esstisch, wenn die Kinder schon im Bett waren. Bald haben wir mit Sigi bei Verwandten ein Bürolein gehabt, waren aber vor allem auf der Baustelle. Die ersten Häuser haben wir nämlich auch eigenhändig gebaut, er war ja Mauerer und ich Zimmermann. Ein neunmonatiges Intermezzo gab es für mich noch 1966 im Kunsthistorischen Museum in Wien als Restaurator. Ich musste einfach Geld verdienen, der Maler Hubert Dietrich (015) hatte mir das vermittelt. Im Würfelhaus wohnten wir nur drei Jahre lang, wir verkauften es 1969. Es hatte sich inzwischen nämlich schon die Errichtergemeinschaft
020 für die Reihenhaussiedlung in Schlins zusammengefunden.
Zwei Jahre Planung, ein Jahr diskutieren! Eingezogen bin ich in Ruhwiesen nicht, nur die Familie, ich habe dort jedoch vier, fünf Jahre ein Zimmer als Büro genutzt. Gewohnt habe ich in Dorn-
007 birn, zuerst kurz in einem Haus, das wir sogar mit Sigi selbst gebaut haben. Eine lustige Geschichte: Es war eine Anfrage von

Heinz Mahr, ob wir den Plan von – damals noch – Studenten
umsetzen würden, was wir nach grundlegender Überarbei-
tung auch machten. Der Hobbyraum im Erdgeschoß wurde
eben später an mich vermietet. Danach entstand die ‚Kom-
mune' in einem Bürgerhaus im Zentrum: Vier junge Kerle
waren wir, ein Zimmer betrat man über die Küche, eines
über den Wohnraum, das dritte durch das Bad und meines
vom Gang aus, dafür war es kleiner. Dort wo die Musikan-
lage stand, haben wir die Decke mit Kork isoliert. In diese
Zeit (1974/75) fällt auch mein zweisemestriger Exkurs mit
Studium bei Roland Rainer an der Akademie in Wien. Da
war ich freilich voll beschäftigt mit Pendeln und gleichzeitig
sechs geplante Häuser Fertigstellen! Die nächste – kurze –
031 Station war bei Maria und Armin Schubert, eine sehr ange-
nehme Wohngemeinschaft. Ich habe in der zum Werkraum
umdisponierten Garage geschlafen und Bad sowie Küche
mitbenutzt. Danach bin ich für ein Jahr in eines der Hof-
038 häuser der Errichtergemeinschaft Lustenau-Reichenau
eingezogen.

Nach Ruhwiesen mietete ich mich mit dem Büro bei Sigi
ein – zuerst in einem Feldkircher Stadthaus, später in seinem
Neubau in Tisis. Gemeinsame Bauten waren zu dieser
034 Zeit unter anderen die Wohnanlage in Rankweil und die
042 Hangverbauung in Tosters. Sigi hatte inzwischen die Befug-
nis als Baumeister und machte bei diesen Projekten die
Bauleitung. Als er sich ortsmäßig wieder veränderte, zog ich
mit meinem Büro in das sogenannte Lehrerhaus in Feldkirch-
Neustadt. Diese Wohneinheit gehörte Wilfried Heinzle,
der schlussendlich bei der Kerngruppe für die Errichterge-
081 meinschaft in Satteins dabei war. Übrigens habe ich auch die
Metzlers dort kennengelernt, Walter war ja der Dritte im Bun-
de. Gewohnt habe ich in Bregenz, und das war eine interes-
sante Zeit mit der Architekten- und Künstlerszene damals.

Insgesamt 18 Jahre lang war dann Satteins mein Stand-
082 ort. Das Atelier und mein Haus in der Wohnanlage war 1992
fertig. Ich hatte immer so vier bis fünf Leute angestellt.
Doch als die Auftragslage wieder einmal eingebrochen ist,
musste ich verkleinern, verkaufte das Reihenhaus und baute
die obere Ebene des Ateliers zum Wohnen um. Dort lebte
und arbeitete ich bis zum Entschluss, im Bergdorf Übersaxen
115 noch einmal ein Minimalhaus für mich zu bauen. MPS

Jeder Blick ein Exkurs in Wohnkultur

Roland Gnaiger zu
Rudolf Wägers Werdegang und Werk

Den Namen Rudolf Wäger hörte ich 1972 zum ersten Mal. Das war im Keller der Akademie für bildende Künste, am Schillerplatz in Wien. Friedrich Achleitner sprach im Rahmen seiner Vorlesung „Zur Theorie und Geschichte der Architektur" von Wägers Werk. Die Granden der Akademie hatten Achleitner im Keller einen Raum zugewiesen, und es war, als würde damit die Bedeutung sichtbar, die sie der Theorie beimaßen. Der Raum war 5 bis 6 Meter hoch, oben durch ein Gewölbe abgerundet, unter dessen Scheitel sich ein winzig kleines Fenster befand. Die Atmosphäre hatte etwas Konspiratives. Irgendwie ging es gegen ‚die da oben', auch im wörtlichen Sinne: ‚gegen die in den oberen Geschoßen', die sich im Gegensatz zu Achleitner weder durch Verständnis für noch durch Sympathien mit den 68ern auszeichneten.

Achleitner stand am Beginn seiner Recherche zur österreichischen Architektur des 20. Jahrhunderts. Sie mündete in den Architekturführer, den er erst Jahrzehnte später als sein mehrbändiges Hauptwerk abschloss. Und ich mutmaße, dass in Vorarlberg bis heute kaum jemandem vollumfänglich klar ist, welches Glück darin besteht, dass er seine Erhebungen im Westen, nämlich in Vorarlberg begann. So stieß er neben Hans Purin, Jakob Albrecht, Gunter Wratzfeld oder C4 sehr schnell auf Rudolf Wäger. Eine bedeutende und nachhaltig wirksame Leistung Achleitners – auch im Kontext internationaler Architekturreflexion – besteht darin, dass er die Architektur von elitären Themen und Zugriffen befreite und auch die alltäglichsten Bauaufgaben als kulturelles Phänomen verstand. Für diese Haltung waren Wägers Bauten exemplarisch. In ihrer Befreitheit von Pathos, von Formalismen und jeglicher Attitüde waren und sind sie bis heute einmalig. Diese kleinen, zurückhaltenden, minimalisierten und zumeist extrem kostengünstig errichteten Wohnhäuser sind frei von Ismen, sie verfolgen keinen ‚Stil', wie man ihn etwa bei den gekonnten, aber formal und ideologisch auf die Spitze getriebenen minimalistischen Bauten John Pawsons oder Claudio Silvestrins findet.

Achleitner verbarg seine Begeisterung nicht (nie!). Auch bezüglich Wäger nicht. Er gehörte nicht der Gattung jener Theoretiker an, deren Sachlichkeit in Blutleere und emotionaler Armut besteht. Achleitners Zustimmung war immer ansteckend. Für mich war sein Rudolf Wäger betreffender Enthusiasmus eine Wohltat, war ich doch überzeugt, mit meinem Herkunftsland im Kreis meiner ostösterreichischen Kollegen (Kolleginnen gab es dazumal an der Akademie fast keine) wenig vorweisen zu können. Als sich Achleitner selbst anbot, einem Studienanfänger wie mir im Rahmen eines eintägigen Privatissimums Wägers Häuser zu vermitteln, gewann ich früh eine Innensicht, zu der ich alleine
020 nicht vorgedrungen wäre. Ich sah in kurzer Folge in Schlins
019 die Siedlung Ruhwiesen, in Lustenau das Haus von Franz
006 und Helga Gassner, jenes der Familie Linder am Fuß des
023 Rankweiler Liebfrauenbergs, das Haus Schmölz in Feldkirch-
003 Tisis sowie das Würfelhaus in Götzis. Und überall wurde mir
Zugang zu den privatesten Bereichen gewährt. Über die begleitenden Reflexionen mit Achleitner hinaus fällt es mir schwer, die Summe der Bedeutungen jenes Tages für mich und meine folgende Laufbahn zu ordnen: Seit meinem 15. Lebensjahr war ich nur noch zu Kurzbesuchen in Vorarlberg und ungemein überrascht, wie vielen weltoffenen, gastfreundlichen, gebildeten, künstlerisch interessierten Menschen wir an einem Tag in Wägers Häusern begegneten. Allein das hat meinen Blick auf dieses Land verändert und den Keim der Vorstellung gepflanzt, nach elf Jahren doch wieder hierher zurückzukommen.

Im Vorfeld unserer Begehungen hat mir Achleitner augenzwinkernd eine Regel vermittelt: In jedem Haus sind die Schuhe auszuziehen. Und würden die BewohnerInnen das Gegenteil behaupten, so geschehe dies nur aus Höflichkeit, sei aber nicht ernst gemeint. Das müsse mir als Vorarlberger eh vertraut sein, meinte Achleitner. War es aber nicht, denn nicht einmal im sehr bürgerlichen Haushalt meiner Eltern war Schuhe-Ausziehen bei Gästen üblich (das muss wohl im Zusammenhang mit der oberösterreichischen Herkunft meiner Mutter gestanden sein). Jedenfalls, was viel wichtiger war: Von der stilmöbelgepflasterten bürgerlichen Schwere, die ich von meinem Elternhaus und aus dem familiären Freundeskreis kannte, war in Wägers Häusern nichts zu finden. Ich atmete auf, welch eine Befreiung! So viel Licht, große Schiebeelemente, helle, holzbekleidete Wände, Riemen- oder rote Klinkerböden, Möbel von Thonet, Alvar Aalto, Arne Jacobsen, Stühle von Hans Wegner und handgewebte, erdfarbene Teppiche. Oder eine sympathisch einfache Improvisation: Ziegel und Bretter zu einem Regal gestapelt oder Böcke mit einer Platte zum Tisch. Welch wohltuender Angemessenheit man hier begegnen konnte! Alles atmete Klarheit und nahm einen emotional in Empfang. Jeder Blick war ein Exkurs in Wohnkultur und jedes Detail war Hochbaulehre. Ein Laie musste nicht alles verstehen und konnte sich doch sicher sein. Meine Frau meint noch heute, diese Häuser seien ihre Architekturinitiation gewesen.

Nach Jahren eigener Entwurfspraxis konnte ich dieses Phänomen folgendermaßen artikulieren: Wägers Architektur ist die ins Werk gesetzte Logik des ‚Machens' selbst. Diese historische, einstmals weitum übliche Architekturhaltung war vor ihrer Wiederbelebung in Vorarlberg kaum noch anzutreffen. Man könnte diesen Zugang auch mit folgendem Vergleich erläutern: Im heute gängigen Fall wird der Entwurf als die Entwicklung einer ‚Idee' verstanden und artikuliert sich als Formvorstellung. In ihrer Folge haben die realisierenden Firmen, Handwerker etc. diese zumeist in der Rolle von Realisierungsgehilfen umzusetzen, und es ist nachrangig, wie und mit welchen Mitteln sie das tun. In einem anderen – Wägers – Fall gibt es den Dialog mit dem Material, seinem Verhalten, den Möglichkeiten seiner Fügung. Und all diese Aspekte haben bei der Realisierung ein ‚Mitspracherecht'. Der Gestalter wird zu einem (natürlich entscheidenden) Teil davon, aber eben nur zu einem Teil. Die erste Position besteht im Erfinden, die zweite mehr im Finden.

Es dürfte zwei, drei Jahre später gewesen sein, da bin ich Rudolf wieder begegnet, diesmal in der Meisterklasse von Roland Rainer an der Akademie. Irgendjemand muss der Meinung gewesen sein, ein derartig Hochbegabter müsse doch zu einem Diplom kommen. In Übereinstimmung mit der Tradition und Historie von Kunsthochschulen besagte die Regel dazumal noch, dass alleine die Begabung zähle, eine Matura kein Beleg dafür sei und demensprechend für eine Aufnahme verzichtbar – eine kluge Einsicht, wie ich als Vorsitzender einer Aufnahmekommission unterstreichen kann.

Somit wurde Rudl im fortgeschrittenen Alter und mit einem bereits beachtlichen Œuvre zum Studenten. Wie lange er es als Student aushielt, weiß ich nicht. Sein Unwohlsein in dieser Rolle war unverkennbar. Bezüglich seiner das Handwerk und die Detailgestaltung betreffenden Kenntnisse war er sämtlichen Lehrenden überlegen. Er dürfte schnell zur Einsicht gekommen sein, dass ihm die akademische Welt und Form der Lehre immer fremd bleiben würde. Vielleicht kamen auch die Zwänge des Broterwerbs dazu. Immerhin war Rudl zu dieser Zeit schon Vater. Heute meine ich, Rudolf Wäger hat dieses Studium natürlich nicht gebraucht, aber es hätte ihm bezüglich der Ausweitung und thematischen Vielfalt seines Werks helfen können.

Es blieb natürlich nicht bei unseren kurzen Begegnungen an der Akademie. Nachdem ich selbst, so wie viele Absolventen, nach Vorarlberg zurückkam, zählte Wägers Arbeit zu unseren Referenzrahmen. Bei den regemäßigen ZV-Treffen, den von der Zentralvereinigung der Architekten organisierten Zusammenkünften innerhalb der Baukünstlerszene, war Wäger anfänglich auch dabei. Wie an der Akademie und sehr im Gegensatz zu Hans Purin blieb er aber selbst bei unseren Werkbereisungen (anlässlich derer wir über eigene Arbeiten sprachen) sehr wortkarg. Insistieren und kritisches Nachfragen konnte bei ihm schnell als persönliche Kritik ankommen.

Mehr Gewinn aus seinen Positionen und Bauten zog ich im Rahmen meiner regelmäßigen Architekturvermittlung „Plus Minus“ für das österreichische Fernsehen. Ich war angewiesen auf positive Beispiele wie seine. Ohne diese wäre dem ‚Häuselbauerland‘ nichts Wesentliches kommunizierbar gewesen. An zwei Beiträge erinnere ich mich lebhaft: Sein
022 Holzblockhaus in Düns, das im Kontext der damaligen Zeit leicht vermittelbare und wohl gemütvollste seiner Werke, und das formal strenge, fast rationalistische Wohn- und
053 Atelierhaus in Hohenems, das er mit Elisabeth Rüdisser für sie und für sich selbst plante und erbaute. Mit dieser meiner Wahl setzte ich ihn der schärfsten Kritik des Publikums aus. Und selbst erregte ich damit – nach dem Aufruhr wegen meiner Kritik am Löwenhotel in Schruns – den stärksten Widerspruch meiner Kritikerkarriere und handelte mir damit eine Portion gehässiger Rückmeldungen ein.

Meine vorletzte Begegnung mit Rudl erfolgte in seinem dazumal erst kürzlich fertiggestellten ‚Atelierhäuschen' und seiner Wohneinheit in der Reihenhausanlage Satteins, die er, wie so häufig in seinem Leben, in der Doppelrolle des Planers und Bewohners realisierte. Kurz zuvor hatte ich ihn zu einer Zusammenarbeit bei einem Auftrag eingeladen, aus dem umständehalber nichts wurde. Zu gerne hätte ich gewusst und hier berichtet, wie diese Kooperation verlief und ob sie uns überhaupt möglich gewesen wäre, nachdem es in Wägers Leben kaum Beispiele für Teamarbeit gibt. Mit der Satteinser Siedlung kehrte Wäger jedenfalls zu seinen Anfängen und wohl auch zu sich selbst zurück. Davor gab es auch bei ihm einige Jahre der Verunsicherung, ausgelöst durch die Postmoderne. Alle waren wir davon betroffen, aber im Gegensatz zu Rudolf Wäger hatte meine Generation noch nichts zu verlieren. Uns wurde dieses Anstreifen an der Postmoderne als ‚lässliche Jugendsünde' bald verziehen. Wir standen noch nicht im Fokus nationaler und international werdender Wahrnehmung, Rudolf Wäger schon. Heute weiß ich, welcher Reflexion und emotionalen Bemühung es bedarf, von Beobachtung und Beachtung unbeeindruckt zu bleiben und in Erwartung einer Publikation die Richtung nicht zu verlieren.

Als einer, der seine Inspirationen aus anderen Quellen als dem Handwerk beziehen musste, habe ich eine tiefe Achtung vor Rudolf Wägers wegweisendem Werk und verspüre große Dankbarkeit für seine Pionierrolle. Mit Wehmut denke ich daran, dass uns die heutigen Normen, Standards und insbesondere die Ansprüche an die Energieeffizienz viele der unglaublich direkten, logischen und einfachen Lösungen Wägers nicht mehr erlauben. Rudolf Wäger hat innerhalb der Begrenzungen und Bedingtheiten seiner Zeit und seines Ortes etwas Unübertroffenes geschaffen. Und ich bin überzeugt, dass seine Entwürfe der Prototyp dessen sind, was der Baukunst Vorarlbergs zu ihrem internationalen Renommee verholfen hat und was sie zu einem auf ganz Europa ausstrahlenden Phänomen werden ließ. Vorarlberg hat Rudolf Wäger viel zu verdanken.

Kein Wollen, sondern Sein

Bruno Spagolla im Gespräch
mit Marina Hämmerle

MH Wie bist du auf Rudolf aufmerksam geworden?

BS Das ist eine längere Geschichte, die geht, soweit ich mich entsinne, den Umweg über Franz Bertel, der mein Hauptschullehrer war. Wie allseits bekannt, war Bertel eine Schlüsselfigur in der Kulturszene. Nicht nur weil er eine generationenprägende Lehrerfigur, sondern auch weil er Co-Initiator und Auftraggeber der von Hans Purin geplanten Haldensiedlung war. Das Projekt geriet damals in Bludenz zum Stadtgespräch. Es repräsentierte etwas Ungewohntes, ja eigenartig Unverständliches. Die neue Hangverbauung interessierte mich sehr, das musste ich mit eigenen Augen sehen. Franz Bertel war zufällig auf der Baustelle und erläuterte mir in seiner eindringlichen Art das Konzept der Häuser. So öffnete er mir sozusagen ganz nebenbei erstmals den Blick für eine andere Form des Bauens, für eine Architektur, die ich von der HTL für Hochbau in Innsbruck so nicht kannte. Bei einem meiner späteren Besuche auf der Halde erzählte er mir von einem besonderen Zimmermann in Götzis, der seinen eigenen Weg ginge, der habe für sich und seine Familie ein kleines, außergewöhnliches Haus gebaut. Daraufhin habe ich mir das angesehen, das radikale
003 Würfelhaus. Leider war niemand zu Hause ...

Später, Anfang der 1970er Jahre – da war ich schon Student an der Akademie am Schillerplatz – begegnete ich in St. Gerold bei einem der zyklischen, von Franz Bertel kuratierten Kulturgespräche dem dort referierenden Fritz Achleitner, noch lange bevor dieser mit seiner Recherche zum Baukunstführer begonnen hatte. Es war die Zeit der kulturellen Aufbrüche. Und wenn ich mich richtig erinnere, traf ich dort auch Rudolf Wäger zum ersten Mal.

MH Rudolf hatte sich neben Wolfgang Juen und Otto Jungwirth ein Gespräch mit dir gewünscht. Das war ihm leider nicht mehr möglich. Was verbindet dich mit ihm?

BS Rudolf absolvierte ein paar Jahre später, Mitte der 1970er Jahre, als Gasthörer zwei Semester bei Roland Rainer. Dem hatten wir mal Ruhwiesen gezeigt, das hatte ihn sehr beeindruckt. In Wien lernten wir uns dann näher kennen und schätzen. Bei uns stimmte die Chemie und wir konnten uns oft und lange über Architektur und gesellschaftspolitisch Relevantes unterhalten.

Als ich bei Roland Rainer an der Akademie mein Studium aufnahm, gab es zeitgleich den großen ideologischen Umbruch, da machten sich die 1968er Jahre in Wien auch in der Architektur bemerkbar. Die Krise der Moderne war virulent. Ursprünglich auch ein Sozialprojekt, war sie in unseren Augen zum sinnentleerten Werkzeug der Spekulation verkommen. Für uns war die Platzierung der sozialen Verantwortlichkeit selbstverständlich vorrangigste Aufgabe der Architektur. Gestalterischer Anspruch wurde dabei oft als eigentlich irrelevant, als eine die wahren Machtverhältnisse verschleiernde Behübschung denunziert. Selbstbau und Partizipationsmodelle waren die Devise, formal lautete die Antwort Postmoderne. Sie zeigte sich in all ihren Facetten, als Sprache des ‚Gewöhnlichen' war sie der entsprechende Zeitgeist.

MH Rudolf war sehr belesen und offenkundig auch an Theorie interessiert. Wie hast du ihn in Wien bei seinem Intermezzo an der Akademie erlebt?

BS Von Rudolf stammt die viel zitierte Äußerung aus Baukünstlerkreisen „Die einen theoretisieren, wir bauen halt". Der theoretische Anspruch, vom erratischen, genialen Entwerfer hin zum Machbaren der Architektur zu kommen, war bei ihm sehr ausgeprägt. Wie sich aber herausstellte, konnte er der Welt des Theoretisierens sehr wohl etwas abgewinnen. Rudolf nützte jede Gelegenheit, an Klausuren, Seminaren und Exkursionen teilzunehmen, er war wie ein Schwamm.

Prof. Herbert Muck, ursprünglich Jesuit und eine Koryphäe der Theorie neuen nachkonziliaren sakralen Bauens im deutschsprachigen Raum, hielt am Schillerplatz die legendäre wie essenzielle Lehrveranstaltungsreihe „Verhalten und Riten im gebauten Raum". Beinahe jede zweite Veranstaltung war eine Exkursion, oft endeten seine Ausführungen in einem Kolloquium über die Sinnhaftigkeit der Welt. Rudl genoss diese Auseinandersetzungen, er hatte sich jenseits eines akademischen Umfelds ein beeindruckendes theoretisches Wissen angeeignet. Von seiner alltäglichen Arbeit her natürlich sehr in der Dimension des Einfamilienhauses verankert, faszinierten ihn jedoch besonders die Themen des Städtebaus. Leider hat es Rudl dann nicht geschafft, das Studium und die Bedienung seiner materiellen Verpflichtungen unter einen Hut zu bringen.

MH Welchen Stellenwert hatte Rudolf Wäger in der sogenannten Vorarlberger Bauschule?

BS Für mich war er eine der wichtigsten Figuren, er unterschied sich von anderen Vorreitern der neuen Einfachheit. Die meisten von ihnen dachten vornehmlich in der Grundrissebene. Rudl hingegen war immer an der dritten Dimension interessiert. Zum Beispiel finde ich nach wie vor eines seiner
022 besten Häuser das Haus Ess in Düns. Es stellt einen modernen Alpintypus dar, ein aufs erste Hinsehen ‚gewöhnliches' Haus mit Satteldach, das als Split-Level angelegt ist, und zwar über die Längsachse. Es liegt parallel zum Hang und nimmt so im Inneren das Terrain auf. Beim Betreten eröffnet sich eine überraschende räumliche Vielfalt. Diese basiert auf einer eleganten und präzise zu Ende gedachten sichtbaren Konstruktion, die ihrerseits nie selbstzweckhaft inszeniert ist. Für mich bedeutete das einen Paradigmenwechsel, der – auf den Punkt gebracht – Rudl Wägers Könnerschaft zeigt.

MH Wodurch haben sich die Baukünstler deiner Meinung nach definiert? Teilst du die Einschätzung Friedrich Achleitners, dass sie sich durch die „Synthese konstruktiver und räumlicher Vernunft" auszeichnen?

BS Die Baukünstler eint meiner Ansicht nach die konsequente Reduktion auf strukturell determinierte Elemente, die dann eine Raumfolge generieren. In formaler Hinsicht entspricht dieser Haltung eine Reduktion auf wenige Elemente des scheinbar Notwendigen. Sucht man Vorbilder, wird die gesamte Baugeschichte des sozial engagierten, einfachen Bauens präsent, von den österreichischen Modellen der Gartenstadt bis ins Skandinavien der Nachkriegszeit. Der reduzierte, einfache Stabholzbau im Finnland der 1950er Jahre war beispielgebend. Roland Rainers Siedlung Maurerberg ist deutlich von Kaija und Heikki Siréns Wohnanlage in Tapiola inspiriert. Auch die Vorarlberger waren sehr interessiert an dieser Art Architektur. Der Blick auf das Material Holz und dessen Renaissance hatte nicht nur mit der lokalen Tradition zu tun, sondern ebenso viel mit der modernen skandinavischen Baukultur. Die Hauptprotagonisten waren für mich selbstverständlich Hans Purin und Rudolf Wäger. Jakob Albrecht, Gunter Wratzfeld und die C4 kommen noch dazu.

MH Viele von euch nahmen den Weg zurück nach Vorarlberg. Ich nehme an, durch die Praktika vor Ort in diversen Büros gab es schon eine Art Netzwerk unter euch?

BS Ich persönlich hatte in Vorarlberg eigentlich kaum praktiziert, verfolgte aber, was aktuell gebaut wurde, kannte mehr oder weniger die Szene. Ein etwas längeres Praktikum absolvierte ich zum Beispiel im Planungskollektiv Coparts, in dem die beiden Brüder von Rudolf, Heinz und Sigi, tätig waren. Das Kollektiv verfolgte unter anderem die Idee,
020 partizipative Siedlungsprojekte aus günstigen Fertig(teil)-produkten zu planen und zu errichten.

MH Welche Wirkung hatte diese zweite Generation der sogenannten Vorarlberger Bauschule auf die Protagonisten?

BS Unsere Generation war im Wesentlichen formal von der Postmoderne geprägt. Für die angestammten Protagonisten war das irgendwie eine Verunklarung. Bewusste formale Elemente, zeichenhafte Gestik, das hatte es in der Architektur der klassischen Moderne mit Vorarlberger Prägung kaum gegeben. Hans Purin setzte beispielsweise dann plötzlich Elemente wie Klebdächer ein, die vorher undenkbar waren. Wir, die wir nach Vorarlberg zurückkamen, vertraten sozusagen eine neue Bewegung, deren sozialkritischer Anspruch sich in einigen Selbstbausiedlungen manifestierte. An formalen Vorbildern gab es die amerikanische Version mit Venturi & Rauch mit Scott Brown, Charles Moore oder Bruce Goff, die zum Teil in der Hippiebewegung wurzelten. Und irgendwo waren auch noch die italienischen Rationalisten um Aldo Rossi spürbar.

MH Viele Baukünstler mussten sich dennoch dem Einfamilienhaus widmen. Warum hat der gemeinschaftliche, sozial orientierte und leistbare Wohnbau keine Breitenwirkung erlangt?

BS Die meisten unserer Bauherren waren etwa in unserem Alter, wie wir ebenfalls Rückkehrer vom Studium und Familiengründer. Über ausreichende finanzielle Mittel verfügten die wenigsten. Genährt aus den hiesigen Besitzverhältnissen und Erbstrukturen entstand ein Paradoxon:

Der programmatische Kern dieser Bewegung, nämlich das Umformen des individuellen Wohnbedürfnisses in eine kollektiv organisierte Aktion, endete oft beim biederen ‚Einfamilienhüsle-Bauen'. Die meisten unserer Bauherren erbten ein Grundstück, oft im Umfeld ihres Clans. Veräußern war keine Option, Gemeinschaftsanlagen gingen sich darauf nicht aus und wurden vom Umfeld nicht goutiert, also wurde darauf ein Einfamilienhaus geplant. Diese manifesten Familienwerte, den Kindern und Kindeskindern ein Grundstück zu hinterlassen, waren zu sehr verankert. Jedoch realisierten einige gemeinnützige und auch kommerzielle Bauträger ziemlich schnell, dass der Anspruch dieser neuen Bewegung, ambitionierte Architektur müsse nicht automatisch teurer sein, sich durchaus gut vermarkten ließ.

Die überzeugendste gesamtkulturelle Leistung der Baukünstler sehe ich darin, dass es in einer kleinen Region gelungen ist, für die alltäglichste der Bauaufgaben eine typologische Form zu finden, deren breite Akzeptanz fast den Status einer Verbindlichkeit erreichte. Gemeint sind die Einfamilienhäuser, vor allem die im hinteren Bregenzerwald, mit den lang gestreckten Satteldachbaukörpern, die typologisch eine Interpretation des klassischen Wälderhauses darstellen. Ihre Setzung im Gelände und Umfeld ist immer präzise. Zugang und Eingang folgen topografischen Gegebenheiten, die einfache Logik der volumetrischen Form wird im Inneren weitergeführt. So hat diese gewöhnliche Bauaufgabe ein ganz einfaches Muster generiert. Das ist stilhaft und hat – in einer baukulturell redundanten Zeit, in der überall alles möglich ist – eine beruhigende Wirkung, eine legitime Repetition des Bewährten.

MH Entsprach der Blick von außen dem von innen?

BS Das Bild, das nach außen transportiert wurde, war einfach malerisch. Die alpine Holzbauarchitektur hierzulande stand für vieles, was international im Trend lag: nachhaltig, einfach, ressourcenschonend, minimalistisch – eine ziemlich heile Welt, in der die Dinge noch schön, ehrlich und überschaubar sind.

Bei näherer Betrachtung spiegelt sich Folgendes:
Da ist die Ebene des Rheintals, ein prosperierender Wirtschaftsraum, mittlerweile übersät mit hochqualifizierter Industrie mit zum Teil sehr ‚schnittig' designten Objekten.

In Sichtbeziehung dazu steht der Bergrücken mit einem dahinterliegenden, imposanten Landschaftsraum, in den der ‚halbe Kontinent' – sommers wie winters – zur Erholung fährt. Das sind die zwei Seiten der Medaille. Was es jedoch nicht gibt, ist eine Stadt, die ein urbanes Milieu mit entsprechender Vitalität bietet. Unser Siedlungsraum besteht aus eigentlich kleinen Dörfern, die zu einem amorph strukturierten Siedlungsbrei zusammengewachsen sind.

Unser architekturstilistisches Feindbild war in unserer Anfangszeit dezidiert der Rustikalismus des alpintouristischen Bauens. Anfang, Mitte der 1990er Jahre führte das zu vielen, teils hitzigen Diskussionen im Montafon und anderen Tourismustalschaften. Dann erschien in London das erste Wallpaper mit der Vorarlberger Architektur als Coverstory. Der Sunnasaal in Thüringerberg (Anm.: Planung Bruno Spagolla) war auf dem Titelblatt. Das war keine strategische PR, sondern schlichtweg Synchronizität mit sich abzeichnenden neuen soziokulturellen Themen. Da hat sich inzwischen natürlich viel geändert – heute gibt es viele Tourismusbetriebe im Land, die sich in ‚Neuer Einfachheit' präsentieren.

MH Wie unterschiedlich wirkten die Erfahrungen, die im Zuge einer akademischen oder einer empirisch basierten Ausbildung eines Rudolf Wäger gesammelt wurden?

BS Was man unseren frühen Bauwerken in mancherlei Hinsicht berechtigterweise vorwerfen kann, ist eine deutliche Nähe zu konkreten Vorbildern, ein fast plagiativer Ansatz, der den Eindruck eines gewissen attitüdenhaften Auftritts vermittelte. Rudolf Wäger war davor weitgehend gefeit. Seine handwerkliche Ehrlichkeit war überragend und sehr konsequent, wir hingegen handhabten bautechnische Wirklichkeiten teilweise salopp und entwickelten Details, die mehr formalen Ideen als technischen Anforderungen geschuldet waren. Rudl und Hans Purin empfanden ein nachträglich ‚drumherum' geschraubtes ‚Blechle' als das, was es war – die Reparatur eines Fehlers – und entlarvten es als solches. Objektkonstituierende und strukturelle Elemente waren bei ihnen
020 immer zu Ende gedacht. Das ist beim Konzept Ruhwiesen an den beiden Halbachsen deutlich ablesbar: Je eine längs- und quergelegte geben dem additiven System der Normalachsen Rückgrat und Ordnung. Das hat eine ganz hohe

systemische Präzision, die Zangen enden nicht irgendwo, ihr Ende ergibt immer konstruktiven Sinn. Das modulare Denken ermöglicht dabei einen Spielraum, eine Nutzungsvielfalt unter Einhaltung der Proportionen.

MH Die Häuser von Rudolf zeichnen sich dadurch aus, dass die Maße der Konstruktion immer handlich und die Formate von Bauteilen klein gehalten sind.

BS Begründet hat das Rudolf mit ökonomischen, aber auch ökologischen Motiven. Null Verschnitt war eine der Maximen – die Höhe von 225 cm ist nicht auf Le Corbusier zurückzuführen, sondern auf eine pragmatische Haltung. Eine Schaltafel misst in der Breite beispielweise 75 cm, mal drei macht 225 cm. Das heißt, man braucht keinen Kran, sondern nur ‚Muckis'.

MH Was hättest du Rudolf noch gerne gesagt?

BS Ich weiß nicht genau warum, aber der Kontakt zu Rudl sowie zu ein paar anderen Kollegen hat sich in den letzten Jahren ausgedünnt. Nach dem Ende meiner Präsidentschaft in der ZV im Jahr 1999, die anfangs noch vom Kammerstreit und dann von der vai-Gründung geprägt war, zog ich mich aus der Kollegenschaft ziemlich zurück. Irgendwie hatte ich das Gefühl, manche der Diskussionen schon zu oft geführt zu haben. Auch Rudl hatte sich ziemlich rargemacht. Es ergaben sich nur mehr wenige Überschneidungspunkte, und begegneten wir uns, war es nur zufällig. Und irgendwann einmal stellten wir fest, dass wir beide mit ähnlichen Dingen nicht mehr viel anfangen konnten.

In der Szene hier in Vorarlberg war er für mich die wichtigste Adresse, denn er war originär, seine Architektur beeindruckte mich. Des Öfteren suchte er das Gespräch mit mir bezüglich seiner Bauten, er war neugierig auf meine Einschätzung. Aber auch ich legte großen Wert auf seinen Kommentar zu meinen Arbeiten. Besonders schön war dabei, dass wir bedingungslos ehrlich miteinander sein konnten. Leider habe ich ihm wohl nie dezidiert gesagt, wie sehr er mich auch inspiriert hat. Rudolf war auf bestimmte Art unbestechlich. Diese Verdichtung auf das Wesentliche, das war er. Das war kein Wollen, sondern ein Sein.

Bauwerke 1974–1992

022 **Haus Ess, Barwart**
Düns
1974

Großzügig in der räumlichen Disposition (mit versetzten Geschoßen), solide in der handwerklichen Ausführung (Blockbau) und ohne augenscheinliche ‚architektonische Details'. Ein Haus, das trotz seiner handwerklichen Tradition nicht konventionell ist. FA

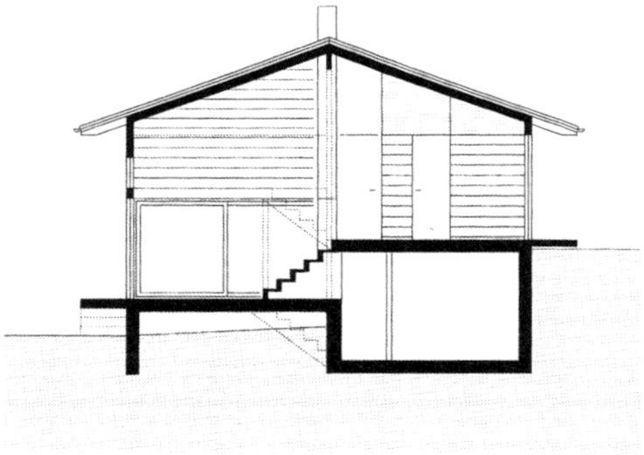

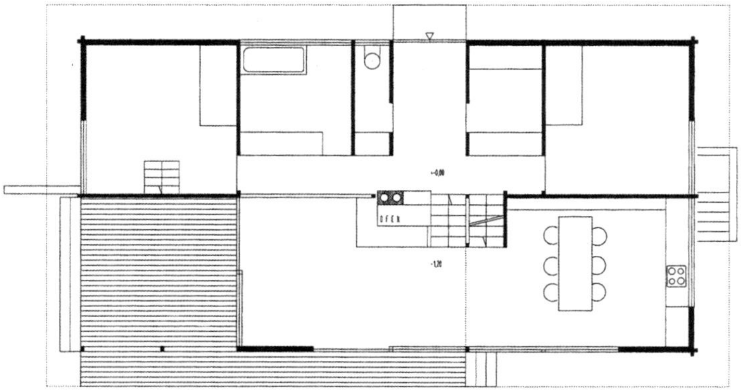

Mit Verve in Holz gestrickt

Fritz Achleitner bringt das Haus Ess/Barwart in seinem Baukunstführer in aller Kürze und Prägnanz auf den Punkt. Auch Otto Kapfinger, Roland Gnaiger und Bruno Spagolla besichtigten das Bauwerk kurz nach seiner Entstehung. Noch 45 Jahre später sind ihre Raumerlebnisse offenbar präsent, fließen bei allen dreien ihre Erkenntnisse dazu in die Überlegungen zu Rudolfs Werk ein.

Wäger konstruierte dieses Haus nach alter Zimmermannsmanier in massiver Blockbauweise – gestrickt, wie es hierzulande heißt. Er verstand es meisterhaft, darin ein modernes, komplexes Raumgefüge einzupassen. Die Wirkung der bis unters Dach offenen Mitte und der hangseitig eingeschobenen Nebenräume entlang des Steges ist verblüffend, zaubert förmlich ein Lächeln auf die Lippen. Geschickt überträgt Wäger die Hanglage ins Gebäudeinnere, splittet das Haus über die Längsachse und fügt es gekonnt in den Hang ein. Die horizontal strukturierte, großzügig geöffnete Fensterfront nach Süden und die wohlkomponierten Lochfenster der Stirnseiten signalisieren nach außen, dass es hier um mehr geht als um das Tradieren eines Bautypus.

Frau Barwart, die heutige Besitzerin des mittlerweile durch den Verwitterungsprozess farblich völlig mit dem Landschaftsraum verschmolzenen Hanghauses, verweist auf drei Varianten. Der Planungsprozess nahm offensichtlich mehrere Umwege, zumindest zwei Entwürfe liegen als Einreichplanung vor, gemeinsam ist ihnen das Split-Level-Prinzip. Der Kniff, aus dem Pultdach ein Satteldach zu machen, vergrößerte gleichwohl Rauminhalt wie Handlungsspielraum, erst dadurch wurde der zweigeschoßige Zentralraum möglich. Wenn auch bei nachfolgenden Generationen das Haus Ess/Barwart größtenteils unbekannt blieb, nimmt es doch vieles vorweg, wofür alpine Baukultur heute steht: Durch die präzise Setzung des Baukörpers und die Integration in den Naturraum mittels Holz, durch die rustikale und zugleich originäre Komposition von innerem Raumplan und äußeren Ansichten ist dieses Bauwerk zweifelsohne Vorläufer guter zeitgenössischer Interpretationen alpinen Bauens im Einfamilienhausbereich. MH

027 **Errichtergemeinschaft Sägerweg**
Götzis, Sägerweg 6a–c
1975

Hier gelingt, was weder zur Zeit der Errichtung geläufig war noch heute Usus ist: das gleichgeschaltete Planen und Bauen unter Geschwistern. In Vorarlberg führt die Realerbteilung in der Regel zu einem baukulturellen Patchwork, nicht so bei dieser Familie. Onkel und Cousins von Rudolf Wäger wussten um seine planerische und handwerkliche Versiertheit und übergaben diesen betörenden Ort seinem Geschick. Das Ergebnis gibt ihnen recht – die drei Hofhäuser bilden ein Ensemble stringenter Schönheit, sie sind straßen- und gartenseitig eine Bereicherung für den Kontext und individuell wie kollektiv eine Oase. MH

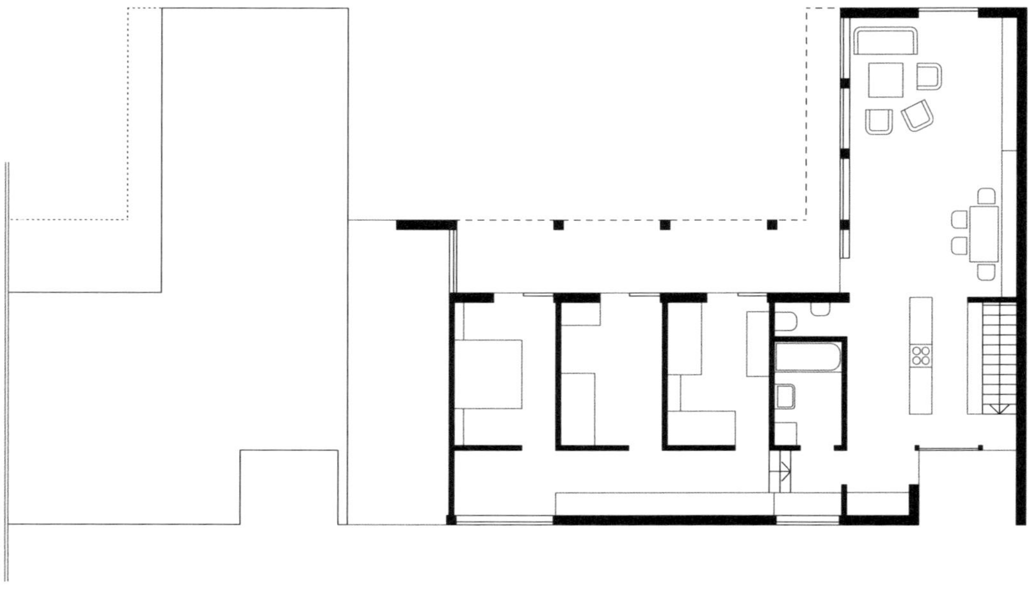

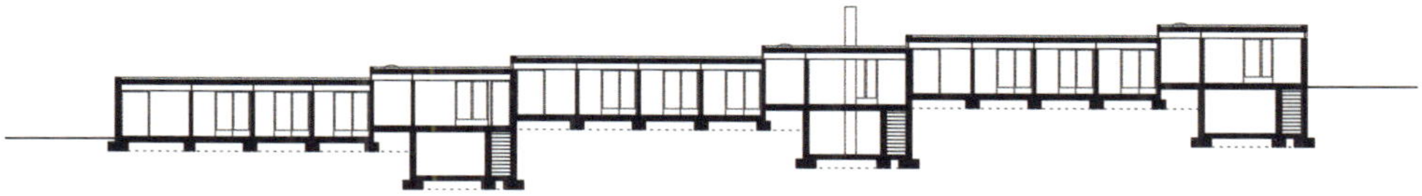

Idyll am Emmebach

Rund zehn Jahre nach dem Bau des Würfelhauses in der Bulitta entschlossen sich Wägers Cousins, mit ihm zu planen und zu bauen. Das von Xaver, dem Zimmerer der Elterngeneration der Wägers, zugleich Rudolfs Onkel, übertragene Grundstück konnte sich sehen lassen – in einem ruhigen Dorfteil von Götzis gelegen, nordwestseitig vom Emmebach gefasst und über die Diagonale sanft abfallend, stellte es einen idealen Bauplatz dar. In Vorarlberg bevorzugt man das Wohnen im Eigentum, alles andere gilt als verlorene Ausgabe, wenngleich sich diese Haltung angesichts der immensen Preissteigerung neuerdings abgeschwächt hat. Das Grundstück wurde auf drei Kinder aufgeteilt, zwei der Geschwister gingen das Bauvorhaben sehr jung an, mit Anfang zwanzig, eine Schwester wagte sich zehn Jahre später mit Unterstützung ihres Partners an das Unterfangen, auch sie hielt sich strikt an die Planvorgabe.

Rudolf staffelte über die Längsseite des Grundstücks drei L-förmige Baukörper, in der Addition bilden sie jeweils dem Emmebach zugewandte Höfe. Dadurch orientieren sich Hof und Haupträume sogar nach Nordwest/West – der Blick auf Gärten und Bäume der gegenüberliegenden Einfamilienhäuser garantiert Abendlicht und Weite. Es ist offenkundig, dass dem Planer das Grundstück sehr vertraut war und die Qualitäten des Ortes für ihn les- und einschätzbar waren.

Die Häuser wurden in Eigenleistung gemauert – Rudolf wählte Gasbetonziegel geklebt, setzte eigenhändig den ersten Stein im gemauerten Untergeschoß. Es erschien ihm praktikabler angesichts der wenig bauerprobten Auftraggeber, erzählt Cousin Heinrich augenzwinkernd. Unterkellert ist nur der querliegende Hauptschenkel, der Verbindungstrakt zur nächsten Einheit ist jeweils erdgeschoßig angelegt.

Acht konstruktive Achsen überspannen die räumliche Skulptur und tragen gemeinsam das Flachdach, es gibt keinen Wechsel der Statik in der L-Form. Strukturieren die als Zargen ausgebildeten Träger den Wohnbereich in Querrichtung, so nehmen sie im Schlaftrakt die Gangrichtung auf und laufen parallel zu den befensterten Fassaden, also in Längsrichtung des Bauteils – eine unorthodoxe, aber konsequente Antwort auf den Baukörpertypus.

Rudolf plante auf der Nordostseite ursprünglich kein Vordach. Sein Onkel, der Zimmerer, drängte darauf, die schmalen Fensterbänder zwischen dem Tragwerk mit Wetterschutz zu versehen – es kam eine kleine Auskragung zur Ausführung. Die klappbaren Fenster zwischen den Zargen erweisen sich als sehr praktisch, sie eignen sich bestens zur Nachtkühlung. Auf der Hofseite kragen die Balken hingegen weit aus, garantiert das Vordach im Sommer einen konstruktiven Sonnenschutz. Eine Kolonnade entsteht durch das Fortführen von Zangen und Dach vor dem Schlaftrakt. Dieses Element und der Bungalowcharakter im Allgemeinen, der weiße Putz und das dunkle Gebälk sowie der üppige Gartenhof verleihen den Häusern etwas Mediterranes.

Auch die Zugangsseite der Häuser wirkt südländisch, denn die drei liegenden Baukörper entlang der sanft abfallenden, mittlerweile gepflasterten Privatstraße sind raumbildend und homogen im Erscheinungsbild. Die Hanglage lässt sich in zwei Höhenversätzen pro Einheit ablesen, in der Bauflucht markieren Wandrücksprünge jeweils die Eingänge mit einem kleinen Entree. Potenzial für eine weitere Willkommensgeste bietet die Küche, wo über ein großes Fenster der Blick zu den Ankommenden freigegeben wird. Eine weitere Spezialität der Wäger'schen Grundrisse: Sie sind folgerichtig. Sie bieten Nebeneingänge, Durchblicke, Entrees, sie zonieren, spielen frei, bringen Licht von oben, wo nötig, verbinden durch Lichtbänder und Materialisierung, strukturieren durch Statik und verblüffen in den Proportionen. Erstaunlich ist die Tatsache, dass die gesamte Dachkonstruktion lose auf dem Mauerwerk aufliegt. Das Riegelholz ist zwar darin eingenutet, aber ohne Verschraubung! Welcher Statiker oder Zimmermann würde heute noch dafür geradestehen?

Die drei Häuser sind fast baugleich, wirken jedoch sehr individuell, was die Detaillierung der Einbauschränke, Bodenfliesen und Möblierung anbelangt. Als multifunktional erweisen sich die Räume im Untergeschoß. Besonders diejenigen mit vollwertigem Tageslicht zur Gartenseite haben es in sich, sind Gäste- oder Spielzimmer, Hauswirtschaftsraum etc. oder bieten einfach Raum für Unvorhergesehenes. Was den Gartenraum anbelangt, gibt es weder Zäune noch Abgrenzungen, die Hofhäuser sind quasi in einen großen Park mit Nutz- und Zierbäumen gebettet. Die Gärten wirken sehr persönlich, sie verkörpern eigene Vorlieben und gestalterische Philosophien.

Heute ist am oberen Ende dieses zusammenhängenden Gartens der Reihenhausanlage ein jüngst fertiggestelltes Spätwerk Rudolfs (118) zu finden, ein Haus mit Flachdach in fein durchdeklinierter Vorarlberger Holzbaumanier, jedoch mit Wäger'schen Eigenheiten. Die Großnichte als Auftraggeberin, dort wohnhaft mit Mann und Kindern, reiht sich somit in den Reigen jener Bauherren und -frauen ein, die selbst in einem Rudolf-Wäger-Haus groß geworden sind, nämlich im südlichsten der Errichtergemeinschaft. Darüber hinaus wird Mehrgenerationenwohnen vor Ort auch durch die Enkelin seines Künstlerfreundes Walter Salzmann, für den er 1965 Haus und Atelier (004) plante, gelebte Praxis – vor kurzem konnte sie mit ihrer Familie das mittlere Reihenhaus erwerben. So schließt sich auch hier der Kreis, finden sich Haus und BewohnerInnen als Gleichgesinnte wieder, wird der ursprüngliche Geist weitergetragen. Das, was mit so viel Eigenleistung und wenigen Mitteln errichtet wurde, bedeutet innen noch immer zeitlos modernes Wohnen und bleibt außen eine Oase der Fülle und Vielfalt im Wechselspiel mit den Nachbarn. MH

028 **Haus Rauch**
Schlins, Torkelweg 10
1977

Eingebettet in Hang und Obstwiese, sind bei diesem Haus die Sichtmauerwerkscheiben der Schmalseiten nach Ost und West geteilt und in der Längsachse um ca. 2 Meter versetzt. Der Eingangsspalt formuliert den Sprung der Niveaus vom Wohn- zum höherliegenden Schlafgeschoß aus. Die Südseite ist in horizontalen Linien großflächig verglast, das Vordach über die gesamte Länge dosiert die Sonneneinstrahlung. Schon vom kompakten Entree aus ist die räumliche Komposition spürbar, die ihren Höhepunkt im Bereich vor den Schlafzimmern findet. Von dort gleitet der Blick durch das Fensterband über das begrünte Flachdach des Wohnraums bis zum Horizont, den die Bergkette zeichnet. MPS

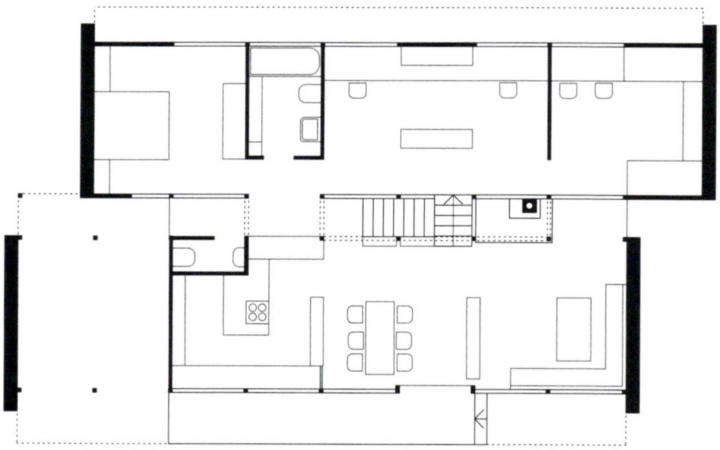

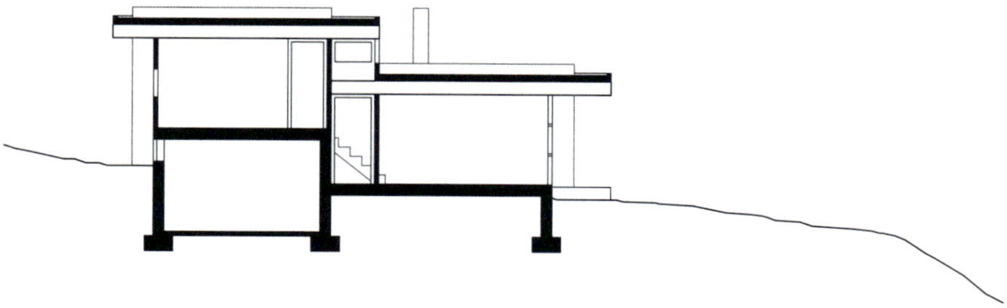

Qualität hat Bestand

Raumsequenzen, Ausblicke, Freiräume sind bei Wäger immer präzise und erlebnisreich auf BewohnerInnen, Nachbarschaft und Naturlandschaft zugeschnitten. Auch Franz Rauch ist als Bauherr heute noch bewusst, welch qualitätsvolle Räumlichkeiten seine Familie seit über vierzig Jahren bewohnt. Als erstes der Rauch-Geschwister traute er sich am Hügel in Schlins über ein Eigenheim. Franz kehrte gerade aus Kamerun zurück, wo er gleich nach dem Studium einen Aufenthalt zur Entwicklungshilfe in Afrika absolviert hatte. Besonders inspirierend waren für ihn die Split-Level der Lehrerhäuser einer Basler Mission. Die Wahl des Architekten, mit dem er sein großes Vorhaben verwirklichen wollte, war naheliegend. Fasziniert von der Siedlung Ruhwiesen in der Nachbarschaft, lag er bei Rudolf Wäger mit seinen Ideen genau richtig.

Nach Westen, zur Zugangsseite, positionieren sich die gestaffelten Baukörper unauffällig im umgebenden Grün. Die Sichtmauerwerkscheibe der Wohnebene tritt in den Vordergrund, die leichte Hanglage wird für das zurückgesetzte Schlafgeschoß genutzt und auch um die darunterliegende Werkstatt im Keller natürlich zu belichten. Es ist bemerkenswert, wie die Erschließungsflächen horizontal und vertikal aufgelöst werden. Der Gang ist überhöht, die Konstruktion der dominierenden Leimbinder überlagert sich hier, und nach knapp 4 m² breitet sich der Großraum aus. Mit einer quergestellten Treppe hinauf zum Schlafbereich und dem oberen Fensterband wird der Split-Level sehr differenziert ausgearbeitet, von hier aus gibt es Überblick und zugleich Ausblick über das Flachdach des Wohngeschoßes hinweg. Die Proportionen stimmen, und der offene Wohn-Ess-Raum wirkt außerordentlich großzügig. Die Möbel (Esche furniert) sind allesamt vom Architekten eingepasst: ein luftiges Regal zur Kellertreppe; eine Schiebetüre zur Küche hin und ein beidseitig bedienbarer Einbauschrank als Raumtrennung. Designt sind der Esstisch und sogar die Stühle.

Aufgestellt wurde das Haus vom handwerklich geschickten Bauherrn selbst. Franz Rauch beeindruckt heute noch, wie beständig das Material und wie gültig die Raumkonfiguration ist. MPS

031 **Haus Schubert**
Lustenau, Flurstraße 20a
1977

Im locker besiedelten Einfamilienhausgebiet erscheint das niedrige Haus in zweiter Baulinie sehr zurückhaltend. Das Zeltdach des Wohnteils ist von der Zugangsseite aus nicht zu erkennen. Im Grundriss zeichnen sich vier Quadrate mit jeweils 7 mal 7 Metern ab, eines davon ist das mit Mauerscheiben angedeutete Freiluftzimmer. Das Spiel mit diagonalen Linien lässt im Inneren reizvolle Raumabfolgen entstehen. MPS

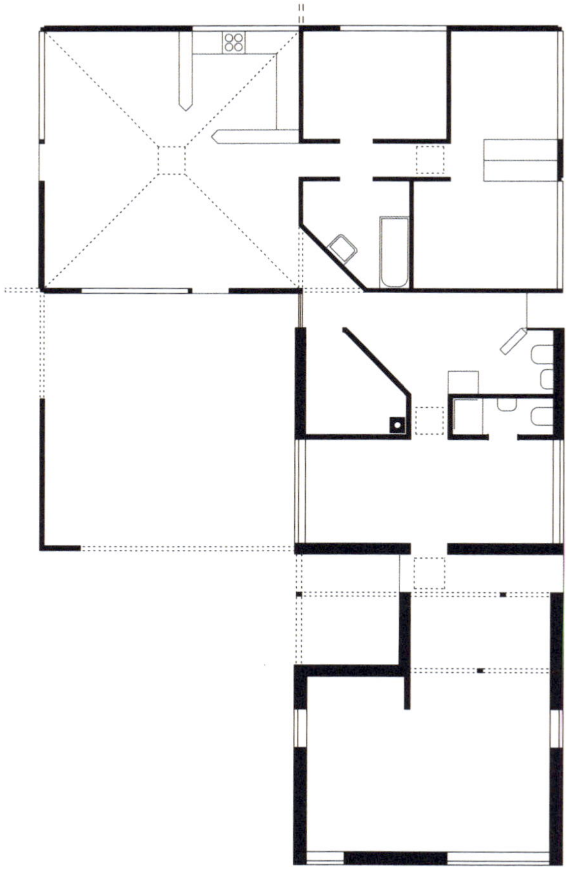

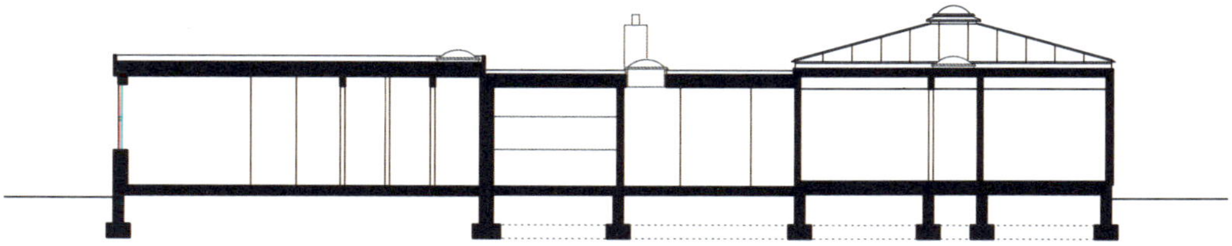

Eine Komposition zum Quadrat

Ein Quadrat mit stringenter Teilung durch vier, freigespielt über die diagonalen Linien, die das Zeltdach des Wohnraums vorgibt. Einen Quadranten besetzt der Hof, bei den weiteren markiert je eine Oberlichtkuppel den Mittelpunkt. Die Wäger'schen Grundrisse zu studieren ist immer ein Genuss, noch ein größerer, die Räume zu erleben. Von der Zugangsseite her duckt sich der Flachbau bescheiden in die mit Gärten und Wiesen durchsetzte Umgebung. Die eine Hälfte ist eine Holzkonstruktion mit waagrechter Verkleidung, ursprünglich aus Faserzementplatten in frischem Rot, die andere massiv, in Betonsteinen gemauert und weiß gestrichen. Subtil wird schon im Eingangsbereich ein dreieckiges Segment nachgezeichnet, das auf den Wohnraum verweist: mit dem schräg gestellten Garderobenmöbel inklusive Toilette, mit diagonal verlegten Terrakotta-Bodenfliesen, mit der abgekanteten Ecke beim ‚Schlafquadranten'. Dort eröffnet sich eine verblüffende Großzügigkeit. Eindrucksvoll ist der offene Dachraum ausgearbeitet. Die Sonnenstrahlen fallen durch ein Oberlicht, das die gekappte Spitze des fein strukturierten, mit Holzlatten geschalten Polyeders abdeckt. Küche und Möbel beziehen sich als freigestellte Elemente ebenso auf diagonale Linien, die grundrissliche Geometrie wird räumlich vollkommen spürbar.

Der bis in die Schlafzimmer und sogar im Bad durchgehende Lärchenholzboden wurde vom Lehrerehepaar Maria und Armin Schubert selbst verlegt. Bei den ersten Quadratmetern half der Architekt mit, zur Einschulung. Eine lebenslange Freundschaft verband die drei und dazu noch eine originelle Wohngeschichte: Nachdem schon in der Bauzeit umdisponiert und statt der Garage ein Arbeitsraum eingerichtet worden war, zog Rudolf – wieder einmal auf Wohnungssuche – dort ein. Diese unkonventionelle Wohngemeinschaft währte zwei Jahre lang.

Jahrzehnte später tauchte der Wunsch nach mehr Platz für die Bücher auf. Rudolfs Vorschlag war ein aufgesetzter Holzzylinder mit Oberlicht, das knapp dimensionierte Mauerwerk (12 cm) war jedoch statisch dafür nicht geeignet. Also wurde mit einem Zubau pragmatisch geradlinig angeschlossen, diesmal mit zukünftigem Aufstockungspotenzial. MPS

035 **Errichtergemeinschaft Heldenstraße**
mit Sigi Wäger
Feldkirch, Heldenstraße 46, 46a–c
1979

Anrainer und Bauamt begegneten der Architektursprache und Wohnform der Reihenhausanlage zur Zeit der Entstehung mit Skepsis. Heute erweist sich das Baugruppen-Projekt als Exempel für bodensparendes, kollektives und kostengünstiges Wohnen. Eine orchestrierte, wohlgestaltete Alternative zu dissonanten Quartieren mit banalisierten Einfamilienhäusern auf Minimalparzellen. MH

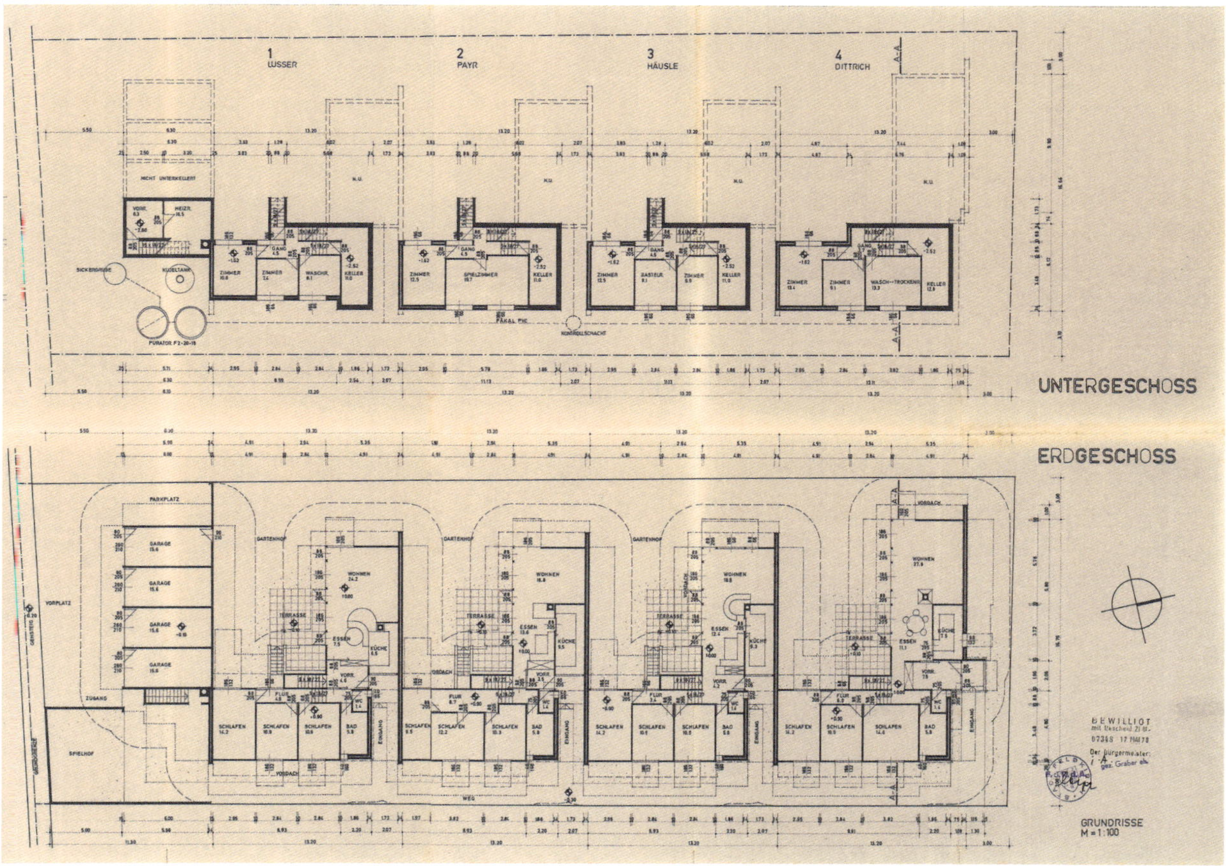

Zusammen planen, bauen und wohnen

Sowohl für Wäger als auch für rund ein Dutzend Bauherrschaften war 1979 ein Jahr der Ernte. Gleich drei Reihenhausanlagen (038, 040) in ähnlicher Größenordnung wurden zeitgleich errichtet und fertiggestellt. Die Häusergruppe in Feldkirch-Altenstadt stand anfangs, abgesehen von zwei westseitig gelegenen Einfamilienhäusern, wortwörtlich allein auf weiter Flur, erzählt Reinelde Lusser – vor vierzig Jahren sah man bis zum Haus ihrer Eltern in der Kaiserstraße. Sie und ihr Mann Günter stießen als Letzte zum Projekt, fühlten sich angeregt durch Franz Bertel, der ebenfalls an der Pädagogischen Hochschule unterrichtete. Der Mitbegründer der Haldesiedlung in Bludenz legte ja bei vielen jungen Kollegen den Samen für eine alternative, zeitgenössische Wohnform und Architektur und führte sie an deren planende Protagonisten heran.

Heute ist die Reihenhausanlage von der Heldenstraße aus kaum wahrnehmbar, sie duckt sich hinter die gemeinsame Garagenzeile. Der ostseitige Erschließungsweg liegt nun direkt an den minimal bemessenen Gärten einer zweistöckigen Wohnanlage, die dort angrenzenden Felder wurden mittlerweile in Mehrwohnungshäuser umgemünzt. Ein kurz nach Errichtung entstandenes Foto verdeutlicht, was ohne die entsprechende Distanz nicht mehr wahrnehmbar ist: Die vier Reihenhäuser bilden in Summe einen langen, flachen, skulptural behauenen Körper. Dabei ist der Holzständerbau mit seiner senkrechten Fassadenschalung in die umlaufende Mauerschale passgenau implantiert.

Im hellen, homogenen Kalksandstein-Mauerwerk kontrastiert das dunkel lasierte, ausdifferenzierte Raumgebilde aus Holz. Das gut ablesbare Tragwerk sitzt satt in der schützenden Hülle und schlägt eine semantische Brücke zur umgebenden Obstbaumstruktur. Sämtliche Öffnungen sind Teil des ‚weichen' Inlays, da und dort gibt die harte Schale des Mauerwerks zugunsten eines Fensters nach. Über denen der Ostseite nehmen sich die Vordächer wie fürsorglich übergestülpte Schiebermützen aus.

Dass der Schlaftrakt entlang des Weges zwei Etagen aufnimmt, ist nur auf den zweiten Blick erkennbar – der von Wäger so geschätzte Split-Level ermöglicht auch hier eine Verschränkung der Wohn- und Schlafebene und verhilft dem Bauwerk zu seiner erdverbundenen Anmutung. Tatsächlich liegen die drei Schlafräume, die je nach Einheit innerhalb des Rasters in ihrer Breite variieren, im Hochparterre. Auch die Räume im Souterrain erhalten dadurch eine funktionierende Belichtung, die Einsehbarkeit vom halböffentlichen Weg nahmen die Bauherren in Kauf, hält sich doch dort die Frequenz in Grenzen und überwiegt das nachbarschaftliche Miteinander. Dafür ist der dreiseitig umschlossene Gartenhof umso intimer. Auch der Hauseingang ist ein Schwellenbereich, der liegt nämlich jeweils am Ende eines schmalen Vorhofs, von wo aus Einblick in die Küche gewährt wird. In Diele und Wohnraum spielen Einbaumöbel und Feuerstelle eine zentrale Rolle bei der Individualisierung der Grundrisse.

Die Baugespräche mit Wäger erwiesen sich als konstruktiv und gesellig, ebenso das gemeinsame Lasieren der Holzteile in der Abbundhalle des Zimmerers. Die Errichtergemeinschaft generierte mit ihrem Planer auf rund 1.500 m² vier Einfamilienhäuser von akkordiertem Gleichmut, nahezu unverändert das Bild, auch nach vierzig Jahren. Das Konzept lässt dennoch Abweichungen zu, wie die vierte Einheit am Grundstück beweist – sie ist sowohl breiter und länger als auch höher. Wäger wusste sicherlich, was er dem Ortsbild mit Haustypologien dieser Art erspart. Welche baukulturellen Einbußen banale, individualisierte Heterogenität auf Kleinstparzellen zur Folge haben, belegt leider die Geschichte.

Kaum zu glauben, dass im Zuge der Baubewilligung das Stadtplanungsamt seinerzeit ein Pflanzkonzept vorschrieb, das eine entsprechende Camouflage der Häuserzeile vorsah. Die vier Jungfamilien pflanzten jedenfalls bereitwillig Weinreben an den südseitigen Mauern der Vorhöfe – zur Überprüfung der Einhaltung dieser Auflage schien sich dann doch niemand bemüßigt zu fühlen ... MH

46

038 **Errichtergemeinschaft Reichenau**
Lustenau, Reichenaustraße 96–100
1979

Eine Fügung ermöglichte Rudolf Wäger die Planung einer kompakten Reihenhausanlage in der einfamilienhausdominierten Reichenau in Lustenau. Auf die Vorgabe des langen, schmalen Ost-West-Grundstücks reagierte er weitsichtig mit dem Typus aneinandergereihter Hofhäuser. Sichtziegelmauerwerk und Holzständerbau ergänzen sich dabei konstruktiv und plastisch, werden auf der Zugangsseite zur grafisch-geometrischen Flächenkomposition. Die eingeschobenen Terrassen im Obergeschoß bieten Vergrößerungspotenzial, im Inneren eröffnen sich viele Raumvarianten. Besondere Qualität generieren die allseitig umschlossenen Gärten, sie entpuppen sich als erweiterter Wohnraum. MH

Die progressiven 1970er

Lustenau ist eine von vier Gemeinden mit den meisten Bauten von Rudolf Wäger. Die Objekte – es sind mehrheitlich Einfamilienhäuser – sind auf das ganze Ortsgebiet verteilt, oft liegen sie versteckt im viel beanstandeten Straßenlabyrinth. In der Reichenaustraße, der gefühlt längsten Geraden im Ort, schiebt sich inmitten von Einfamilienhäusern und Wohnanlagen der letzten siebzig Jahre eine Häuserzeile zwischen die Obstbäume in deren Hinterland: fünf additive Hofhäuser, vom Straßenraum abgeschirmt durch die minimal dimensionierten, 2CV-adäquaten Einzelgaragen.

Zwar reichte das schmale Grundstück nicht dazu aus, Wägers über Jahre gehegte Idee eines autarken, alternativen Dorfes zu verwirklichen, doch zumindest ein Fragment dessen ließ sich darauf realisieren. Durch einen gemeinsamen Freund fanden Marianne König-Moosbrugger, Eigentümerin des Baugrundes, und die Ideen des Baukünstlers zueinander. Die weiteren, selbstbauinteressierten Bauherrschaften wurden im Freundes- und Bekanntenkreis ausgemacht. Das Angebot war verlockend: Der Haustypus erlaubte je nach Geldbörse unterschiedliche Größen und Ausbaustadien. Die hermetischen Höfe versprachen einen überschaubaren, intimen Garten, der heute, nach vierzig Jahren, für die BewohnerInnen sicht- und spürbar Rückzugs- und Ruheort im Sommerzimmer bedeutet. Die gesamte Wohnebene lebt vom Zusammenspiel mit dem Garten, sie erweitert sich quasi bis an die Grundstücksgrenze. Ein weiterer Wohnlichkeitsfaktor ist die Materialisierung in Sichtziegelmauerwerk und dunkel lasierten Holzteilen – man wähnt sich in einem wohltuenden, durchkomponierten Raumkontinuum, präzise geplant und dadurch flexibel.

Unbedarften Passanten bleibt die Qualität der Anlage offenbar verborgen. Nur so lässt es sich erklären, dass Vorbeifahrende darin Saunahäuser und Hasenställe sehen. Würden sie ein paar Schritte entlang der Zugangsseite wagen, könnten sie erkennen, mit wie viel Gespür die Häuser sich durch plastisches Zonieren voneinander abheben, was Adressbildung mit Klasse heißt, mit welcher Akribie die Nordseite das Innere nach außen abbildet, wie gut und zeitlos es sich in Haus und Hof leben lässt und wie viel wertvoller Raum den 78 bis 105 m² abzugewinnen ist. MH

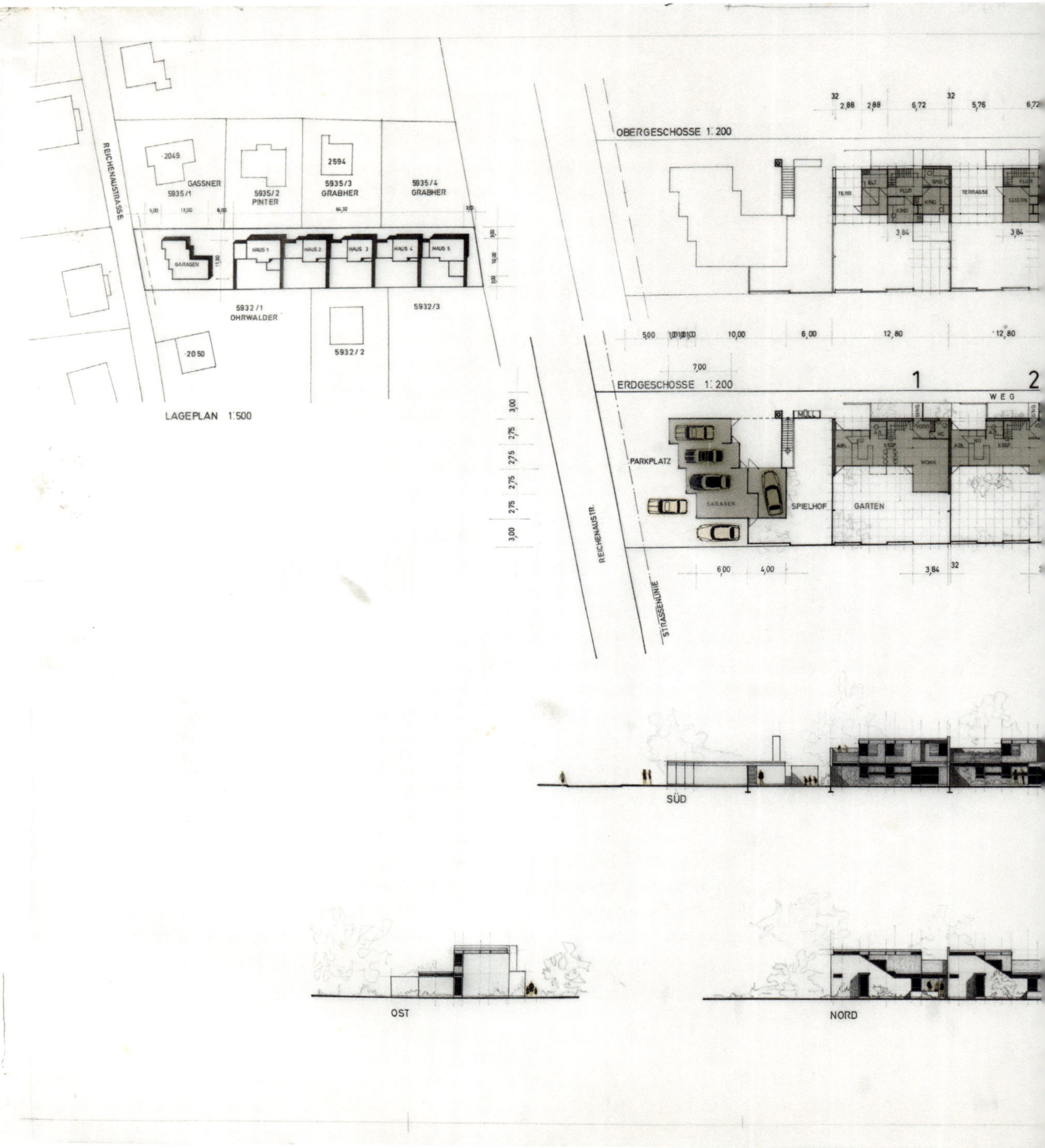
LAGEPLAN 1:500
REICHENAUSTRASSE
GASSNER
5935/1
5935/2
PINTER
5935/3
GRABHER
5935/4
GRABHER
5932/1
OHRWALDER
5932/2
5932/3
OBERGESCHOSSE 1:200
TERRASSE
ERDGESCHOSSE 1:200
WEG
MÜLL
PARKPLATZ
GARAGEN
SPIELHOF
GARTEN
REICHENAUSTR.
STRASSENLINIE
SÜD
OST
NORD

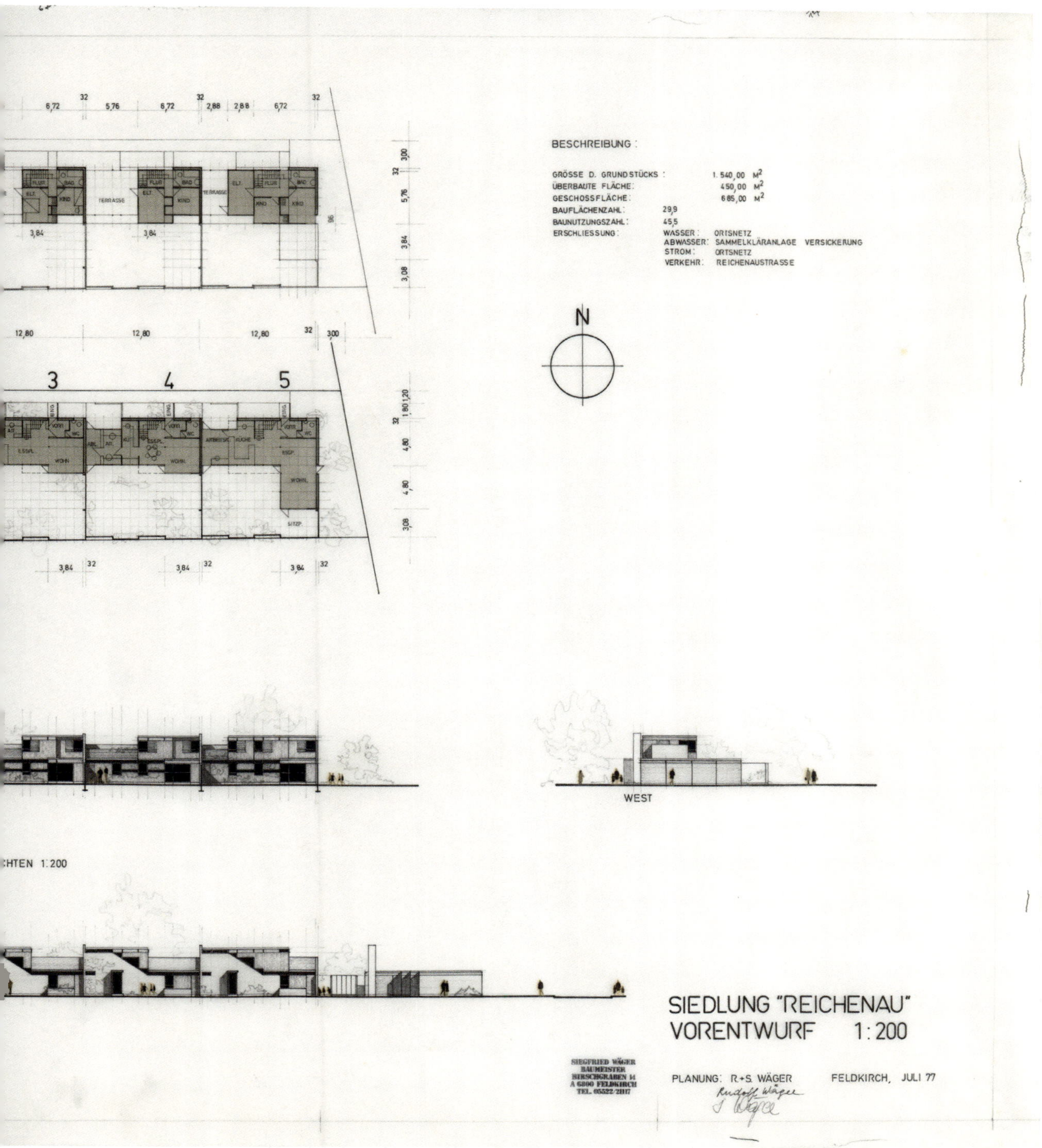

BESCHREIBUNG:
GRÖSSE D. GRUNDSTÜCKS: 1.540,00 M2
ÜBERBAUTE FLÄCHE: 450,00 M2
GESCHOSSFLÄCHE: 685,00 M2
BAUFLÄCHENZAHL: 29,9
BAUNUTZUNGSZAHL: 45,5
ERSCHLIESSUNG: WASSER: ORTSNETZ
ABWASSER: SAMMELKLÄRANLAGE VERSICKERUNG
STROM: ORTSNETZ
VERKEHR: REICHENAUSTRASSE
N
3
4
5
WEST
CHTEN 1:200
SIEDLUNG "REICHENAU"
VORENTWURF 1:200
SIEGFRIED WÄGER
BAUMEISTER
HIRSCHGRABEN 14
A 6800 FELDKIRCH
TEL. 05522/2117
PLANUNG: R.+S. WÄGER
FELDKIRCH, JULI 77

040 **Errichtergemeinschaft Rütte**
mit Sigi Wäger
Götzis, Rütte 34–40
1979

Vier in Fallrichtung gestaffelte Hofhäuser sind die Antwort auf eine sonnige Hanglange oberhalb von Götzis. Die Vorgartenzone mit Garagenbaukörper bildet den gemeinsamen, einladenden Auftakt zur Straße. Die u-förmigen Häuser sind autark, jedes von ihnen öffnet eine Welt für sich – die räumlich-konstruktive Symbiose von innen und außen gelingt durch das versierte Zusammenfügen der Baumaterialien. Der Hof wird dabei zum introvertierten Herzstück, zum multifunktionalen Raum ohne Dach. MH

Hofhaus mit Weitsicht

Zeitgleich mit der Reihenhausanlage in Lustenau-Reichenau entwickelten Rudolf und Sigi Wäger in bewährter Kombination von Planung und Bauleitung ein weiteres Bauvorhaben für eine Errichtergemeinschaft. 300 Meter Luftlinie vom Elternhaus und dem Würfelhaus entfernt, kam zu jener Zeit auf der Rütte ein Grundstück aus dem Freundeskreis auf den Markt, das bei komprimierter Bauweise vier Einfamilienhäuser aufnehmen konnte. Der hier angedachte eingeschoßige Hofhaustypus hatte das Potenzial, auf unterdurchschnittlich kleinem Fußabdruck ein Maximum an räumlicher Qualität zu generieren, Aussicht und Abgeschiedenheit inklusive.

Die Reihenhäuser folgen der hangseitigen Grundstücksgrenze und besetzen je nach Größe durchschnittlich 20 mal 10 Meter Grundfläche, dabei wird rund ein Drittel des Volumens zum ‚Negativraum', zum introvertierten Innenhof, der je nach Jahres- und Tageszeit den BewohnerInnen Sonne respektive Schatten spendet. Das Raumkontinuum, das sich um das Herzstück Hof organisiert, besticht sowohl konstruktiv wie in der Materialisierung durch die hohe Kunst des Fügens. Im Zusammenspiel von zweischaligem Mauerwerk aus Sandstein, dunkel gebeizter Pfostenriegelkonstruktion und Wand- und Deckentäfer aus nordischer Fichte entstehen Zonierungen sowie Durchdringungen, gestalterisch-räumliche Akzente und fließende Übergänge von innen und außen. Verbindende Elemente bleiben der typische durchgehende Fliesenboden und der stringente Konstruktionsraster, der im Rhythmus alternierend, d. h. mit ganzer und halber Feldbreite, zum Einsatz kommt. Im Gegensatz zu den Hofhäusern am Sägerweg gibt es hier einen konstruktiven Umbruch, wechselt die Balkenlage entsprechend den Schmalseiten der Bauteile und reagiert umlaufend rechtwinklig zum Hof.

Die Errichtergemeinschaft, die sich aus einem Kreis von sechs Interessenten formierte, war keine konsistente, sondern eine zufällige. Die niedrig angesetzten Baukosten erforderten Eigenleistung, und diese konnten nicht alle involvierten Parteien einbringen, manchen mangelte es an einschlägiger Erfahrung. Somit kamen Planer, Bauleiter und Bauherrschaft da und dort an ihre Grenzen. Das, was indes bleibt, ist individuelles Wohnen im paritätischen Verband, der Weitsicht für alle generiert und großartige Wohnqualität mit nicht zu überbietender Intimität im Einzelnen. Dass eines der Reihenhäuser heute in rote Farbe getaucht und ein anderes durch einen Betonkubus erweitert ist, unterwandert zwar das ursprünglich homogene Erscheinungsbild, das kräftige Konzept kann dem dennoch standhalten. MH

36
Rutte

042 **Hangverbauung Burghain**
mit Sigi Wäger
Feldkirch, Im Burghain
1980

Die Split-Level-Häuser am Fuß des Schellenbergs repräsentieren einen Siedlungstypus, der in Vorarlberg trotz der ausgiebig vorhandenen Bergsäume wenig zu finden ist: en gros gekoppelte Einfamilienhäuser mit intimem Gartenanteil in Hanglage. Ein Querriegel mit drei Einheiten fasst den Vorplatz zum Burghain, den Sockel bilden die in den Hang geschobenen Garagen. Die Verschränkung von Bauten und Naturraum mittels Setzung, Wegeführung und Terrassen ist so beispielgebend wie überzeugend. MH

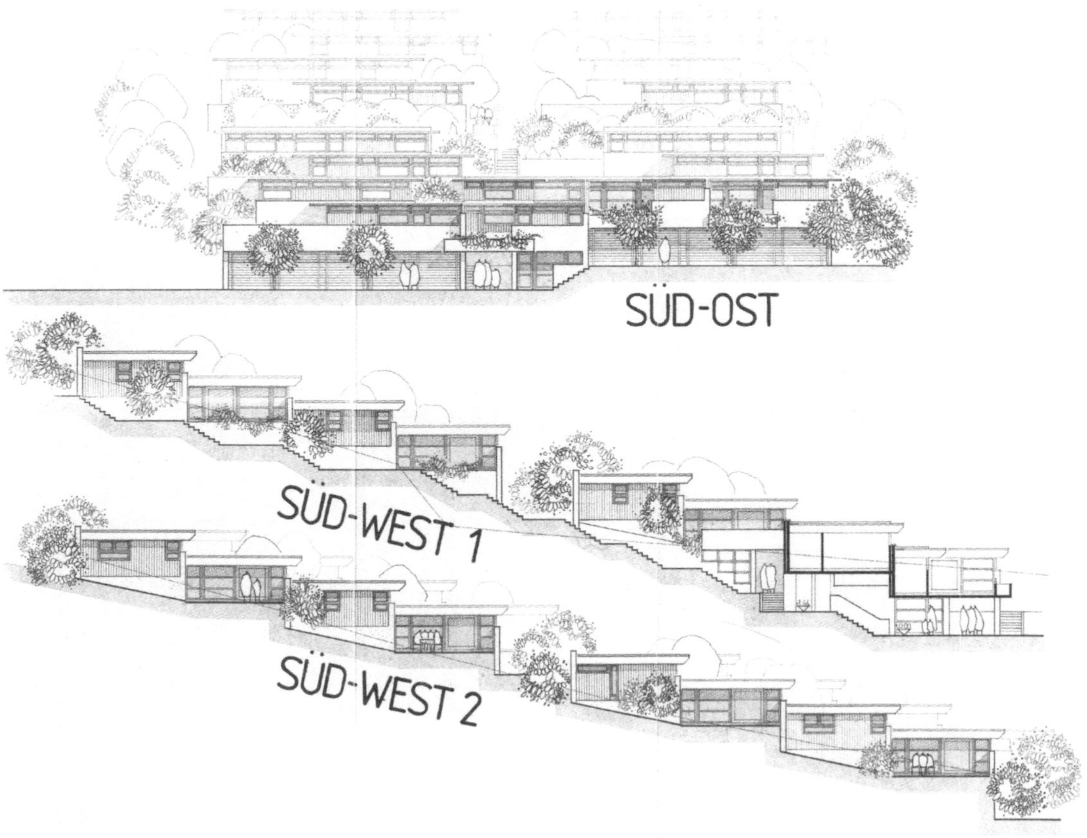

Kinderparadies im Burghain

In Tosters, dem beschaulichen Straßendorf zwischen Schellenberg und Blasenberg, 1925 eingemeindet von der Stadt Feldkirch, wurde Ende der 1970er Jahre ein Hanggrundstück bebaut, für das Rudolf eine Planung auf Risiko erstellte. Sie kam dem hierzulande gängigen Wunsch nach Eigenheim entgegen und entsprach dennoch einem verdichteten, gemeinschaftlichen Konzept. Die Immobilien-Eigentümer, Horst Zimmermann und Franz Markowski, beide Firmengründer der Zima Unternehmensgruppe, erkannten sein Potenzial und legten demnach kein Veto ein. Rudolf setzte bei seinem Entwurf auf neun gekoppelte Einfamilienhäuser, die in einem U organisiert sind und sich eng gestapelt den Hang erobern. Eine Querungsmöglichkeit verbindet die drei Erschließungswege der gekonnt in das steile Gelände komponierten Gesamtanlage. Den Abschluss zum Burghain macht ein Querriegel: Durch die Split-Level-Typologie nimmt sich der Wohnbau auf dem Garagensockel sehr zurück, erscheint er Richtung Straße als liegender, zweigeschoßiger Körper.

In den Augen der Kinder – zu Spitzenzeiten waren es ganze 17 – war der Vorplatz ihr „Hof". Der begehrte Spielraum war jedoch eher ein verwehrter, so wich die „Burghain-Bande" auf den angrenzenden Wald aus. Diesem nicht einsehbaren Revier ist es gewiss zu verdanken, dass die Anlage aus Kindersicht optimal war, auch wenn darüber hinaus das Patchwork an vielgestaltigen Gärten und die Einbettung in allgemeine Freiräume das Ihre dazu beitrugen. Dass man sich als Kind im Gegenzug beim Hochschleppen der Lebensmittel einbringen musste, wurde gerne in Kauf genommen, schließlich handelte es sich ja um ein autofreies Territorium. Hingegen waren die eingewachsenen, verwinkelten Wege mit ihren kleinen Plätzen, vor allem der Durchgang zur nordostseitigen Treppenanlage, definitiv angsteinflößend für die flügge gewordenen Teenagerinnen, erzählt Eva Lingg, heute selbst Architektin und Forschende zu Sozialräumen. Sie wuchs mit drei Schwestern und einem Bruder im obersten Haus am Waldrand auf.

Es war ihr Elternhaus, das als einziges später aufgestockt wurde, weil es bei insgesamt fünf Kindern auf rund 110 m² dann doch aus allen Nähten platzte. Sigi Wäger, der neben der Bauleitung auch die Kommunikation mit Bauträger und Eigentümergemeinschaft gewährleistete, ermöglichte weitere Zimmer in Holz-Leichtbauweise auf dem Schlafgeschoß – wie bei allen anderen Häusern reagiert dies auf die Hanglage und ist jeweils um einen Halbstock nach oben versetzt. Die Zimmer waren sehr klein gehalten, umso großzügiger erschien die offene Raumfolge von Diele, Küche, Ess- und Wohnraum. Grundsätzlich bot das Konzept von Rudolf den gleichen Typus in unterschiedlichen Größenordnungen an, so variierten Gartenanteile und Preise. Neben kollektiven Nebenräumen bewirtschaftete man anfänglich einen Gemeinschaftsgarten, der dann später einer Spielwiese wich, deren Attraktivität mit dem angrenzenden Waldrevier jedoch bei weitem nicht mithalten konnte.

Der Reiz des Ortes ist auch heute nicht von der Hand zu weisen – nach wie vor führt ein kleiner Trampelpfad entlang der südwestseitigen Grundstücksgrenze an Hühner- und Kaninchenställen der Bewohnerinnen und Bewohner entlang, erhascht man da und dort einen Blick in die intimen, mit kleinen Sichtmauern und Gebüsch geschützten Terrassen und staunt nicht schlecht über die gelungene Verschränkung von gebautem Raum und Natur. Dem tun auch die etwas gröber wirkenden Baudetails und Materialien, geschuldet dem Kostendruck des Bauträgerprojekts, keinen Abbruch. Was zählt, ist die große Geste – neun Einfamilienhäuser auf kleinstem Raum derart atmosphärisch in den Hang zu weben. MH

Überbauungs-entwurf

Schwarzach 1980

In den 1970er Jahren brachte Wäger etliche seiner Visionen des kollektiven Bauens und Wohnens in Form von Reihenhausanlagen zur Umsetzung. Im Fall des Schwarzacher Projekts hingegen, 1980 für eine private Baugemeinschaft entwickelt, blieb es bei der Idee eines stringenten, modularen Gesamtkonzepts. MH

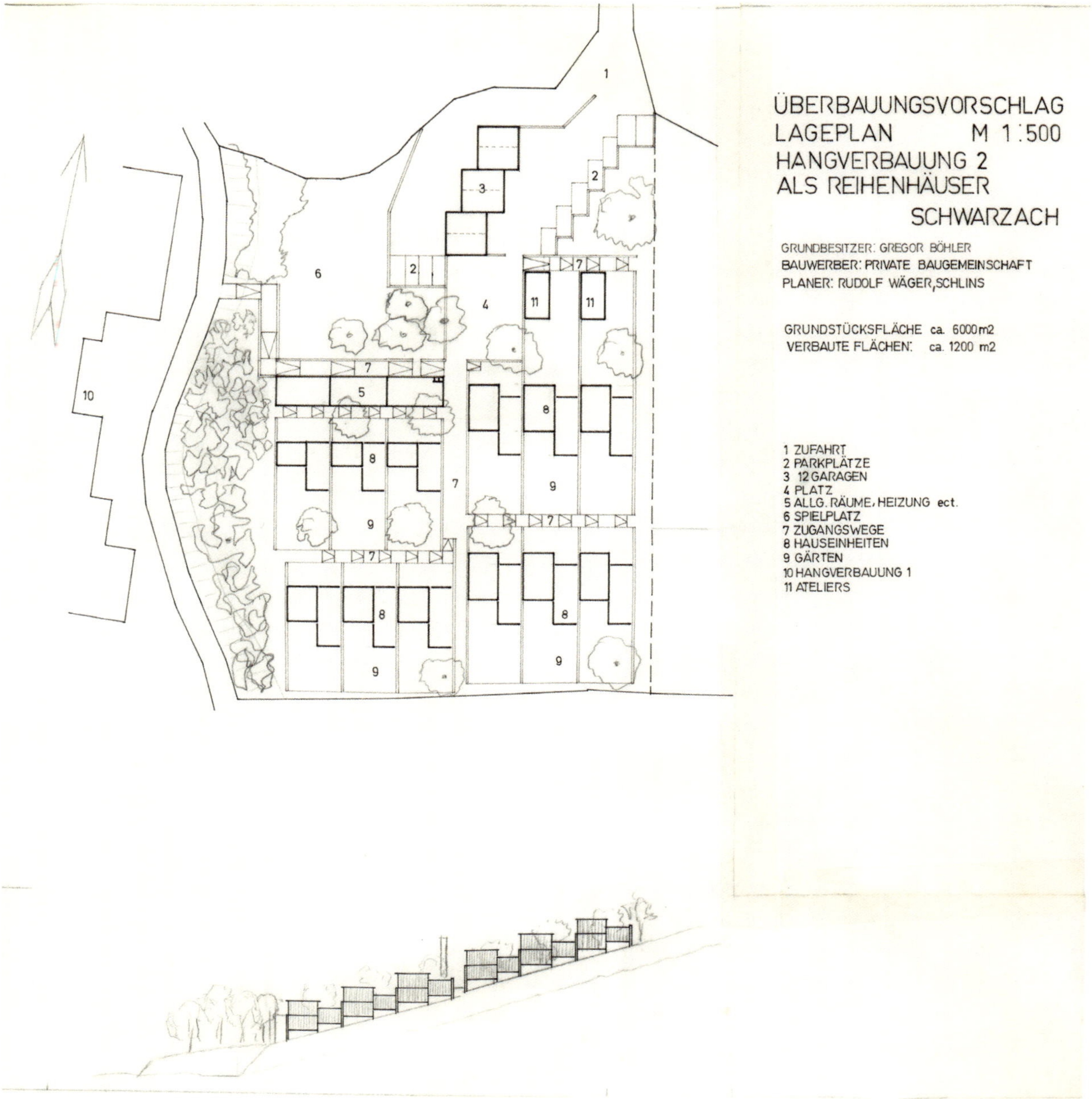

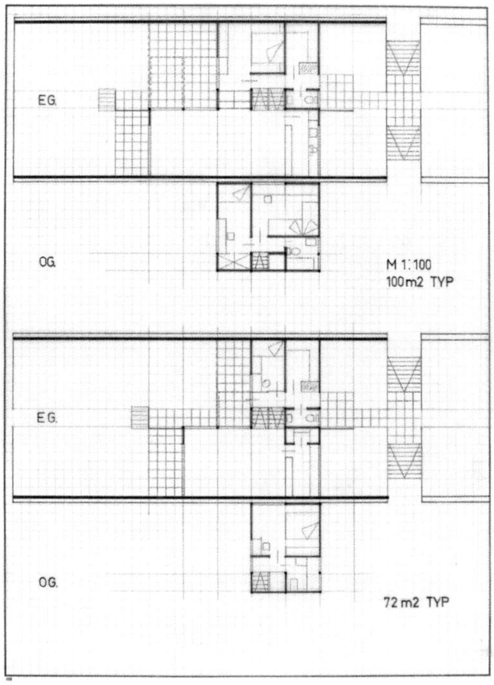

Paritätische Schichtung

Am Tellenhang, oberhalb der von Architekt Herbert Bereiter rund zehn Jahre früher entworfenen Terrassenhäuser, entwickelte Wäger ein Gesamtkonzept für ein rund 6.000 m² großes Grundstück zwischen zwei Waldstücken mit phänomenalem Blick übers Rheintal. Das äußert steile Terrain teilte er orthogonal zur Falllinie in ca. zehn Meter breite, von eineinhalb geschoßhohen Stützmauern gesicherte Parzellen. Je nach finanziellen Möglichkeiten standen drei Häusergrößen gleicher Typologie zur Auswahl: 72 m², 100 m², 120 m². Bei allen Einheiten sind Zugangsachse, WC, Schrankraum und Split-Level-Stiegenanlage in eine durchgängige Mittelzone gebettet, bilden diese Funktionen die Verschränkung zwischen den drei zueinander um einen Halbstock versetzten Niveaus. So changieren die in bewährter Hybridkonstruktion von Mauerwerk und Holzbau gedachten Häuser in ihrer Längsausdehnung zwischen vier und sechs Achsen, bieten jeweils Terrassen vor dem zweigeschoßigen Schlaftrakt und dem eingeschoßigen Wohnbereich. Raffiniert und stringent – die modulare Typologie gewährleistet Qualität jenseits der Größenordnung und schichtet Schlaf- und Wohntrakt rhythmisch, ja unhierarchisch auf gleiche Parzellenbreiten.

Der kollektive Gedanke setzt sich auch beim Energie- und Mobilitätskonzept durch: Allgemeine Räume und Heizung sind beim Platz angelagert und Garagen und Stellplätze bündeln die Autos bei der Zufahrt. Innerhalb der Gesamtanlage geht man zu Fuß, eine Querverbindung ermöglicht den Abgang Richtung Dorf. Darüber hinaus komplettieren zwei Ateliers das Angebot, nehmen vorweg, was heute so angesagt ist wie schon lange nicht mehr: leben und arbeiten an einem Ort. Eine vermittelnde Geste im Gefüge kommt den Vorgärten Richtung Norden zu – sie laden in unserer Fantasie zum Plausch ein. Was nie zur Realität werden sollte, entsteht dennoch als ‚Raumbild', belebt und vielschichtig, vor dem geistigen Auge der Betrachterin. MH

043 **Haus Hollenstein**
Höchst, Tischlerweg 6
1980

Gegenläufige Pultdächer, abstrahierte Fassadenkomposition und kompakte Winkelform waren die Antwort auf konkrete Vorstellungen eines jungen Paares in Besitz eines konischen Grundstücks. Beim Haus variieren Fenstergrößen und -anordnungen, der jeweiligen Raumsituation im Inneren angepasst. Zentrales Element ist der zweigeschoßige Wohnraum, halbhohe Raumteiler wie Ofen und Schränke zonieren weitere Funktionen, die Nebenräume sind effizient gehalten. Ein kleines Gesamtkunstwerk, unaufgeregt und raffiniert. MH

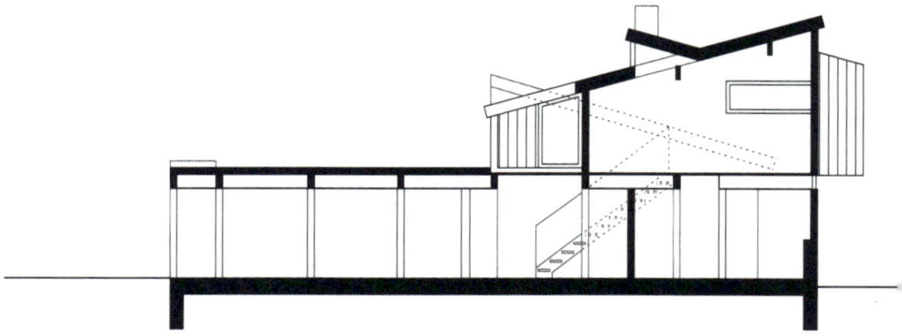

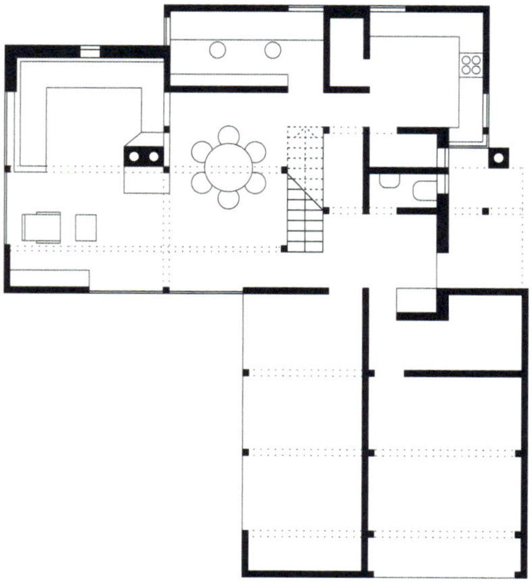

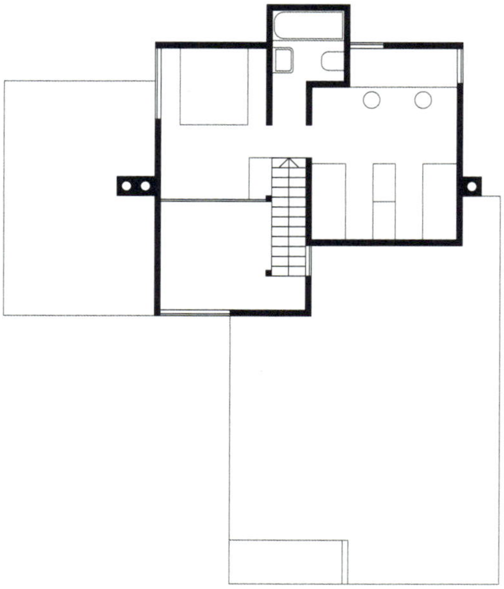

Hommage an die skandinavische Moderne

Kein übliches Haus mit Satteldach sollte es werden, sondern etwas Alternatives, etwas, das räumlich zu überraschen vermag, ohne viele Gangflächen auskommt, wo man selbst Hand anlegen kann, was praktisch ist und darüber hinaus ökonomisch-ökologisch. Im Haus Gassner in Lustenau (019) vernahm die junge Bauherrschaft den ersehnten Verweis auf ‚ihren' Architekten – eine Erleuchtung: So wollen wir bauen und wohnen. Die Eltern stellten das Grundstück für ein Eigenheim, der Entwurf ließ nicht lange auf sich warten, darin manifestierten sich die eigenen Vorstellungen bestens, ganz im Gegensatz zu denen der Behörde. Das Haus passe nicht ins Ortsbild, die langen Haare und der Bart von Bauherr und Planer ebensowenig. Unterstützt vom gleichfalls unkonventionellen und zugleich finanzkräftigen Onkel gelang es, den erheblichen Widerstand des Bürgermeisters mit der Androhung auf Klage zu entkräften. Die bei Nachbargemeinden eingeholten negativen Gutachten wurden von einem gegenteiligen widerlegt – zur Überraschung aller wurde darin das Haus letztendlich als ‚weitgehend dem Vorarlberger Rheintalhaus entsprechend' eingestuft.

Ähnlich erging es auch der anfänglichen bürgerlichen Skepsis – sie verpuffte, denn die Besucher überzeugte das unerwartet großzügige, ungewohnte Innenleben und außen fügte es sich zurücknehmend zwischen die Obstbäume und Rheintalhäuser. Das kleine Bauwerk wurde zum Wegbereiter für weitere alternative Holzbauprojekte und im Gegenzug erschien es so manchem durch den Bau der Wohnanlage „Im Fang" am Gärtnerweg, geplant von der Cooperative Dornbirn, mittlerweile als kleineres Übel. Planer und Bauherren der beiden Objekte hingegen fühlten sich als Verbündete.

Jedenfalls inspirierten sich künftige Bauherren Wägers am Haus Hollenstein und Fritz Achleitner diente es als Anschauungsbeispiel der sogenannten Vorarlberger Bauschule. In der Tat gelang Wäger hier eine zeitlose Raumskulptur, langlebig durch solide Konstruktion und Materialien, erhellt durch raffinierte Lichtführung mittels präzise komponierter Öffnungen, gepaart mit einem untrüglichen konstruktiven Verständnis und spielerischem Ausdruck. MH

046 **Haus Moosmann**
Lauterach, Badweg 16
1981

Die hybride Konstruktion reagiert auf den Damm der Bregenzer Ach mit vier zueinander versetzten Niveaus. Dabei bilden die kurzen Treppenläufe senkrecht zum Hang mit den darin eingeschobenen Nebenräumen das Rückgrat. So monolithisch und abstrakt sich die gemauerte Nordseite den Ankommenden präsentiert, so plastisch und ziseliert gibt sich die Südseite zum Garten. Im Inneren wird der Holzständerkonstruktion eine komplexe Abfolge vielfältiger Funktionen abgerungen. MH

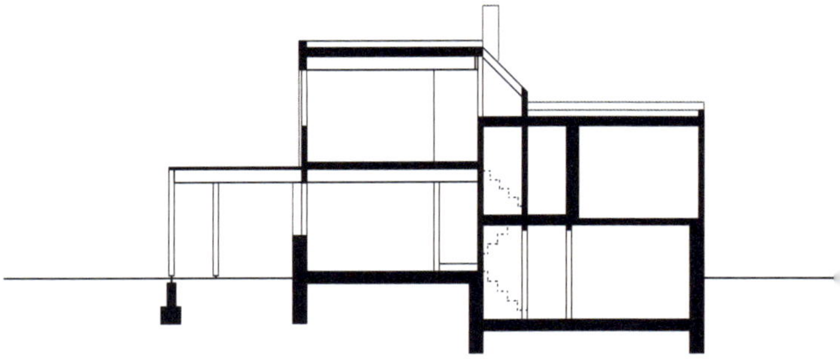

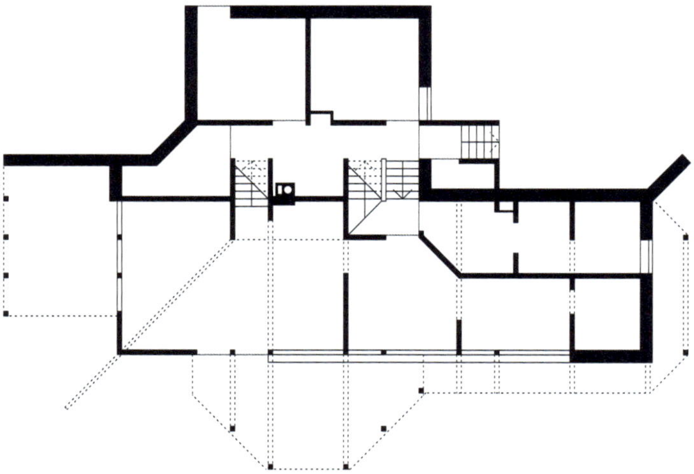

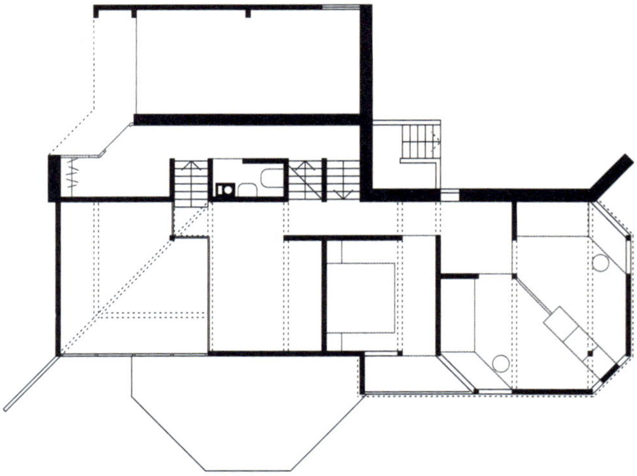

Vertrautes im Neuen

Eine Besonderheit stellen das Haus Moosmann und sein südliches Gegenüber, das Haus Schmidt (047), dar. Das elterliche Grundstück am Damm der Bregenzer Ach motivierte Schwester und Bruder zum ‚obligaten' Hausbau bei Familiengründung. Bei der Bauherrin weckt das hybride Konzept mit luftigem Wohnraum und kleinteiligen Strukturen Erinnerungen an ihre Kindheit in Tenn und Bauernhaus. Bei Bürgermeister und Bauamt hingegen evozierte es Widerstand – ein Schicksal vieler Wäger-Häuser. Erst das Gutachten von Fritz Achleitner brachte in diesem Fall ein Umdenken.

Die gemauerte Schale aus Sandsteinen legt sich dammseitig schützend um das unorthodoxe Holzskelett, die Ordnungsparameter scheinen flexibel, die zugeordneten Funktionen differenziert. So sind Kinderzimmer und überdachter Sitzplatz beispielsweise oktogonal umrissen und innerhalb des Rasters formen sich raffinierte Überleitungen, Plätze und Gassen. Selbst der Rhythmus der Zangenkonstruktion schert aus und ändert im Obergeschoß partiell die Spannrichtung. Über dem quadratischen zweigeschoßigen Wohnraum faltet sich die gesamte Dachkonstruktion über die Diagonale, wird zum expressiven Kontrapunkt von paralleler Balkenlage und sich nach außen stülpendem Oktogon der Schlafräume. Analogien lassen sich beim Haus Vogel (059), einige Jahre später in Lustenau-Hasenfeld realisiert, erkennen. Dass sowohl Bad als auch Ankleide zwei, respektive drei Halbstöcke weiter unten liegen, wurde von jeher in Kauf genommen. Das Treppenspiel über die vier Etagen ließ das Haus zum belebten Perpetuum mobile werden.

Vor kurzem wurde die Gartenfassade erneuert; durch die kleinteilige Struktur von Pfosten und Riegeln, von Fenstern und Paneelen wirkt sie wie ein Gewebe, sie gönnt sich da und dort ebenfalls eine Kapriole. Wenngleich die Wand nur 12 cm stark ist, bestätigt der Zimmerer ihren bauphysikalisch einwandfreien Zustand – Tragwerk und Steinwolle zwischen den nicht hinterlüfteten Holzplatten sind trocken – und sieht keine Veranlassung, den diffusionsoffenen Aufbau abzuändern. Nicht nur die Konstruktion erwies sich als langlebig und nachhaltig, sondern auch die Wohnqualität als außergewöhnlich und flexibel in der Nutzung. Heute dienen Evi Moosmann die zusammengelegten Kinderzimmer als Atelier und aus dem Elternzimmer wurde eine erweiterte Schlafgalerie.

Als ihre Tochter 2002 vor Ort Anbaupläne erwägte, weigerte sich Hermann Kaufmann beim Wäger-Haus einzugreifen – das sei unangemessen. Er flankiert das geschwisterliche Ensemble durch ein langgezogenes Minimalhaus, die Wiese wurde zum verbindenden Gartenhof. MH

053 **Haus Rüdisser**
mit Elisabeth Rüdisser
Hohenems, Birkenweg 7
1984

1985 erhielt dieses Haus den erstmals vergebenen Großen Österreichischen Wohnbaupreis. Wäger/Rüdisser planten es als gemeinsame Wohn-Arbeitsstätte. Das wurde es zwar nicht, doch immerhin ein Markstein in beider Œuvre. Nachdem Gunter Wratzfeld schon Schalungsträger für Dächer benutzt hatte, konstruierte Wäger damit hier erstmals den ganzen Bau. Das Traggerüst, Achsmaß 96 cm, ist mit mehrschaligen Wandsystemen ausgefacht; das Volumen misst 12,5 × 5 × 5 m, wobei das Pultdach den Querschnitt südwestseitig überhöht. Das Küchenfenster zentral in der sonst hermetischen NO-Wand, verglaste Eingangsveranda mit Galerie als Wintergarten; ein Vordach südwestlich als Rankgerüst; nordwestlich mit 12,5 m Abstand das Atelier (5 × 8 m). Bauzeit 5 Monate. OK

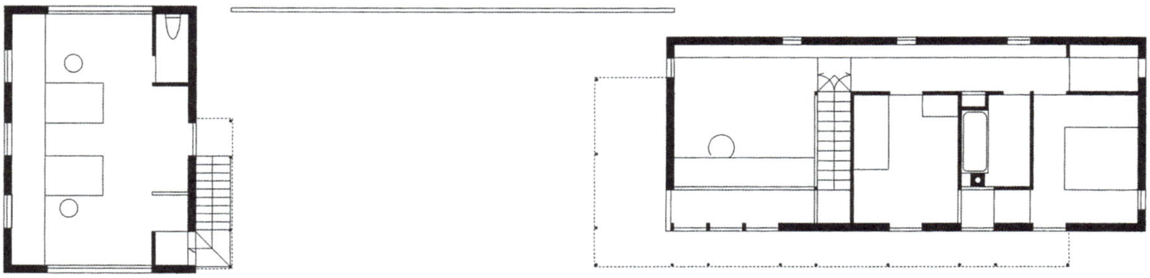

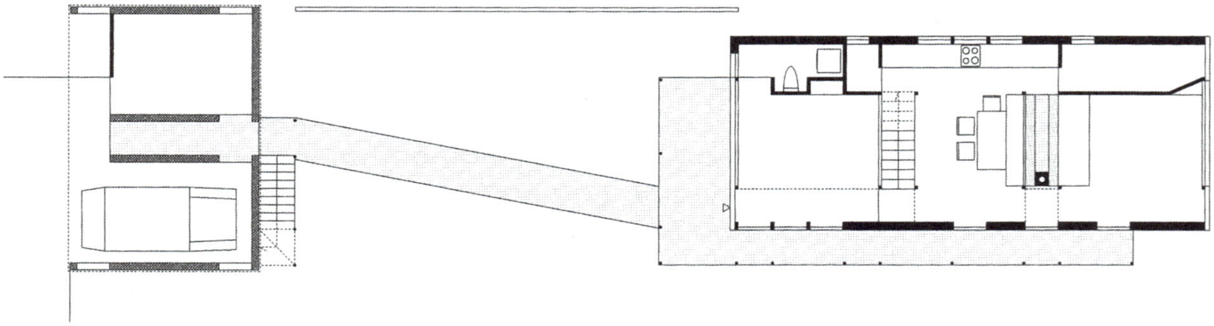

Vielschichtig

Den Acker hatte einst die Urgroßmutter gekauft, und Elisabeth Rüdisser plante auf dem langen schmalen Grundstück (42 × 12 m) ein Haus mit Innenhof und Hühnerstall – vor dem Entschluss, gemeinsam mit Rudolf Wäger zu bauen. Seit einigen Jahren war sie auch seine Mitarbeiterin gewesen, es war ein Planen auf Augenhöhe. Wenn sich Rudolf in einer Detailfrage durchsetzte, dann hatte Elisabeth bei der nächsten Entscheidung das gewichtigere Wort und vice versa. Die Polarität wird augenscheinlich, dieses Projekt fällt in der Liste von Wägers Bauwerken durchaus auf.

Ein kleines Empfangsgebäude, an die Straße gerückt, mit Durchstich zum Wohnhaus, die Distanz dazwischen exakt in dessen Länge. Beide Volumen bekommen ein Pultdach, das eine öffnet sich zum privaten Inneren, das andere gegen Süden. Ein in Proportion und Symmetrie konsequent durchkomponiertes Fassadenbild: Verzinkte Stahlkonstruktionen und Vordächer auf schlanken Säulen – ins Atelier eine Außentreppe, beim Wohnhaus als begrünter Sonnenschutz – zeichnen in klaren Linien die zweite Schicht. Der Konstruktionsraster drückt sich mit den Doppel-T-Trägern nach außen ab und rhythmisiert zusammen mit vertikalen Deckleisten die Holzverkleidung der Längsseiten, an den schmalen folgt die Lattung den horizontalen Öffnungen.

Durchlässig und mit Licht geflutet gibt sich der Innenraum. Die Eingangstüre und die Terrassenfenster mit senkrechten Sprossen sind raumhoch. Eine horizontale Schichtung übernehmen Treppe – zwischen verglaster Veranda und Küche bzw. Essbereich – sowie der Hypokausten-Ofen zum Wohnraum. Birkensperrholz facht als Innenverkleidung die Schalungsträger aus. Heute oft verwendet, mussten die Platten damals extra in Schweden bestellt werden. Zahlreiche durchdachte, sehr besondere Details gibt es in diesem Haus: wie das Treppenpodest, für eine Abzweigung im gleichschenkeligen Dreieck ausgeschnitten, einen Innenbalkon, über den die warme Luft in die Schlafzimmer aufsteigt, und Oberlichtverglasungen, die das Pultdach freilegen.

Eingezogen ist am Ende nur Elisabeth – jedoch mit dem neugeborenen gemeinsamen Sohn. In ihrer „Bauwerkstatt“ arbeitete sie zwei Jahrzehnte als eine der ganz wenigen selbstständigen Architektinnen Vorarlbergs dieser Zeit. MPS

060 **Haus Vigl**

Feldkirch, Herrenhofgasse 32a

1986

Schlank und elegant anmutend steht das Einfamilienhaus im Siedlungsgebiet von Feldkirch-Altenstadt. Ein gewisser Formalismus ist nicht zu übersehen: Das an beiden Schmalseiten auskragende Satteldach stützt sich auf vier rote Säulen, darunter nach Süden ein freches Balkönchen, an der Eingangsseite eine verspielte Willkommensgeste. Zwei gegenüberliegende große runde Fenster an den Längsseiten zeigen die Wohnebene an. Das doppelschalige Sichtmauerwerk bildet einen Sockel, auf diesem steht der innovativ durchkonstruierte Holzbau, vollendet mit einem Wintergarten. MPS

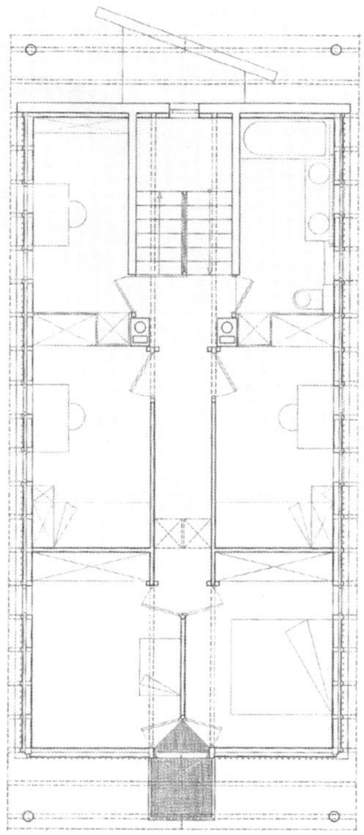

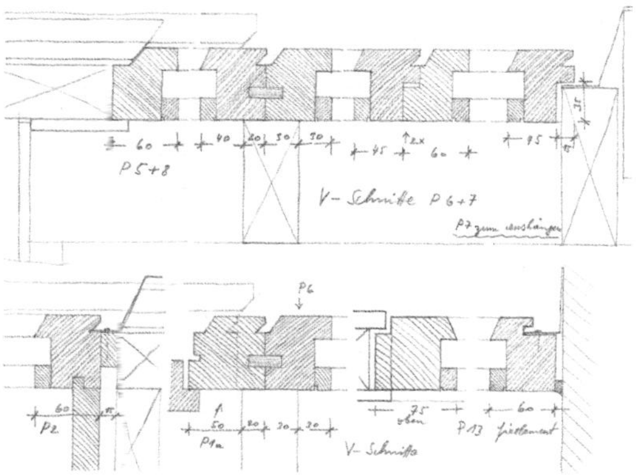

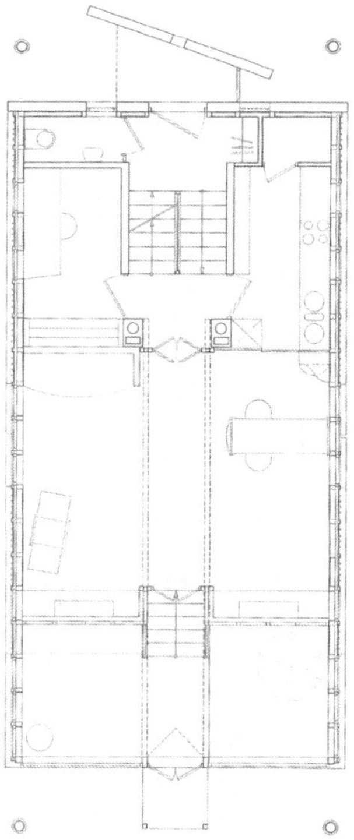

Durchkonstruiert und durchgestaltet

Bei Bauvorhaben lernt man einander schon sehr gut kennen, und mitunter entstehen langlebige Freundschaften mit dem Architekten, jedenfalls wenn die Baufamilie mit ihrem Haus so glücklich ist wie Gertraud und Horst Vigl. Zwei für die Planung bedeutende berufliche Vorzüge brachten sie jedoch ein: Horst arbeitete bei einem großen Farbenhandelsbetrieb – „Da langen wir aber ordentlich in den Farbtopf" – und sein Vater bei einem Fensterbauer – „Da können wir uns ja austoben!" In der Baueinreichung vermied Rudolf wohlweislich anzugeben, dass das Sichtmauerwerk außen blau gestrichen wird, der Holzbau graublau und die vier einzeln stehenden Eternitsäulen rot. Er ließ zudem im Plan die schräg gestellte Wandscheibe vor der Haustüre weg, die mit dazwischengesteckter Überdachung einen besonderen Eingangsbereich schafft. Wäger wusste sich inzwischen durch die kommunalen Bauamtshindernisse zu lavieren und machte eine Nachreichung direkt bei der Landesbehörde, wo mehr Verständnis für seine Architektur zu erwarten war.

Charakteristisch sind die zwei im Sichtmauerwerksockel eingeschnittenen großen, runden Fenster. Vermutlich hatte der 3. Platz beim Bauherrenpreis 1987 der Hypo Bank mit diesem ‚postmodernen' Element zu tun, denn im damals erschienenen Begleitheft ist zu lesen: „Wenn auch die Verleihung dieses Preises in der Jury auf gewisse Vorbehalte bezüglich der formalen Gestaltung stieß, so waren es doch mehrere Gründe, die dieses Haus des dritten Preises würdig erscheinen ließen. Aus dem Bericht der Jury geht hervor, daß dies vor allem auf den innovativen Charakter der konstruktiven Durcharbeitung im Holzbau und den Versuch zurückzuführen war, eine echt differenzierte farbliche Gestaltung durchzuziehen."

Die akribisch ausdetaillierten Fenster dominieren auch den streng symmetrisch aufgeteilten Wohnbereich. Höchst reizvoll zieht sich das Sichtmauerwerk – innen weiß gemalt – als umlaufendes Band durch und integriert sogar die Sitzbank des Hypokausten-Ofens, der vom

Keller aus beheizt wird. Die aufgesetzte Holzkonstruktion ist räumlich spürbar, wird nach Süden immer durchlässiger und übernimmt auch formal die Schichtung von innen nach außen. Der Wintergarten fungiert als echter Raumklimapuffer. Ein üppiger Orangenbaum sei früher dort gewachsen, die Streifenfundamente lassen nämlich den Erdboden frei. Der zarte Duft nach Zitrusfrüchten stieg ins Schlafzimmer auf, wenn die Lüftungsklappe nach oben geöffnet wurde. Im Sommer können die querformatigen Fensterelemente bei Überhitzung auch komplett ausgehängt werden.

Dass die Wohnebene einen Halbstock höher liegt, begründete Rudolf mit der Unabwägbarkeit, wie die Nachbarn rundherum noch bauen würden. Aber was dem Architekten zum Split-Level – abgesehen von der zweiläufigen durchsichtigen Holztreppe – im Eingangsbereich noch einfiel, ist originell: Die Überhöhe beim WC wird oben im Arbeitszimmer mit ausziehbaren Apothekerschränken genutzt, bei der gegenüberliegenden Garderobe ist es umgekehrt, da bleibt unten hinter einer ‚Geheimtüre' Platz für die Koffer und oben für die Speisekammer bei der Küche. Im Obergeschoß kommt die konstruktive Mittelachse noch stärker zum Ausdruck. Eingerahmt von zwei gemauerten Kaminen, spitzt sich der Gang auf zwei im Dreieck zueinanderstehende Türen zu, durch die darüberliegende Verglasung sieht man ein rundes Fenster. Damit nicht genug, im Elternschlafzimmer – es hätten natürlich auch getrennte Kinderzimmer sein können – gibt es zwei weitere Glastüren, die über eine dritte doppelflügelige auf einen Minibalkon führen. Die Bauherrin habe wohl darauf bestanden, zum Bettenauslüften, und das musste ihr offensichtlich schon eine aufwändige Detaillösung wert sein. Amüsant, dass Rudolf später doch Gefallen daran fand und beim Haus Müller (072) sowie bei den Reihenhäusern in Schruns (076) auch solche praktischen Balkönchen vorsah.

Die Biberschwanz-Ziegel der Dacheindeckung stammten von einem abgebrochenen Stadelgebäude. Rudolf hatte solche schon beim Atelier Gassner in Schlins (052) verwendet und fand diese auch hier sehr passend. Eigenhändig geschrubbt und gebürstet hätten die Vigls jeden einzelnen Ziegel, mit stolzem Gefühl von Ressourcenschonung. Bei wunderschönem Wetter wurde dann die Holzkonstruktion aufgestellt und die Passanten staunten: „Gibt's da eine Kapelle?", oder kommentierten: „So eine scheene Pferdestall!" MPS

072 **Haus Müller**
Götzis, Bahnhofstraße 57
1989

Ordination Dr. Müller
mit Sigi Wäger
1978

Mit klarem Selbstverständnis nimmt das Haus die Eckposition am Bahnhof ein und bezieht Stellung zum gegenüberliegenden ehemaligen Gasthaus und den benachbarten Villen. Zwei straßenbegleitende Sichtmauerwerkscheiben mit schmalen vertikalen und horizontalen Öffnungen umfassen die dem Garten zugewandte Seite in Holzkonstruktion mit großflächigen Verglasungen. Die Überleitung zum zehn Jahre vorher entstandenen Flachbau der Arztpraxis gelingt durch ein Nebengebäude gleicher Materialität. Ortsbaulich interessant ist die Schichtung von öffentlichen, halböffentlichen und privaten Bereichen in diesem Ensemble. MPS

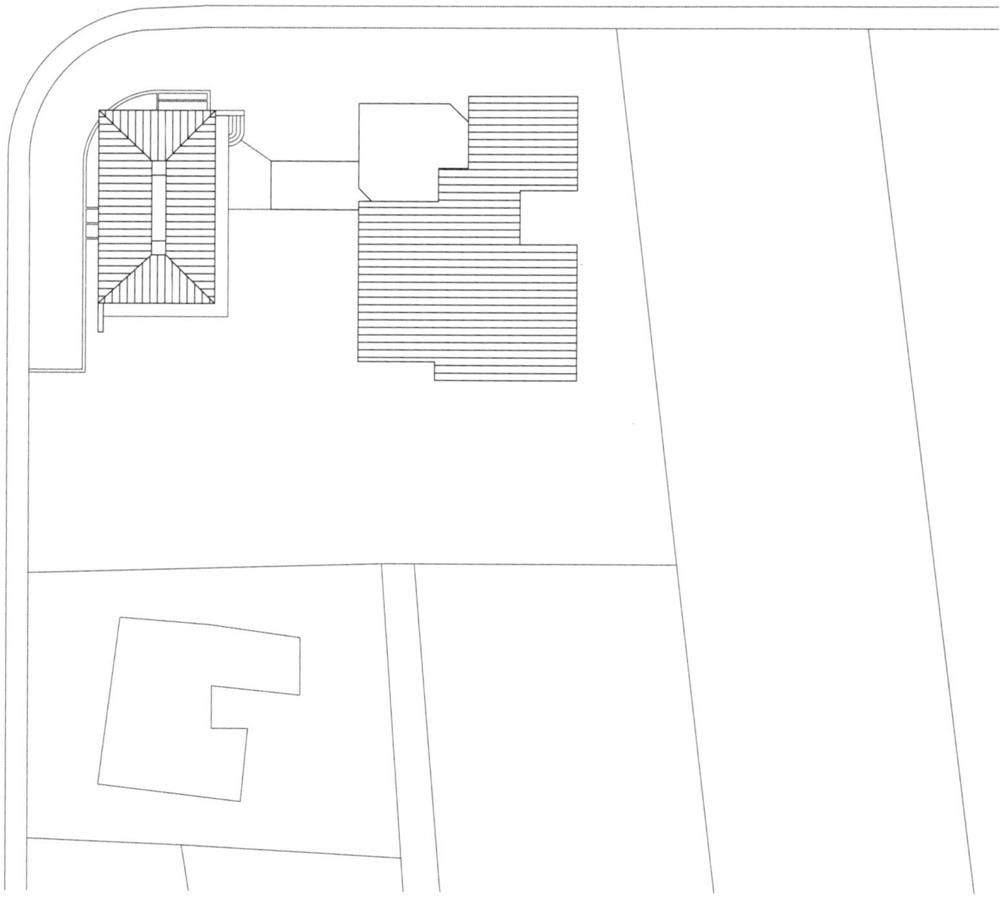

Überzeugend ungewöhnlich

Für die Ordination des jungen Gemeindearztes waren in Götzis einfach keine geeigneten Räumlichkeiten zu finden. Das Grundstück des Schwiegervaters mit dem Bauernhaus samt Nebengebäuden, direkt am Bahnhof, stand hingegen als Option zur Verfügung. Zugleich gefielen die Sichtmauerwerk-Bauten von Rudolf und Sigi Wäger, und so fand man sich zusammen, um anstelle der alten Garagen eine moderne Arztpraxis zu konzipieren. Repräsentative Beispiele gab es weit und breit keine, doch der findige Doktor brachte irgendwann ein Buch voller Anregungen über Ordinationsabläufe und Grundrisse mit.

Rudolf Wäger studierte diese genau und plante ein ebenerdiges Raumkontinuum in hellem, doppelschaligem Sichtmauerwerk mit reizvollen Blickbezügen drinnen und nach draußen, ins Grüne. Dass das Zusammenspiel von zentralem Empfangspult und zwei intern verbundenen Untersuchungszimmern perfekt funktionierte, war das eine, die angenehme Atmosphäre jedoch das Besondere. Der eingeschnittene Innenhof, im Sommer voller üppiger lila Rhododendronblüten, ließ die im Wartezimmer sitzenden Leute bass erstaunen. Im Dorf munkelte man nämlich, dass es bei der Ordination Dr. Müller nicht für den Verputz gereicht habe. Durchaus ungewohnt war das, und trotzdem fühlten sich hier alle wohl. Großzügig, lichtdurchflutet und heimelig wirkte die logische Raumsequenz, beruhigend der Ausblick in den Garten bei der Untersuchung im Arztzimmer. Genau das stellten sich Wilfried Müller und seine Frau Maria, die stets mitarbeitete, für ihre PatientInnen vor. Tausende Menschen gingen in 35 Jahren hier aus und ein, und doch weisen die Ziegelwände, Fenster, Türen und der strapazierfähige braun-geflammte Fliesenboden keinerlei Gebrauchsspuren auf. Mehr noch, mit ganz wenigen Adaptionen wird der immer noch moderne Flachbau nun vom Sohn als Werbeagentur genutzt.

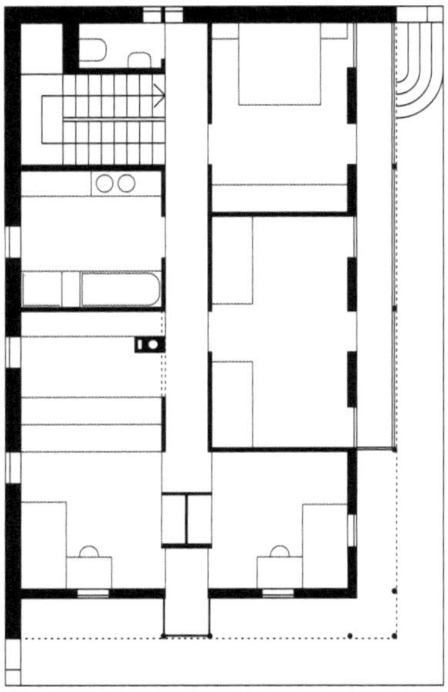

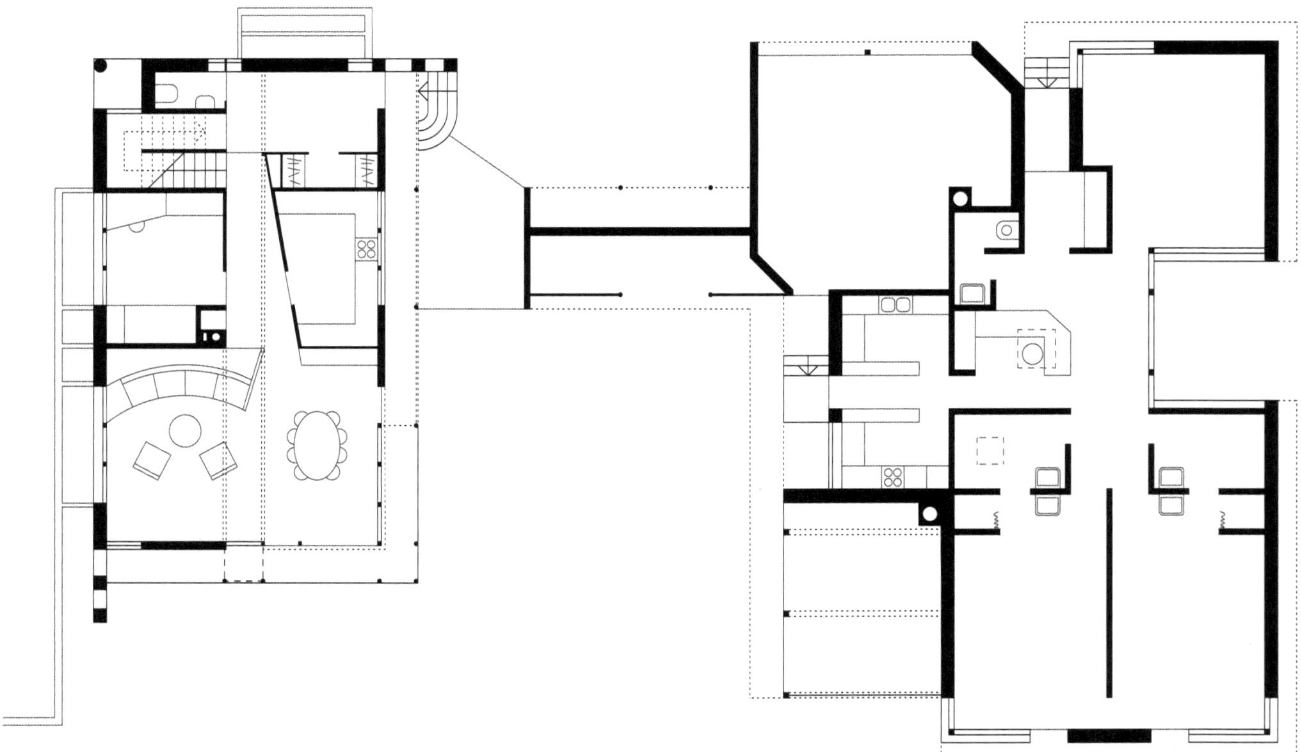

Schon damals, beim Neubau der Arztpraxis, war für die im großen Bauernhaus daneben wohnende Familie der überdeckte Sitzplatz ein sehnlicher Wunsch. Die Lösung, diesen an der gartenseitigen Ecke der Praxis zu integrieren, legte schon die qualitätsvolle Gestaltung des Zwischenraums zum zehn Jahre später realisierten Wohnhaus an. Für diesen Neubau wurden die restlichen Bestandsgebäude am Grundstück abgebrochen.

O und Ü

Licht, Luft und Sonne, in der Küche und im offenen Wohnraum, am liebsten mit einem Wintergarten, das bestellte die Baufamilie beim Architekten. Rudolf war ein aufmerksamer Zuhörer, und nach realistischer Einschätzung des Baubudgets transformierte er die teils ausufernden Vorstellungen in ein stringentes, durchkomponiertes und räumlich großzügiges Haus, das unverkennbar den Eckpunkt an der Bahnhofstraße markiert. Zwei Sichtmauerwerkscheiben mit schmalen, vertikalen sowie horizontalen Öffnungen grenzen den Baukörper zum Straßenraum ab, zur Gartenseite nach Süden wird mit raumhohen Glasflächen und Holzelementen weitergebaut. An diesem Winkel schließt ein elegantes, durchgezogenes Vordach auf hohen, schlanken Stahlsäulen die Traufenlinie und nützt obendrein den Balkonen. Konsequent bezüglich Materialisierung ist die Hülle auch im Inneren. Das zweischalige Mauerwerk mit den hellen gebrannten Ziegeln außen – es war noch der gleiche Farbton wie bei der Ordination aufzutreiben – ist innen aus Kalksandsteinen gemauert und weiß gestrichen, dazwischen sorgt Kork für die Isolierung. Der Holzständerbau ist außen mit Dreischichtholz-, innen mit Gipskartonplatten verkleidet.

Die Wäger'sche Meisterschaft in Holzkonstruktionen entfaltet sich bei diesem Bauwerk wieder als räumliche Komposition. Ähnlich wie im Haus Vigl (060) gibt es eine Mittelachse, die in allen Ebenen spürbar ist. Zwei über die gesamte Hauslänge spannende Leimbinder finden ihre Analogie in blauen Linien am weißen Fliesenboden. Keck schiebt sich der Hypokausten-Ofen mit seiner Befeuerungsstelle in den Weg, dementsprechend weicht die Küchenwand zurück. Kein Gang, sondern Raum entsteht. Und was sich bei solch ausscherenden Linien bezüglich Fliesenzuschnitten am Boden abspielt, gab Rudolf haargenau in einem seiner legendären Fliesenpläne vor. Im Erdgeschoß beträgt die Raumhöhe 2,60 Meter. Große Glaselemente

öffnen den Essbereich ins Grüne – ganz dem gewünschten Wintergarten-Feeling entsprechend. Die industriellen Schalungsträger zeichnen sich an der mit Fichtenholz verkleideten Deckenuntersicht in einem Raster doppelter Linien ab, ebenso sichtbar bleibt die Zangenverbindung mit der Holzständerkonstruktion an der Außenwand. Die Wohnzimmerseite mit geschwungener Ofenwand und Fensterband zur Straße wirkt hingegen introvertiert.

Eindrucksvoll wird die Mittelachse im Obergeschoß ausgearbeitet. Dorthin gelangt man über das helle Stiegenhaus. Von außen durch vertikale Einschnitte und die formale Auflösung der Hausecke ablesbar, ist innen der Wechsel von gebrannten Ziegeln zu Kalksandsteinen besonders deutlich. In diesem Stockwerk wird der Gang als aufgeräumte Zimmerflucht mit Türen und Einbauschränken zelebriert und der Raum bis ins Dach hinauf geöffnet. Gläserne Scheiben verlängern die Zimmerwände ab Türstockhöhe bis zu den Balken des aufgesetzten Walmdachs. Das Highlight – im wahrsten Sinne des Wortes – bilden zwei Lichtkuppeln an den Enden des als Holzrahmen eingesetzten Dachfirstes. Da scheint manchmal sogar der Mond bis ins Schlafzimmer. Runde Öffnungen bei den Kinderzimmern, das eingeschobene gemeinsame Balkönchen, ein halbiertes Kreissegment zum Gang, die zweite Hälfte öffenbar im WC, sind Details mit Witz.

Ein anderes manieristisches Element ist die bündig eingesetzte Dachrinne an beiden Stirnseiten der doppelschaligen Mauerwerkscheibe, kombiniert mit einer etwas abgerückten Säule, auf der ein Lichtwürfel ruht. Assoziationen mit der „Tessiner Schule“ sind allenfalls erlaubt: ein klarer, durchkomponierter Baukörper, der Formalismen nicht scheut, die ihn unverwechselbar machen. Ein O, ein Ü, vielleicht auch ein I. MPS

59

076 **Errichtergemeinschaft Kronenwiese**
Schruns, Kronenwiese 5a–d
1989

Leicht gebogene Reihung von dreigeschoßigen Häusern mit von der Garagenzeile abgeschirmtem Hof im Norden und einem Stück freier Wiese im Süden. Die im Grundriss nur 7 × 7 m großen Turmhäuser mit zweigeschoßigen, vorspringenden Wintergärten an den Südostecken bilden eine sehr ungewöhnliche Typologie mit zentralen Kaminen und offener Galerie im 1. OG. Im Erdgeschoß zusammenhängend, separieren sich die Einzelbauten in den Obergeschoßen. Auch die Zeltdächer, die hofseitig noch zusammenhängen, lösen sich an der Gartenseite voneinander. Die in der Höhe und südseitig entkoppelten, mit den Veranden wieder verbundenen Häuser haben gemauerte Außenwände und darin hineingestellte, sichtbare Holzkonstruktionen. OK

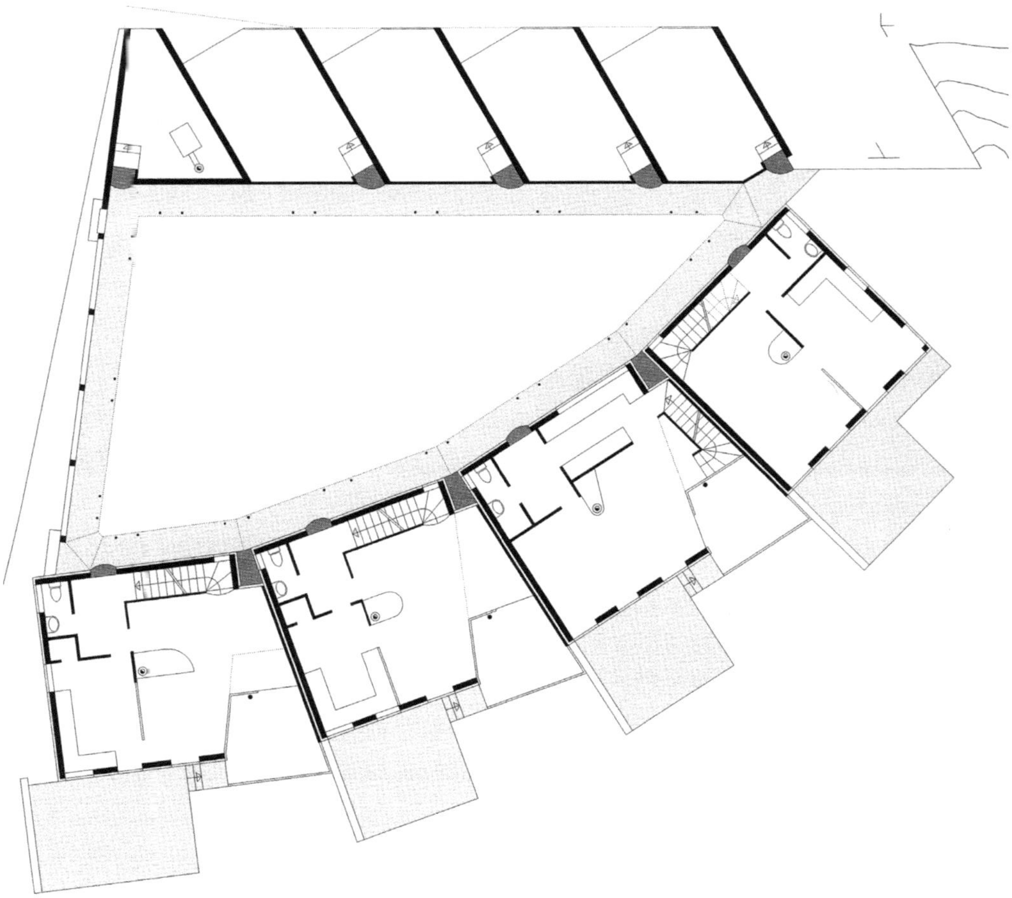

Gleichgesinnt und individuell

Schruns ist ein touristisches Dorf im Montafon mit intaktem Ortszentrum. Elisabeth Winkler hatte ein Grundstück in der Nähe des Bahnhofs geerbt und überlegte mit ihrem Mann Bruno eine sinnvolle Nutzung. Rudolf Wäger erschien ihnen als der geeignete Planer für ein Gemeinschaftsprojekt. Nachdem jedoch die Vogewosi mit einem Konzept für betreutes Wohnen Interesse anmeldete, rückte man in einem zweiten Entwurf weiter nach hinten, auf die angrenzende Parzelle. Elisabeth und Bruno suchten also Gleichgesinnte für eine Errichtergemeinschaft. Leistbares Wohnen, ortsbauliche Verdichtung und soziales Miteinander definierten die Ansätze, und ihr Architekt, inzwischen schon landesweit bekannt für die qualitätsvolle Umsetzung solch fortschrittlicher Projekte, war genau der richtige. Für die Schrunser Baubehörde jedoch stellten sich die vier eingereichten Reihenhäuser als Störfaktor und völlig unpassend für das Dorf dar, und wegen der fehlenden Fensterläden eigentlich als Affront. Wäger hatte es freilich nie leicht mit den Gemeindeämtern, im Montafon war es aber besonders mühsam. Vielleicht gibt es deshalb nur ein einziges weiteres von ihm geplantes Gebäude, nämlich in St. Gallenkirch (089).

Jedes Haus ist eine Welt für sich. Bruno Winkler wundert sich heute noch: „Der Rudl ist uns schon fast unheimlich geworden, weil wir das Gefühl hatten, er kennt uns besser als wir uns selbst! Und er hat uns vor allem davor bewahrt, dass wir unsere damaligen Vorstellungen durchgesetzt haben." Natürlich sei er kantig und unerbittlich konsequent gewesen, und da konnte schon mal eine Bemerkung kommen wie: „Elisabeth, das willst du nicht!" Doch die grundsätzlichen und atmosphärischen Qualitäten ihrer Häuser wusste Rudolf sehr wohl seinen Baufamilien zu vermitteln.

Das bestimmende Element ist der zweigeschoßige Wintergarten nach Süden, der in die jeweiligen Häuser wie hineingesteckt wirkt. Dieser spreizt auch den Raum dazwischen auf, es ergibt sich ein leichter Bogen und damit mehr Privatheit. Bei den Winklers ist die Küche dem Wohnraum zugeordnet, die Treppe hält sich im Hintergrund. Zentral steht ein Hypokausten-Ofen, der Stahlkamin bildet den Mittelpunkt des grundrisslichen Quadrats und sticht durch das Oberlicht an der Spitze des Zeltdachs. Das bringt Abstrahlungswärme bis in den zweiten Stock. Ofenbauer gab es im Montafon zwar zuhauf,

aber keinen, der sich auf so ein Experiment einlassen wollte. Explodieren würde dieser Ofen, warnten sie, und da wollte sich niemand die Finger verbrennen. Das Dilemma ließ sich schließlich innerhalb der Familie Wäger – die ja legendär für handwerkliches Geschick ist – lösen. Bruder Wolfgang arbeitete bereits auf dieser Baustelle für die Firma LOT-Holzbau und machte sich bedenkenlos daran zu mauern, die Warmluftrohre zu verlegen, es funktionierte einwandfrei.

Über den Wintergarten entwickelt sich die Raumsequenz in lichte Höhen. Eine Holzkonstruktion mit Treppen und Decken wird quasi ins Haus gestellt. Der erste Stock gewinnt mit einer Galerie, die als Arbeitsraum genutzt wird, an Großzügigkeit. Es geht sich zudem ein Schlafzimmer mit kleinem Bad aus, das in diesem Fall die Pflege von Elisabeths Mutter ermöglichte. Im obersten Geschoß bringt der Architekt das minimalistische Spiel für maximales Raumgefühl auf den Punkt. Der Flur ist mittig angelegt, die Wände zu den drei Zimmern sind wieder (072 Haus Müller) ab Türstockhöhe bis zu den Balken des Zeltdachs hinauf verglast, durch das Oberlicht sieht man den Himmel. Der winzige eingeschnittene Balkon zwischen den zwei Schlafzimmern nach Süden ist ein zusätzliches Feature.

Gleichgesinnte waren schnell gefunden, konnten die Wünsche und vor allem das Baubudget doch sehr individuell umgesetzt werden. So sind die Gärten unterschiedlich groß. Das vierte Haus in der Reihe ist deutlich kleiner und hat keinen Keller. In den zahlreichen Bausitzungen legte jeder seinen Eigenleistungsanteil fest. Die Bauleitung nahm Rudolf wie immer sehr genau, permanent wurden die Detailpläne durchgesprochen, nachgemessen, es herrschte eine wertschätzende Stimmung zwischen Architekt und Handwerkern.

Große Qualitäten bietet auch der Außenraum. Die Gemeinschaftlichkeit zeigt sich im grünen Innenhof, der zwar frei zugänglich ist, die Abstufung von öffentlich bis privat jedoch gekonnt zelebriert. Ein glasbedachter Rundgang schließt einerseits die vier Häuser zusammen, andererseits sind die jeweiligen Abstellräume trockenen Fußes erreichbar. Straßenseitig zeigen sich diese als Garagen, an der Ecke ist zudem ein Heizraum angeordnet. Ursprünglich wäre hier noch mit einem Gemeinschaftsraum aufgestockt worden, man ließ aber von diesen Plänen ab, um nicht noch mehr Widerstände zu provozieren. Dafür klingen eigentlich die Namen, die für das Ensemble mit der Zeit gefunden wurden – „Kaffeemühlen“ und „Indianerzelte“ – beinahe liebevoll. MPS

079 **Haus Lins**
Feldkirch, Luegerstraße 25
1992

Auf dem seichten Grundstück ist der Bau so angelegt, dass möglichst viel Gartenfläche erhalten blieb. Das 6 m tiefe Haus ist breit gelagert, der Innenraum stützenfrei, die Betondecke über dem Erdgeschoß auf wenige Stahlsäulen hinter der leichten, offenen Südfassade gelagert. Vor der nordöstlich angesetzten Garage die gut abgeschirmte Garten-Südterrasse mit Verbindung zur Küche, mit Sichtkontakt zu einer weiteren, nach Osten geöffneten Terrasse im Obergeschoß – und beides überdeckt durch die weit vorgezogene Dachplatte, deren Abstützung auf zwei ostseitige Stahlsäulen noch durch die leicht weggedrehte und gekürzte Nordwand räumlich freigespielt ist. OK

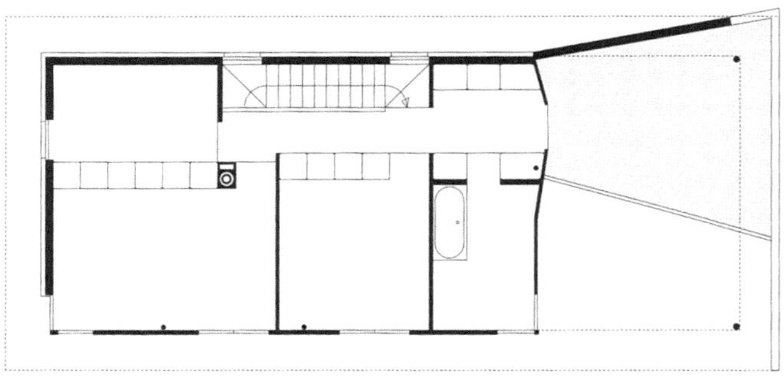

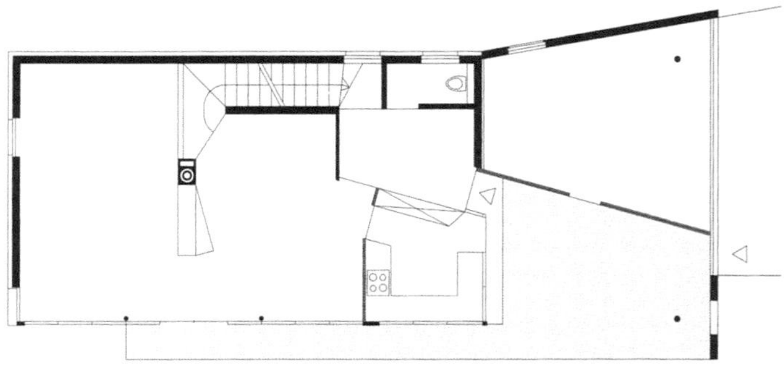

Überraschende Wendungen

Es ist eigentlich ein einfacher Kniff, der das Haus am Nafla-Bach in Feldkirch-Altenstadt allseitig höchst unterschiedlich wahrnehmbar macht. Von der Zufahrt aus sieht man die Schmalseite mit dem über einen großen Balkon auskragenden, flach geneigten Walmdach und eine aufgeräumte Fassade mit Garagentor und Haustüre, beides aus querformatigen Dreischichtplatten, grau gestrichen. Überrascht stellt man beim Eintritt fest, dass sich dahinter ein gedeckter Sitzplatz befindet. Insider umgehen diese erste Schicht, um bei Hildegard und Bernhard Lins anzuklopfen, wie Rudolf. Er kam gerne vorbei und wenn niemand zu Hause war, legte er als Zeichen einen Stein auf den Terrassentisch. Es ist die trichterförmige Garage, die Spannung erzeugt: als Wegführung zur tatsächlichen Haustüre und an der straßenbegleitenden Nordfassade mit einem leichten Knick.

Nach Süden zum Garten zeigt sich eine vorgehängte Holzkonstruktion mit raumhohen Glasöffnungen. Statisch wird das ansonsten massive Haus mit sichtbaren Stahlsäulen stabilisiert. Der Hypokausten-Ofen – vom Keller aus befeuert – grenzt den Wohnraum vom Essplatz ab. Ein eigenes Kapitel war wiederum die Küche. Hildegard gesteht heute noch ein, dass sie dem Architekten sehr viel hineingeredet habe. Die Treppe ins Schlafgeschoß hält sich im Hintergrund. Auffallend die Fliesenzuschnitte bei den Stufen. Der Fliesenleger sei über die ‚Pitzelei' schier verzweifelt gewesen, führte jedoch alles präzise und plangemäß aus. Oben fungieren Einbauschränke (Buche furniert) als Abgrenzung zum Flur mit rundumlaufendem Glasband zur sperrholzverkleideten Decke. Am Ende des Gangs öffnet sich die trapezförmige überdachte Terrasse, bei der alles für eine Erweiterung als Zimmer vorgesehen ist.

So viel Verglasung nach Süden braucht Sonnenschutz. In breiten blauen Bahnen hängen die Markisen im Abstand des Dachvorsprungs vor der Fassade. Nach dem ersten Sturm musste jedoch nachjustiert werden, und Rudolf kam mit Bohrmaschine und Drahtseilen daher, um eigenhändig eine fixierte Führung zu montieren. MPS

gefügt und aufgerichtet

Beim Betrachten den Dingen Gehör schenken
von Marina Hämmerle

„Ich möchte das Wortfeld ‚wegweisend' so interpretieren:
Man kann immer davon ausgehen, dass ein Raum in den
nächsten führt, dass ein Raum nie für sich steht, dass erst
die Verkettung oder das In-den-Maßstab-, In-Beziehung-
Setzen den Ort auch als Raum begreifbar macht. Ein Ort
wird eigentlich erst zu einem solchen, weil ein Weg hinge-
führt hat und einer wieder wegweist. Und das wäre schon 006
die Metapher, die nicht nur von der Geometrie und der
Volumetrie – also einer physischen Dimension – getragen 193
ist, sondern auch in eine zeitliche führt."

Ernst Beneder, Architekt und Kenner
der japanischen Baukultur, beschreibt
in diesem kleinen Exkurs im Rahmen
von „nextroom fragt"[1] im Gespräch mit
Martina Pfeifer Steiner, was für ihn weg-
weisend ist. Er drückt damit sein Selbst-
verständnis, seinen Anspruch an Archi-
tektur und Städtebau aus und umreißt
zugleich jenes Phänomen, das den 083
Häusern von Rudolf Wäger eigen ist. 091
095

In Wägers Bauten fällt man sprichwörtlich nicht mit der Tür 027
ins Haus. Nein, der Zugang erfolgt oft über eine eigene 035
schmale Raumschicht, in der man sich begegnet, eine Art
filigrane Kolonnade, zusätzlich begrenzt durch niedrige
Mauern. Anderenorts lädt ein Rücksprung in der Volumetrie
zum Nähertreten, wird zum Vorhof und
die Küche zur Portiersloge; manch-
mal reichen einfach ein paar Stufen,
enthebt sich der Eingang dem öffent-
lichen Raum, beiläufiger Austausch
auf halber Strecke wird angeregt.

Tatsächlich wird eine Einladung ausgesprochen in Form
einer räumlichen Geste, empfängt ein lichtes Stiegenhaus
und wird eine halböffentliche Zone zum gemeinsamen
081 Wintergarten aufgespannt. Nicht selten sind auch informelle
038 Ein- und Ausgänge mit im Spiel – Schlupflöcher, wie sie in
historischen Bauten zu finden sind, wie Dienstboteneingän-
ge, kurze Wege zu Küche und Garten. Das schafft das Ge-
fühl des Verwebens der inneren und äußeren ‚Landschaft',
bringt Handlungsspielraum und eröffnet ‚Fluchtwege'.

Beneder führt weiter aus: „Im Bauwerk
ist das immer eine Folge von Räumen,
von Zugängen, von Schwellen, und es
gibt diese Dramaturgie darin, der man
folgen oder die man selber finden und
auch zu finden lernen kann. So auch in
194 der städtischen Topografie, ähnlich in
einer bewusst gesetzten und entworfe-
nen Architektur. Schlussendlich bereiten
ja alle unsere Bauwerke eine Bühne für
das Leben und die Beziehungen. Die
Funktionalität ist eben nicht am kürzes-
ten Weg zu messen, sondern es geht um
die interessanteste Verwebung und Ver-
knotung im Kontext. Das sind im End-
effekt Wege und räumliche Zusammen-
hänge, die wie Trittsteine über und durch
die Räume, die Stadt führen."

In diesem Sinne folgen Wägers Grundrisse einem Raum-
plan, einer choreografierten Sequenz aufeinander abge-
003 stimmter und zugleich variabler Größenordnungen, die aus
019 dem Raster des Holzbaus entwickelt sind. Das Haus als
038 Weg und Platz im Sinne von Adolf Loos und Josef Frank.
040 Minimal bemessen sind die (Über-)Gänge, kompakt die
Küchen, umso weitläufiger und vielschichtiger angelegt die
Aufenthaltsräume. Wegeführung oder Raumsequenzen
sind in Beziehung gesetzt, Perspektiven eröffnend, können
115 umgemünzt werden, ganz ohne zu irritieren. Auch mit neuer
020 Funktion stimmen die internen Bezugslinien, bleibt das
022 Bühnenbild intakt. Und wenn Verbindungswege durch die

Dusche führen, dann in voller Absicht. Das ist dann
sozusagen ein dramaturgischer Kunstgriff der Spar- 115
samkeit.

Ähnliches widerfährt den Wäger'schen Treppen –
sie sind im doppelten Sinne Trittsteine über und
durch Räume. Sie verweben Funktionen, sind Steig-
hilfe, Schrank oder Schubladenelement oder alles
zugleich, vermitteln Leichtigkeit und Rhythmus, 043
bedeuten lustvoll inszeniertes Durchschreiten der 082
Vertikale. Vielerorts spielen sie den Hang ins Haus, 086
halbieren als Split-Level die Geschoße und bringen 103
Kurzweil in alltägliche Bewegungsabläufe. Die ver-
tikalen Erschließungen sind polyvalent, mehrdeutig,
nicht einfach nur pragmatische Stiegen, die von
einem Stockwerk ins nächste führen. Vielmehr sind
sie geneigte Wege, Raumschichten, die zwischen 195
Wohn- und Schlafebene vermitteln, dabei holen sie
Sonnenlicht und unerwartete Himmelsrichtungen
über ausgefinkelte Umwege ins Hausinnere.

Als verbindend erweisen sich auch die gläsernen Raumteiler, oft von Wäger im oben abschließenden Wandbereich ins Spiel gebracht. Decken werden somit als Ganzes wahrgenommen, kommen plastisch zur Wirkung und Dachluken holen bei Bedarf schon mal den Mond ins Schlafzimmer. So verschwimmen die Raumgrenzen, das Haus wird dünnhäutig und hellhörig – Bauherrschaften samt Kindern wissen, wovon die Rede ist. Diese Herausforderung hat dann und wann etwas Tröstliches – man ist (fast) nie alleine. Zweifelsohne spielen in Wägers Raumvorstellung Konstruktion, Struktur und Lichtführung Hand in Hand. Wäger erweist sich im Zusammenspiel dieser Aspekte als Magier, er wird zum versierten Jongleur der Räume.

Das führt zu Peter Zumthor, für ihn prägt „Die Arbeit in den Dingen“[2] maßgeblich den Kern der Sache: „Etwas vom Eindrücklichsten an der Musik Johann Sebastian Bachs ist, sagt man, ihre ‚Architektur‘. Ihr Aufbau wirkt klar und durchsichtig. Es ist möglich, die melodischen, harmonischen und rhythmischen Elemente der Musik im Einzelnen zu verfolgen, ohne das Gefühl für die Komposition als Ganzes, in der alle Einzelheiten ihren Sinn finden, zu verlieren. Eine klare Struktur scheint dem Werk zugrunde zu liegen, und folgt man den einzelnen Fäden des musikalischen Gewebes, so ist es möglich, die Regeln, die den konstruktiven Aufbau dieser Musik bestimmen, zu ahnen.

Konstruktion ist die Kunst, aus vielen Einzelteilen ein sinnvolles Ganzes zu formen. Gebäude sind Zeugnisse der menschlichen Fähigkeit, konkrete Dinge zu konstruieren. Im Akt des Konstruierens liegt für mich der eigentliche Kern jeder architektonischen Aufgabe. Hier, wo konkrete Materialien gefügt und aufgerichtet werden, wird die erdachte Architektur Teil der realen Welt.“

So wie Peter Zumthor Respekt für die Kunst des Fügens, für die Fähigkeiten der Konstrukteure, der Handwerker und Ingenieure empfindet, so ergeht es einem beim Betreten der Wäger'schen Häuser. Das Konstruktive ist seinen Entwürfen immanent. Es wird augenscheinlich – die von ihm erdachten Räume sind genährt von dieser Kunst des Fügens und dem Arrangieren handhabbarer Dimensionen. Gefügt und aufgerichtet. Ja, die meisten Häuser der Anfangsjahre als Planer sind von ihm eigenhändig aufgerichtet. Das Räumliche entsteht aus dem konstruktiven Verständnis des Zimmerers und dem sich zugleich generierenden strukturellen, originären Denken des Architekten.

Wäger selbst umreißt den Akt seiner kreativen Schöpfung im Interview mit Arno Ritter in Buch und Ausstellung „konstantmodern“[3]: „Die Konstruktion ist sicher das wesentlichste Thema und im Prinzip auch immer der Ausgangspunkt beim Entwurf. Das habe ich zwar fallweise bedauert, aber davon konnte ich mich eigentlich nie lösen. Die Konstruktion hat sich immer schon beim Entwerfen hineingedrängt. Ich kann nicht so entwerfen, dass ich ein fantastisches Gebilde zeichne und dann versuche, dieses irgendwie konstruktiv umzusetzen, sondern die Konstruktion wird immer sehr wesentlich den Entwurf bestimmen.“

Die Architektur Wägers ist, wie schon erwähnt, aus dem Holzbau entwickelt. Selbst wenn er in Massivbauweise plant, unterliegen die Maße einem Raster, einem komponierten Rhythmus. Oft bedient er sich einfacher oder doppelter Maßeinheiten bei Balkenlagen – 2|2|1|2|2 ..., wie beispielsweise in den Reihenhäusern auf der Rütte zu sehen – oder er akzentuiert die Eingangs-, respektive Mittelachse wie bei der Siedlung Ruhwiesen mit 2|2|2|1|2|2|2, setzt orthogonal dazu eine weitere Tragschicht an Stützenpaaren, spannt einen schmalen Gang auf zwischen nordseitiger Raumschicht mit Zimmern und Nebenräumen und südseitigen Haupträumen.

Gerade bei den Bauten der ersten Dekade verwendet er vornehmlich Brettschichtträger, sogenannte Hetzer, als Zangenkonstruktion – die Balken sind zwar hoch, dafür jedoch schlank gehalten (32 x 6 cm), dazwischen finden Elektroleitungen oder Leuchtröhren Platz. In den Fassaden bleiben die Pfosten ablesbar und werden zum plastischen Raster, der im Zusammenspiel mit den Kämpfern der raumhohen Fensterflächen einen Filter zur Außenwelt darstellt. Ein dosiertes Öffnen der Wandscheiben ist die Folge. Diese Filterfunktion bringt noch eine weitere Eigenschaft mit sich: Die dreigeteilten Fensterflächen, von Bodenoberkante bis Balkenunterkante, verändern den Maßstab, sie bringen Bezugslinien ins Spiel, die dem menschlichen Maßstab entgegenkommen. Dabei unterstützen die schmalen Fensterschlitze zwischen dem Gebälk das Ablesbarmachen des konstruktiven Prinzips und lassen die Decke ins Vordach übergehen. Der Raum erweitert sich. Durch die Gliederung kann der Anteil an öffenbaren Elementen gering gehalten werden – meist sind sie mit einfachen, selbst konstruierten Klappbeschlägen ausgestattet und teils sogar mit einfachem Anschlag. Das bescherte den BewohnerInnen standardisierte und kostengünstige Fenster, die allerdings je nach Ausführendem oder Mondstand manchmal ‚ins Schwitzen kommen' oder sogar ‚erblinden'. Das wird entweder in Kauf genommen oder sie werden bei Gelegenheit und entsprechenden Mitteln mit Dichtungen ertüchtigt oder gar ersetzt.

In seinem Buch „Architektur ist der Unterschied zwischen Architektur"[4] reflektiert Adolf Krischanitz über das Verhältnis von Öffnung und Wand. Seine Gedanken finden in Wägers Werk Widerhall, sind dort wortwörtlich nachvollziehbar.

„Konstituierung und Konditionierung finden an ihren materiellen Grenzen statt. Rand, Umfassung, Umschließung definieren den Raum als zentralen Inhalt. Wand und Raum bedingen sich gegenseitig. Ein weiterer Schritt der Differenzierung ist der Auflösungsgrad der umschließenden Wand. Wand versus Öffnung ist das Grundthema jeden architektonischen Raumes; es weist über rein funktionale Erfordernisse hinaus. Das Verhältnis von Wand zu Öffnung ist gleichsam der Parameter für den sozialen, kulturellen und technischen Standard, den ein Gebäude besitzt oder den es beschwörend zu beanspruchen sucht."

Neben den konstruktiven Strukturelementen in Wägers Architektur sind es vor allem auch die hybriden Konzepte, die seine Häuser charakterisieren. Über all die Epochen, ob in den 1970er oder den 1990er Jahren, bestechen viele seiner Häuser durch einen stringenten, bewusst gesetzten Materialwechsel, der sowohl der Konstruktion als auch der Semantik verpflichtet ist. Es sind seine Reisen nach

Skandinavien und die Lektüre über die Architektur jener
Protagonisten, allen voran Alvar Aalto, die ihn nachhaltig
inspirierten und die hierin Niederschlag gefunden haben.
Die kluge, konzeptuelle Verwendung von Klinkerziegeln,
geschlemmten Ziegeln und Sandsteinen in Kombination mit 020
Pfostenriegelwerk und Holzverschalungen prägen maßgeb- 035
lich die beiden ersten Dekaden seines Œuvres. Mal sind die 040
Mauern Schoten, eingesetzt zur Verdeutlichung einzelner 046
Einheiten, brandtechnisch erforderlich und kostengünstig. 047
Mal machen sie für den Holzbau die schützende Geste auf 072
der Wetterseite oder strukturieren schlichtweg den Baukör- 019
per. Besagte Kunst des Fügens impliziert auch das Arran- 056
gieren der Materialien und die Komposition der Flächen – 038
das Paradebeispiele dafür sind die Nordseiten der Reihen- 110
häuser in der Reichenau und des Hauses Nessler in Lustenau.
Wäger stilisiert dort Form und Inhalt zur spannungsvollen
Abstraktion.

Ab Mitte der 1980er Jahre, beginnend mit
Haus und Atelier Rüdisser in Hohenems,
dem emblematischen Gemeinschaftswerk
mit Elisabeth Rüdisser, werden seine Kon-
struktionselemente wie Stützen und Balken
filigraner, Wände und Decken sind vielfach in
Sperrholz getäfert – 9 mm stark anstatt der
empfohlenen 12 mm –, überlappend geschich-
tet, dort wo die Dachneigung nachvollzogen 053
wird, und in wohl überlegter Verlegemanier 072
teils sichtbar geschraubt. In dieser Werkphase 076
bringt Wäger einen anderen Groove in die
Häuser: Sie wirken weniger erdverbunden und
kraftvoll als die der Anfangsphase, vermitteln
vielmehr etwas Luftiges, Leichtes, sind gewis-
sermaßen eleganter. Auch die Farbgebung nimmt andere
Töne an – erdiges Terrakotta und monochrome Fliesen mit
Einlegeakzenten weichen hellem Steinzeug. Dunkel ge-
beiztes Tragwerk und unglasiertes Ziegelwerk gehen über
in weiß lasierte Holzteile, hellgrau gestrichene Dreischicht-
Fassadenplatten, Sandsteinziegel und Holzverschalungen
in abgestimmten Lasuren kommen als Ausdruck der neuen
Zeit zum Einsatz.

Nun dienen industrialisierte Betonschalungsträger als Bal-
kenlage, nur noch als Relief abgebildet, dazwischen
eingehängt lasiertes Täfer. Die Deckenaufbauten erfüllen
mittlerweile andere Standards, darauf reagiert die Kon-
struktion und das gut Gefügte spiegelt sich im Fliesenbild.
Alle Gestaltungselemente stehen in Beziehung, in Summe
erzeugen sie das, was bei Hausherren und Gästen als Wohl-
klang und Wohlbefinden ankommt. Durch diese Ästhetik
der Exaktheit erhält nicht nur der Raum seine Wäger'sche
031 Charakteristik, sondern es ergänzen sich darin ein subtil
036 abgestimmter Materialmix, eigens entworfene Möbelstücke,
058 wie Sofas, Sessel und Tische, maßgeschneiderte Einbau-
schränke und Kücheneinrichtungen, immer das körperhafte
Gefüge suchend und unterstützend.

Rudolf Wäger war der Einfachheit verpflichtet und verstand
200 es dennoch, sich der Raffinesse nicht zu verwehren. Zum
jugendlichen, handfesten Gestaltungsdrang der geradlini-
gen, übersichtlichen, kostengünstigen Konzepte der An-
009 fänge gesellte sich zusehends ein feintariertes Ausloten
räumlicher, funktioneller und materialtechnischer Qualitä-
086 ten, das in mannigfaltiger Art zu seinem Ausdruck fand. Die
064 Hausentwürfe verfolgen diverse Ansätze, in ihrer Erschei-
nung waren sie oft zeichenhaft, gekrönt von Zeltdach, Ton-
069 nendach, Satteldach, wellenförmigem Pult- oder beschürz-
117 tem Flachdach. Selbst die Wandöffnungen spielen sich frei.
Differenziert in Dimension und Anordnung folgen sie abs-
trakteren kompositorischen Überlegungen. Ohne das eine
über das andere heben zu wollen, bilden die Ausführungen
lediglich ab, wie sich über die Jahrzehnte die Konnotation
seiner Arbeiten der Zeit und der persönlichen Entwicklung
entsprechend wandelte, das Originäre seiner Vorstellungs-
kraft und seines Tuns jedoch blieben immanent.

Er verstand es wie kaum ein Zweiter seiner Generation der Baukünstler, mit wenigen Mitteln verblüffende Raumgebilde zu kreieren, in denen aus Mangel Großzügigkeit wurde, aus Struktur unerwartete Freiheit. Er hatte stets den Minimaleinsatz des

Materials im Kopf, trachtete, die Dimensionen des Tragwerks so gering wie möglich zu halten – dem untrüglichen Bauchgefühl des Zimmermanns folgend und getragen durch den Rückhalt seines Bruder Sigi, seines verlässlichen Compagnons am Bau, der vielen seiner Häuser zur Umsetzung verhalf.

034
Obwohl er so viele Einfamilienhäuser plante, galt ressour- 055
censchonendes Bauen als Wägers Idealvorstellung. Das 083
belegen zahlreiche Reihenhausprojekte, die von Errichter- 091
gemeinschaften entwickelt und gebaut wurden, darüber 094
hinaus entstanden etliche Wohnanlagen beachtlicher 100
Größenordnung, die zwar den wirtschaftlichen Zwängen
der Bauträger Rechnung tragen mussten, in denen er
dennoch jeweils eine überdurchschnittliche Fülle an gewieften Wohntypologien bündeln konnte.

Auch städtebaulich gesehen wirkte sich sein Talent positiv auf die Gesamtbilanz seiner Bauten aus. Er verstand es, den Hang zu lesen, seine räumlichen Figuren so ins Terrain zu betten, dass Aushub und Geländeveränderung möglichst gering gehalten werden konnten. Selbst große Anlagen komponierte er ohne Modell ins Gelände, geschickt sind sie durch Wegeführung
und Terrassierungen mit dem Landschafts- 040
raum verzahnt. Wäger erfasste diesen als 042
modelliertes Gewebe, in das es räumliche Figuren möglichst schonend zu integrieren galt. Der Überbauungsvorschlag Schwarzach (S156), einer dieser Ansätze, kam leider über die Vorentwurfsphase nicht hinaus.

Abgesehen von der baukulturellen Nachhaltigkeit zeichnen sich seine Bauten auch hinsichtlich Ressourcenverbrauch durch Langlebigkeit der Materialien und der Art der Konstruktion selbst aus. Auch wenn es die Ständerholzkonstruktionen der ersten Dekade auf schlanke 12 cm Wandstärke bringen, die Fensterprofile teils rudimentär waren und jene 020 Häuser die heutigen bautechnischen Anforderungen wohl 046 kaum erfüllen, so beweisen sie doch im Gebrauch, dass sich ihre kluge Planung – unter anderem das Hereinholen des Sonnenlichts im Winter und dessen Abschattung im Sommer – klimaregulierend und kostensparend auswirkt. Ein weiteres Feature seiner Konstruktions- und Denkweise bot er seinen Bauherrschaften durch die Möglichkeit des Selbstausbaus. Wer Hand anlegen konnte, reduzierte das erforderliche Budget je nach Fertigkeiten um schon mal 15 bis 30 Prozent. Das und die Baugruppenstrategie wären in Zeiten von Bodenverknappung und exorbitanten Grundstückspreisen für junge Bauwillige eine willkommene Alternative. Warum an diese Modelle heute nicht angeknüpft wird, bedürfte eines weiteren Exkurses.

Bleibt noch anzumerken, dass bei den Hausbesichtigungen und Gesprächen mit den Bauherrschaften evident wurde, wie sehr sich Architektur und Mensch bei Wägers Häusern im Gleichklang befinden. So wie sich Partner im Laufe des Zusammenlebens angleichen und sich ähnelnde oder komplettierende Eigenheiten und Rhythmen entwickeln, scheinen in Wägers Bauten auch BewohnerInnen und Raum ineinanderzugreifen und sich zu ergänzen – ganz so, als hätten sich die einen in den anderen eingeschrieben und umgekehrt. Eine Bauherrin, die schon seit mehr als vierzig Jahren in einem seiner Reihenhäuser lebt, bezeichnete es mit einem Anflug von Dankbarkeit, ja Zuneigung, als ihre dritte Haut: „Haus und Gartenhof erfreuen mich täglich aufs Neue. Sie sind mein liebster Ort überhaupt, mein Refugium."

202 **Literatur**

[1] Ernst Beneder im Gespräch mit Martina Pfeifer Steiner im Rahmen von „nextroom fragt", www.nextroom.at, Februar 2021.

[2] Peter Zumthor: Eine Anschauung der Dinge, in: Architektur Denken, erweiterte Neuauflage, Basel 2006, Erste Auflage, Baden 1998.

[3] aut. architektur und tirol (Hg.): konstantmodern. Fünf Positionen zur Architektur. Atelier 5, Gerhard Garstenauer, Johann Georg Gsteu, Rudolf Wäger, Werner Wirsing, Wien 2009.

[4] Adolf Krischanitz: Architektur ist der Unterschied zwischen Architektur, Ostfildern 2010.

Am Ende verschwinden alle Dinge

Wolfgang Juen im Gespräch mit Marina Hämmerle

MH Was verbindet dich mit Rudolf?

WJ Vieles und durchaus auch Ambivalentes. Wir hatten gewissermaßen dasselbe Ziel, gingen aber verschiedene Wege. Rudolf und ich waren vor rund dreißig Jahren gemeinsam auf den Spuren Álvaro Sizas in Portugal. Wir sind nach Porto geflogen, von dort mit einem Mietwagen Richtung Norden gefahren und dann in den Süden nach Lissabon. Den letzten Abschnitt der Reise machten wir mit dem Zug – das von Siza geplante Vorzeigeprojekt, das Wohnquartier Quinta da Malagueira in Évora, war der Schlusspunkt unserer Portugalreise. Wir wollten uns nichts entgehen lassen und spürten daher annähernd alle Häuser des Architekten auf. Auffällig war, dass wir dabei immer unterschiedliche Sachen entdeckten oder sahen. Abgesehen von den Siza-Bauten waren wir ob der Anzahl an Häusern im Bauhausstil, die wir en passant zu Gesicht bekamen, schwer beeindruckt. Stellenweise hatten wir den Eindruck, wir führen durch Dessau. Offensichtlich waren diese Häuser von portugiesischen Bauarbeitern, die in den 1920er Jahren in Deutschland tätig gewesen waren, für den Eigenbedarf errichtet worden. Nicht nur der Minimalismus dieser einfachen, weiß gekalkten, kubischen Häuser hat uns verblüfft, sondern auch die handwerkliche Fähigkeit im Mauerwerksbau insgesamt, beispielsweise die perfekt rund verputzten Säulen – einfach großartig!

So unterschiedlich, wie wir das Gesehene auf dieser Reise aufnahmen, so unterschiedlich waren wir auch im Planungsprozess. Rudolf plante immer alles bis ins letzte Detail durch, er legte überall ästhetische Kriterien an. Ich war eigentlich genau das Gegenteil davon. Natürlich verfolgte auch ich ästhetische Kriterien, aber sie waren mir nicht so wichtig, dass ich bis ins letzte Detail alles bestimmt hätte. Unsere Herangehensweisen erzeugten eine große Spannweite zwischen ihm und mir. Das angestrebte Endergebnis war jedoch ein ähnliches – die Menschen sollten sich in unserer Architektur wohlfühlen. Sie sollten einen Wohnraum bekommen, den sie sich leisten konnten, an dem sie wirtschaftlich und emotionell nicht kaputtgingen. Die soziale Komponente war uns jedenfalls sehr wichtig.

Für mich waren Einfamilienhäuser ein notwendiges Übel, und so versuchte ich, soweit es möglich war, die Bauherren von einer gemeinschaftlichen Bauweise zu überzeugen. Tatsächlich gelang mir das in den meisten Fällen. Die Raumplanungsstelle des Landes war ein wichtiger Faktor, damit verdichteter Flachbau entstehen konnte. Auch die Wohnbauförderung trug dazu bei, dass in der Zeit viele solcher Siedlungen oder Gemeinschaftsprojekte in Vorarlberg gegen den Widerstand von Kommunen entstehen konnten. Viele dieser sozial-ökologischen Pionierbauten waren mit und für Menschen geplant, die sich ansonsten keine Architekten hätten leisten können. Es wurde deutlich, dass wir jene Bereiche bedienten, an denen namhafte Architekten nicht interessiert waren, weil damit kein entsprechender Gewinn zu machen war.

MH Wie war eure Generation bezüglich Städtebau, Boden- und Ressourcenverbrauch eingestellt?

WJ Die Architekten forderten verdichtete Flachbauten zwar größtenteils nicht ein, kamen aber dem Wunsch der Bauherren nach günstigem Wohnraum nach. Gemeinschaftliche Anlagen waren nämlich eine günstigere Alternative zum Einfamilienhaus und entsprachen dem Wunsch nach Eigentum. Nicht jede Wohneinheit verfügte über einen eigenen Garten, dafür wurden großzügige Gemeinschaftsräume angeboten. Es brauchte einiges an Rahmenbedingungen, damit solche Projekte zustande kommen konnten: die Bereitschaft der Bauherren, eine allgemeine Übereinkunft, dass man solche Bauten zulässt und fördert, und darüber hinaus Architekten, die das ebenso empfinden und in der Lage sind, diesen Wunsch zu erfüllen.

MH Warum wurden deiner Meinung nach die kooperativen, gemeinschaftlichen Konzepte nicht in größerem Umfang nachgefragt?

WJ Die Nutzer der frühen verdichteten Wohnbaukonzepte waren urban geprägte Menschen, die vielleicht woanders studiert und gelebt hatten, die andere Vorstellungen mitbrachten, wie man als Familie lebt und arbeitet. Die gemeinschaftlich angelegten Wohnbauten aus der Zeit waren quasi ein Gegenentwurf zum (Klein-)Bürgertum und entsprachen einer neuen, alternativen Bewegung, einem anderen Lebensgefühl. Im „Nachtgärtle“ in Fußach hatten wir damals schon den ersten Kinderhort installiert, Frauen gingen arbeiten, man unterstützte sich gegenseitig. Leisten konnte man sich das Eigenheim in der Gemeinschaft deswegen, weil die Konzepte Eigenleistung ermöglichten – zwischen 100.000 und 200.000 Schilling konnte man sich dadurch ersparen. Unter den jungen Bauwilligen der 1990er Jahre war keine Nachfrage mehr auszumachen. Das ist vielleicht der zunehmenden Individualisierung geschuldet: Der Wunsch nach mehr Privatheit gewann an Stellenwert und die Bereitschaft, Kredite abzuzahlen, statt Eigenleistung zu erbringen, nahm zu. Heute ist die Situation erschreckend vereinheitlicht. Landauf, landab werden vierspännige Wohnblocks, sogenannte Blöckle, in ‚Copy-and-paste' und ohne jegliche Einbettung in den Kontext realisiert. Aus Sicht der Investoren liegen die Vorzüge dieser kleinen Wohnanlagen auf der Hand: Sie sind sehr effektiv, die Planungskosten können durch die Repetition gering gehalten werden. In der Regel sind sie volumetrisch bis aufs Kleinste ausgereizt und bringen wahrscheinlich eine optimale Rendite. Das kann nicht die Antwort sein auf den aktuellen Wohnbedarf!

MH Gehen wir inhaltlich zurück zu Rudolf Wäger. Was schätzt du an seinen Bauten?

WJ In erster Linie seine Ernsthaftigkeit. Was mich mit Rudl am meisten verbindet, ist Folgendes: Seine Bauten haben etwas Authentisches, sie zeigen seine konstruktiven Überlegungen, sie übersetzen seine Haltung in Gebautes und sie wirken ehrlich und ernsthaft. Das vermisse ich heute bei vielen Architekturschaffenden – vielfach vertreten die Kollegen eine nachvollziehbare Position zwar verbal, schaffen aber die Übersetzung ins Bauliche nicht. Anders bei Rudl: Hatte er eine Bauaufgabe übernommen, bemühte er sich, den geeigneten Ausdruck zu finden, fügte Form und Ästhetik zu einem Ganzen. Diese Ehrlichkeit hat sich baulich ausgedrückt, sie ist spürbar, auch auf einer ästhetischen Ebene. Seine Konzepte waren durchgängig – vom Entwurf bis zur Umsetzung blieben sie in ihrer Haltung kongruent. Die Konsequenz, mit der er das gemacht hat, verlangt viel an Vorstellungskraft und Disziplin. Nehmen wir beispielweise diese Steckdose hier im Wohnzimmer bei Wolfgang Verocai*: Sitzt sie wie hier auf der Konstruktionsachse in einem Sichtmauerwerk, verlangt dies einerseits einen hohen Detaillierungsgrad in der Planung und andererseits unbedingte Präzision in der Ausführung. Das bedeutet entsprechenden Aufwand, den er jedoch nie gescheut hat. Ich muss zugeben, da ticke ich komplett anders. In so einem Fall plane ich eine offene Aufputzleitung – das ist auch ehrlich, aber vielleicht nicht so ästhetisch. So gesehen habe ich den Aufwand immer auf ein Minimum reduziert, bei ihm ist jedoch jeder Ziegelstein gedacht und gezeichnet.

MH Welchen Stellenwert hat das Werk von Rudolf für dich und die Entwicklung der sogenannten Vorarlberger Bauschule?

WJ Seine Bauten lassen mich immer wieder staunen – und zwar ob der Energie, die in ihnen steckt. Die geistige Energie, diese Fülle an Plänen, Informationen, Entscheidungen, die festgelegt werden mussten. Der Kraftaufwand, den es dafür braucht, ist enorm – ich wäre daran verzweifelt. Das, was uns wiederum verbindet und was mich des Weiteren beeindruckt, ist die Präsenz der Einfachheit. Das lässt sich
038 hier in diesem Reihenhaus gut nachvollziehen, beispielsweise am Raumkontinuum im Erdgeschoß. Für jeden Menschen mit ein wenig statischem Verständnis ist es offensichtlich – es handelt sich um eine hybride Bauweise, konstruktiver Holzbau kombiniert mit Ziegelwänden. Die Balken nehmen die Kraft auf und leiten sie über die zarten Steher nach unten. Man sieht deutlich, wie die Elemente zusammengefügt sind, wie sie sich aufeinander beziehen. Das konstruktive und gestalterische Konzept greift ineinander, das zieht sich vom Inneren des Hauses über die äußere Gestalt bis in den Garten fort. Für Rudl war die Form, ja sogar die Schönheit Teil der Funktionalität.

In den Anfängen der Vorarlberger Bauschule war diese Haltung etwas Verbindendes. Purin hatte bei Roland Rainer studiert, ich arbeitete erst bei einem Tiroler Architekten und ging dann ebenfalls nach Wien an die Bildende. Auch Rudl verspürte den Drang nach Wien, war bei Roland Rainer Gasthörer. Er merkte jedoch bald, dass er nicht studieren musste, um das zu machen, was er wollte. Eigentlich war er in seiner Entwicklung schon zu weit. Dennoch – die Haltung von Roland Rainer hat uns alle geprägt und ist eine

Gemeinsamkeit. Für uns stand der Mensch im Mittelpunkt, nicht irgendein Architekturszenario. Die inneren Werte waren wichtiger und bildeten für uns die gemeinsame Klammer. Die gemeinschaftlichen Anlagen, gebaut als günstige Hybridkonstruktionen wie die Halde in Bludenz von Purin oder Ruhwiesen in Schlins spiegeln das wieder. Es ging nicht um ein Material- oder ein Architektur-Dogma. Die Bauten von dieser Gruppe sind alle durchwegs leise, man fährt fast dran vorbei. Das Haus auf der anderen Seite der Straße hier ist lauter ...

Heute sind wir von diesen Grundsätzen weit weg. Form und Ästhetik? Das sind Bühnenbilder, die aktuell in der Architektur inszeniert werden. Oder Architektur verkommt zur Grundstücksspekulation, das hat mit inneren Werten nichts zu tun. Was in Vorarlberg meiner Meinung nach fehlt, ist die Architekturkritik. Man müsste diese Dinge einmal benennen. Vieles, was dahintersteht, sieht man nicht mehr, vielfach wird Gewalt angewendet, konstruktive Gewalt. Das ist mir zuwider, überdimensionierter Materialeinsatz für irgendwelche formalen, ästhetischen Konzepte.

Das Leben geht anders zu Ende – alle Dinge, auch wir, verschwinden am Ende. Das ist für mich eine Metapher für die von uns damals betriebene, ressourcenschonende Architektur, einer Architektur des Mangels. Im Gegenzug ist heutige Architektursprache ein Abbild unserer Zeit, sie sagt alles – wir scheren uns keinen Deut, sind entkoppelt von der Natur und haben kein Bewusstsein für unsere Ressourcen und unsere Endlichkeit.

MH Die Frage „Was lernen wir von solchen Konzepten?“ ist eigentlich fast schon beantwortet ...

WJ Man könnte zusammenfassen: Die Architekturhaltung, auf der unsere Entwürfe basierten, entspricht dem, was heute in Zeiten von Klimakrise und deren Anpassungsmaßnahmen eigentlich vonnöten wäre, was ein möglicher Ausweg wäre. Wir müssen wieder zu einer Zartheit zurückkehren, zum Wahrnehmen von Natur, von dem, was um uns ist.

Ich weiß, in diesem Haus gibt es beispielsweise keinen Bauteil, den man nicht tragen könnte. Alles, was wir hier sehen, jeder Balken, jede Fensterscheibe, kann von zwei bis maximal vier Personen getragen werden. Es liegt diesem Bauwerk ein handliches Maß zugrunde, so habe ich meine Projekte auch verstanden und geplant. Das symbolisieren die Häuser aus jener Zeit. Was die Häuser noch auszeichnet, ist ihre entsprechende Wertigkeit. Sie überdauern die Zeit, viele sind heute noch so, wie sie ursprünglich angelegt waren, inklusive ihrer Einrichtung. Rudolf hat so gelebt und gedacht, dem war so.

MH Täuscht mich das Gefühl, oder wart ihr selbstgewählt etwas am Rande der Baukünstlergruppe?

WJ Wir waren nicht die lautesten. Rudl war sehr bestimmend, obwohl er nichts bestimmt hat. Wenn er mit seiner Pfeife dasaß und nichts sagte, sagte er trotzdem viel. Nach meinem Verständnis gab es nur dreieinhalb Baukünstler: Hans Purin, Rudolf Wäger, mich selbst und Markus Koch. Das ist vielleicht vermessen, aber ich empfand uns als Kern der Gruppe.

MH Was hättest du Rudolf noch gerne gesagt?

WJ Ich hätte gerne nochmals mit ihm eine Zeitlang geschwiegen wie auf unserer Portugalreise. Er rauchte seine Pfeife, ich meine selbstgedrehten Zigaretten. Wir schliefen im selben Hotelzimmer, saßen stundenlang nebeneinander im Auto und sprachen nur das Notwendigste. Wir haben mehr geschaut.

* Das Gespräch fand im Wohnzimmer von Wolfgang Verocai statt, der eines der Reihenhäuser der Errichtergemeinschaft Reichenau in Lustenau (038) bewohnt.

Bauwerke 1992–2010

081 **Errichtergemeinschaft**
Satteins, Fälle 28–46
1992

Zehn Häuser in einer Reihe, mittig ein Durchstich zum Garten und nach Norden der markant ausformulierte gemeinschaftliche Zugang. Eine Art Wintergarten mit schräger, an der Fensterbrüstung im ersten Stock angelehnter Glasfläche erschließt die einzelnen Wohneinheiten. Drei unterschiedliche Größen standen zur Auswahl: zwei spiegelgleiche Eckhäuser mit 125 m², vier mit keckem Dachaufbau in Holzkonstruktion, 113 m², und vier zweigeschoßige mit 93 m². Das in Richtung Süden vorgelagerte Gartenparadies entfaltete sich mit den Jahren äußerst üppig und bewahrte der Siedlung einen ‚Inselstatus' trotz nachbarschaftlicher Verdichtung. MPS

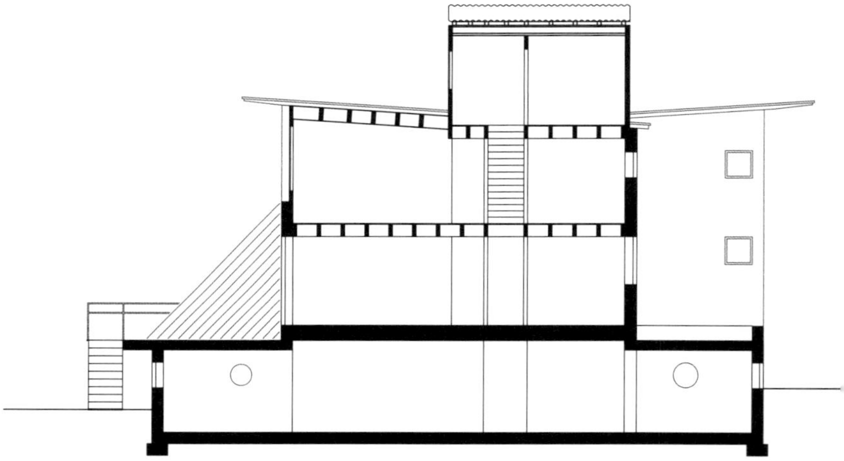

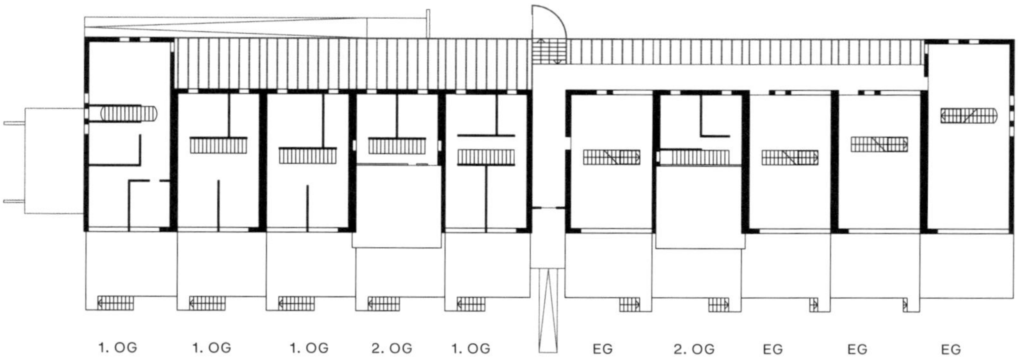

Gemeinschaftliches Wohnen im Grünen

Es war wohl wieder an der Zeit für ein Gemeinschaftsprojekt. Rudolf Wäger hatte Gleichgesinnte gefunden und sie machten sich auf die Suche nach einem Bauplatz. Der Walgau war die präferierte Region, dort liegt auch Schlins, wo der Architekt zwanzig Jahre zuvor sein erstes Errichtergemeinschaftsprojekt verwirklichte – die Siedlung Ruhwiesen (020). Wilfried Heinzle war diesmal dabei, er arbeitete auch im Wäger-Büro, und Walter Metzler, er hatte ein Grundstück in Satteins geerbt, das jedoch zu klein war für eine sinnvolle Reihenhausanlage. Nach einfallsreicher Abwägung zeigte sich dennoch mit Umwidmung und einem Grundstückstausch Potenzial für eine gute Lösung. Sie gingen es gefinkelt an, das wäre allerdings eine eigene Geschichte. Jedenfalls waren am Ende alle zufrieden und der Architekt plante am ehemaligen Acker für die Errichtergemeinschaft „Außerfeld“ zehn Häuser in einer langen Zeile. Das flache Grundstück in Sonnenlage war nicht weit vom Ortskern entfernt und trotzdem rundherum noch ohne Nachbarn.

Charakteristisches Element ist der verglaste Erschließungsgang mit dem turmartigen Portal, das Mitte und symmetrische Ordnung schafft. Der Riegel ist über die gesamte Länge unterkellert. An der Westseite fährt man unter der letzten und auskragenden Einheit auf Straßenniveau in die Tiefgarage ein, die mit ihren freundlich-runden Fenstern sichtbar bleibt. Der leicht ansteigende Fußweg endet am Windfang, von dort geht es ein paar Stufen hinauf oder hinunter in den Keller. Parallel dazu verläuft zwischen Mauerscheiben auf Garagenniveau ein offener Gang zum Fahrradraum. Diesmal konnte Wäger auch seine Ideen für Gemeinschaftsflächen ausführlicher verwirklichen: Eine Werkstatt, ein Erdkeller und vor allem der große Jugendraum mit angeschlossenem WC bewähren sich bis heute, obwohl die Kinderschar inzwischen erwachsen und in die weite Welt gezogen ist.

Wintergarten-Atmosphäre entsteht unter der geneigten Glaswand über die gesamte Länge einer halböffentlichen ‚Promenade‘. Der Weg zu den jeweiligen Haustüren ist mit einfachen Betonplatten befestigt, die Restflächen sind mit Kies und Pflanzen aufgefüllt. Die vom ‚Eingangsturm' ausgehende Mittelachse schneidet mit einer Rampe durch die langen, schmalen Streifen der Privatgärten und mündet ins gemeinschaftliche Grün. Und das ist großzügig bemessen: Ein von allen bewirtschafteter, ertragreicher Gemüsegarten und ein Gelände zum Spielen mit Hügeln, Mulden und Ziehbrunnen – da konnte man auf herkömmliche Geräte gut verzichten – wurden von einem eigens beauftragten Gartengestalter angelegt. Bei den Bäumen habe man sich zwar etwas verschätzt, denn alle wollten Kastanie und Nuss, die mit der Zeit den Rahmen sprengten und inzwischen gründlich gelichtet wurden, berichten die Heinzles. Diese Familie wählte das letzte Haus in der Reihe, Richtung Osten. Die Argumente waren der größere Garten, für Wilfried ein zusätzlicher Arbeitsraum und für Beate, dass man im Vorbeigehen nicht – wie bei den anderen Häusern – in die Küche schaut. Das verdichtete Bauen galt ihnen jedoch als wesentlichste Motivation. Als einmal einer der drei Söhne bemitleidet wurde, weil die Familie wohl ganz arm sein müsse, wenn sie sich nicht einmal ein eigenes Haus leisten konnte, antwortete Jakob unvermittelt: „Ich kann dafür in den Patschen zu meinem Freund rübergehen!"

Die massiven Häuser sind zum jeweiligen Nachbarn zweischalig gemauert und nach Norden mit Stülpschalung verkleidet, die beiden Eckhäuser an den Schmalseiten wiederum verputzt. An der Südfassade werden in den konstruktiven Rahmen aus Beton im Erdgeschoß großflächige Verglasungen und im oberen Stock ein Holzriegelbauteil mit Fenstern eingesetzt, dieser ist ab Brüstungshöhe mit vertikalen Holzlatten verschalt, ansonsten alles verputzt und weiß. Energieeffizienz, ökologisches und verdichtetes Bauen waren die großen Themen, die auch mit der gewährten Energiesparhausförderung gewürdigt wurden.

Familie Metzler bewohnt eines der vier Häuser mit Dachaufbau (Holzkonstruktion, außen Dreischichtplatten). Zwei zusätzliche Zimmer waren bei fünf Kindern durchaus adäquat. „Jeder Winkel ist durchdacht und genutzt, eine große Qualität, die ebenso auf Veränderungen unserer Lebenssituation und Wohnbedürfnisse reagieren kann." Wäger wusste um die Geheimnisse von räumlicher Optimierung, beispielsweise durch Einbaumöbel. Deshalb gibt es kaum ein Haus, bei dem er nicht die komplette Ausstattung mitentwarf. Die vorgeschlagene Küche war den Metzlers jedoch zu klein, und so etwas konnte sehr wohl mit dem Architekten ausdiskutiert werden. In dieser Einheit wurde also der Essplatz in den Wohnraum verschoben.

Rudolf Wäger übernahm das Haus am Durchlass zum Garten und war der unmittelbare Nachbar von Familie Metzler. Er kam aus Überzeugung mit einer Miniküche aus. Im Obergeschoß ließ er den südlichen Teil als Galerie offen und zonierte Schlafzimmer und Bad in bewährter Manier – Glasstreifen ab Türstockhöhe schaffen Durchlässigkeit. Die Deckenverschalung ist aus Birkensperrholz, die leichte Dachneigung durch Staffelung der Platten ablesbar, und im Erdgeschoß schlagen die Schalträger durch. Der Wohnraum öffnet sich mit großzügiger Verglasung zur Terrasse. Das Treppenmöbel ist bei allen Häusern besonders vielschichtig ausgearbeitet. Es steht als Skulptur frei im Raum, zum Wohnzimmer mit offenen Regalen, Richtung Küche als geschlossener Schrank mit ausgewogener Fächereinteilung. Die letzten drei Stufen sind davon losgelöst: In doppelter Treppenbreite zeichnet sich das Podest ab – an den Holzschalungsträgern der Decke befestigt – und lässt mit der nächsten Steigung ein Fach für zwei Schubladen frei. Die letzte, beidseitige Stufe teilt die Wege zu Schlaf- und Kinderzimmern, Bad oder im Fall des Wäger-Hauses zur Galerie. Dorthin überlegte Rudolf 2001 seinen Arbeitsplatz zu verlegen, als er wegen mangelnder Aufträge sein Atelier (082) – das er am äußersten südwestlichen Eck des Gartens erbaut hatte – verkaufen wollte. Konkrete Interessentin war eine Frau aus Satteins mit zwei kleinen Kindern. Dass eines seiner Bauwerke so gar nicht für Wohnbedürfnisse funktioniert, konnte der Architekt nicht ertragen und disponierte um. Für ihn selbst war das Experiment von Reduktion und Optimierung in einem Minimalhaus nämlich sehr wohl reizvoll, also verkaufte er sein Reihenhaus und zog ins Atelier. MPS

ATTENTI
AL PADRONE

082 **Atelier Rudolf Wäger**

Satteins, Fälle 26

1992

Auf knapp 6 × 8 m Grundfläche gliedert sich das Volumen in den nach Norden aufgespreizten Teil der beiden Atelierräume und in den niedrigeren, südseitigen Teil mit Eingang, offen geführter Stiege und einem zweigeschoßigen Luftraum, der diese Teile miteinander verklammert. Das Spiel der vertikalen und horizontalen Raumschichten erscheint auch in der lapidaren Anordnung von senkrechten und waagrechten Fensterbändern. Auf dem massiven Keller-Sockel ist das Traggerüst aus Schalungsträgern außen mit hinterlüfteten Eternitplatten, innen mit Birkensperrholz verkleidet. Alle Rhythmen von Raum und Detail entspringen dem Maß der Struktur und ihrer Hülle. Wäger hat hier seine Holzbau-Meisterschaft auf industrielle Materialien übertragen und eines seiner besten ‚Minimalhäuser' geschaffen. OK

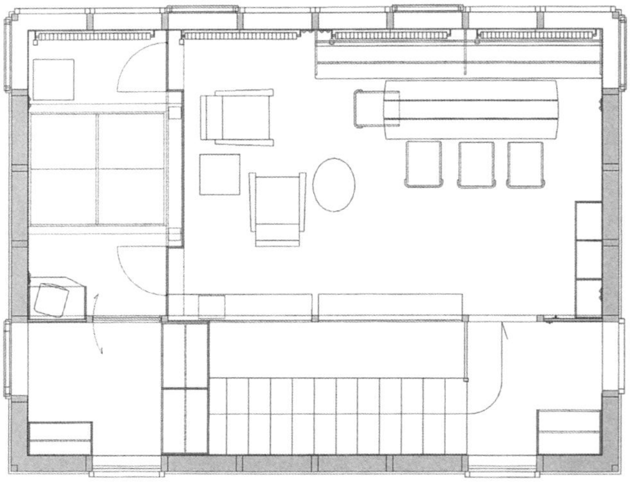

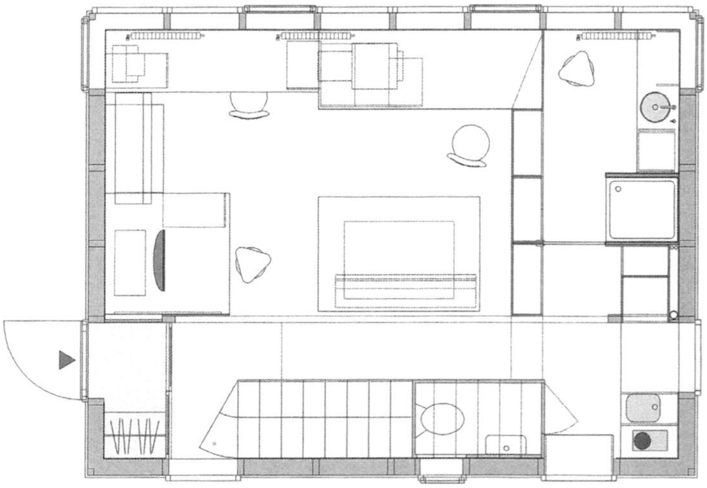

Ausgewogen

An der südwestlichen Ecke des Grundstücks der Reihenhausanlage positionierte Rudolf Wäger sein Atelier. Knapp bemessen sind die Abstände: zur Straße in Parkplatzlänge, zum Nachbarn wie vorgeschrieben und zum Garten auf Null gesetzt. Anfangs stand das Atelier des Architekten noch, einem Wärterhäuschen gleich, auf dem Acker gegenüber der Siedlung, doch heute ist der wahrnehmbare Zusammenhang im üppigen Grün verschwunden. Minimalistisch ging es Wäger an, konsequent und sparsam wie immer. Das 27 Jahre früher entstandene Würfelhaus hatte noch knapp 75 m² Wohnfläche, bei dieser Miniatur kommt er mit 69 m² aus, allerdings unterkellert, für das über eine Außentreppe erreichbare Archiv. Zwei gleich große Arbeitsräume (25 m²) liegen übereinander, nach Norden gerichtet, der obere als Galerie, beide öffnen sich zum Luftraum der Stiege. Die umfassende Spange kommt mit einer Breite von nur 1,66 Metern aus und – als Zonierung – mit dem Materialwechsel am Boden von Fliesen zu blauem Linoleumbelag. Die Holztreppe ist eine Komposition für sich, behält ihre Leichtigkeit und nützt den Raum darunter vom ‚WC-Kabäuschen' bis zum Fach der letzten Stufe.

Dieser Erschließungsbereich ist auch außen erkennbar. Es ist ein Spiel von Proportionen und Licht: Der Spalt zwischen dem niedrigeren Flachdach und dem Pultdach – innen der geringen Dachneigung folgend mit gestuften Birkensperrholzbahnen verkleidet – bringt Südlicht ins Atelier, vertikale Fensterstreifen und die hohen Säulen beim Eingang akzentuieren elegant diesen abgesetzten schmalen Bauteil. Die Fassade nach Norden zeigt auf beiden Ebenen ein im Konstruktionsraster rhythmisiertes Fensterband, zur Wahrung der Symmetrie jeweils ein Fenster ums Eck gezogen.

226

Wohnen und ein paar Schritte weiter zu arbeiten, das funktionierte recht gut. Als jedoch nach neun Jahren die Auftragslage dürftig war, überlegte Rudolf, das Atelier zu verkaufen. Doch wer kauft ein Büro im Walgau? Es stellte sich heraus, dass es einfacher war, für sein Reihenhaus eine Käuferin zu finden. Also implementierte er ein maßgeschneidertes Wohnkonzentrat in seinem Atelier – nicht ohne Lust an der Reduktion, wie am ausgeklügelten Grundriss zu erkennen ist. Ein Mini-Windfang mit Garderobe und die angepasste erste Treppenstufe veränderten den Eingangsbereich. Als Nasszelle gab es bisher nur eine Toilette unter der Stiege, beim Umbau wurde gegenüber, an der Ostseite, ein Streifen von 1,66 Metern mit Einbauschränken abgeteilt und eine Küchenzeile sowie das anschließende Bad (inklusive Waschmaschine) eingepasst. Das Studio verkleinerte sich dadurch entsprechend.

Im oberen Stock wurde an der Westseite der Schlafbereich eingezogen. Ein Regalmöbel, mit links und rechts einer Türe, lässt frei, auf welcher Bettseite eingestiegen wird. Über der Haustüre – früher Luftraum – wurde in derselben Breite von 2 Metern ein Podest für eine Ankleide verlängert, als Brüstung hängen Wäscheschränke daran. Die einfache Holzbank mit großem Tisch entlang des Fensterbands, die Regale und Einbaumöbel aus braunen MDF-Platten, teilweise mit weißen Polycarbonat-Schiebetüren, designt in Wäger'scher Manier, schaffen das

ausgewogene, unprätentiös klassische Ambiente. Wen wundert es, dass Rudolf Wäger mit seinem Wohnatelier im Buch „100 Häuser für 100 Architekten" (Taschen Verlag, 2004) in illustrer Gesellschaft „berühmter europäischer Architekten des 20. Jahrhunderts" vertreten ist, wie Alvar Aalto, Arne Jacobsen, Walter Gropius und Le Corbusier, neben den Österreichern Günther Domenig, Clemens Holzmeister, Adolf Krischanitz, Roland Rainer und Otto Wagner.

„Ich hatte nie das Gefühl, das sei jetzt der Alterssitz für mich. Warum? Ich wollte einfach nur wohnen, ohne dass ich andauernd die Arbeit vor mir liegen sehe, wenn ich ins Bad gehe und so weiter, das sollte eigentlich kein Dauerzustand sein", resümierte Rudolf einmal im Gespräch.* Trotzdem hielt dieses Wohn-Arbeits-Modell neun Jahre lang. 2010 übersiedelte Wäger nach Übersaxen, in sein drittes und letztes ‚Minimalhaus' (115), das er für sich selbst plante. Und es ist wieder eines seiner besten geworden, um die Bewertung von Otto Kapfinger im voranstehenden Kurztext aufzunehmen, der eine Projektbeschreibung aus „Baukunst in Vorarlberg seit 1980", dem Führer zu 260 sehenswerten Bauten, zitiert. MPS

* O-Ton Rudolf Wäger, Audio MPS 2019

094 **Wohnanlage Kustergasse**
Göfis, Kustergasse 17
1996

Am stark geneigten Südhang 20 Eigentumswohnungen unterschiedlicher Größe, verteilt auf zwei Volumina: im unteren, orthogonalen, zwei Lagen Etagenwohnungen mit Südterrassen in ganzer Breite, die oberen erschlossen durch kurze Laubengänge, darunter in den Hang hineingesteckt die Tiefgarage; im Steilen dann ein zweiter, gekurvter Trakt mit gereihten Maisonetten, wobei zwei- und dreigeschoßige Einheiten abwechseln. Im Zwischenraum der Trakte ein Kinderspielplatz. Kein Experiment, das große Programm ist in dieser exklusiven Lage jedoch mit viel topografischem Gespür baulich optimiert. OK

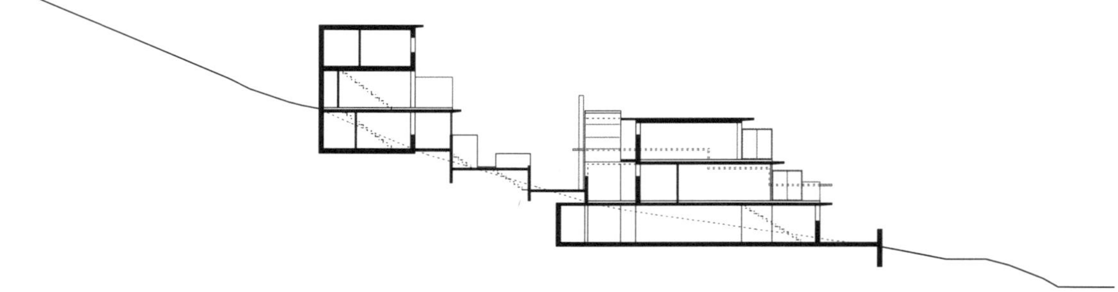

Den Hang verstehen

1978 wurde die erste größere, durch Rudolf Wäger geplante Wohnanlage in Rankweil (034) den BewohnerInnen übergeben. Es folgten fünf weitere, bis 1996 eine im idyllischen Göfis gelegene durch Haberl Bau realisiert werden konnte. Helmut Haberl, seines Zeichens Baumeister und -unternehmer, lernte Rudolf Anfang der 1980er Jahre kennen und schätzen, berechnete er doch bei etlichen seiner Entwürfe die Statik. Nachdem sich die Zusammenarbeit mit Wäger schon bei der Wohnanlage Bitzestraße (091) in Höchst gut bewährte, vertraute er auch beim außergewöhnlich steilen Hanggrundstück an der Kustergasse auf besagtes topografisches Gespür des Baukünstlers. Göfis, das Dorf im hochgelegenen Zwischenland von Rheintal und Walgau, war Mitte der 1990er Jahre noch von Bauernhöfen und Einfamilienhäusern geprägt. Wohnanlagen gab es kaum, die ältere Generation betrachtete Grundstücke als Familiensilber, das keinesfalls veräußert wird. Diese Entwicklung sollte erst in den letzten zwanzig Jahren so richtig Fahrt aufnehmen und die vielen großen Obst- und Hangwiesen der Streusiedlungen wurden zwangsläufig Objekte der Begierde von Wohnungssuchenden und Bauträgern. Ähnlich wie beim Projekt Bitzestraße ließ der Bauunternehmer dem Architekten seines Vertrauens freie Hand bezüglich Wohnungsmix und -typologien, schließlich hatten sich die Wohnungen in Höchst problemlos verkauft, und dies ohne Lift. Auf den Lift wurde in der Wohnanlage Kustergasse ebenfalls bewusst verzichtet, denn der Weg zu den Wohnungen ist essenzielles gestalterisches Element und Ausdruck der Hanglage.

Aus dem trapezförmigen Grundstück mit unterschiedlichem Neigungswinkel leitet Wäger zwei Typen von Baukörpern ab. Der erste ist ein durch die Zugangstreppe unterbrochener Längsriegel mit zwei Etagen Geschoßwohnungen und südseitig vorgelagerten Balkonen, darunter in den Hang geschoben Garage und Technikräume, wobei beide Raumgruppen natürlich

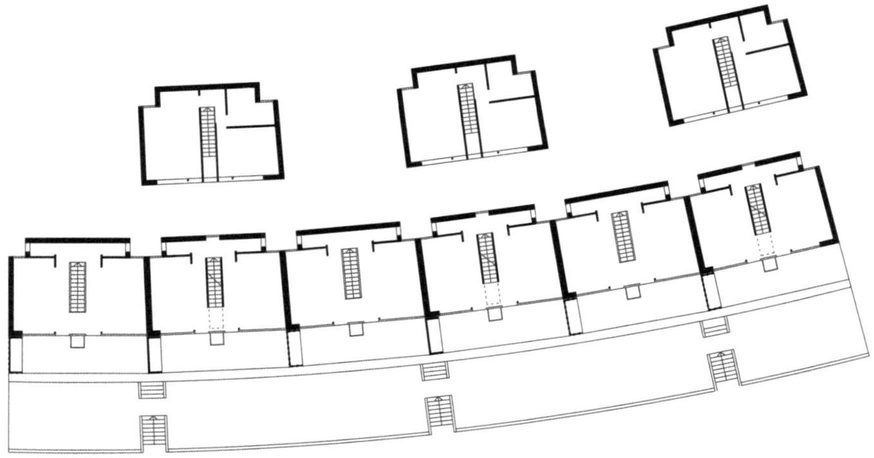

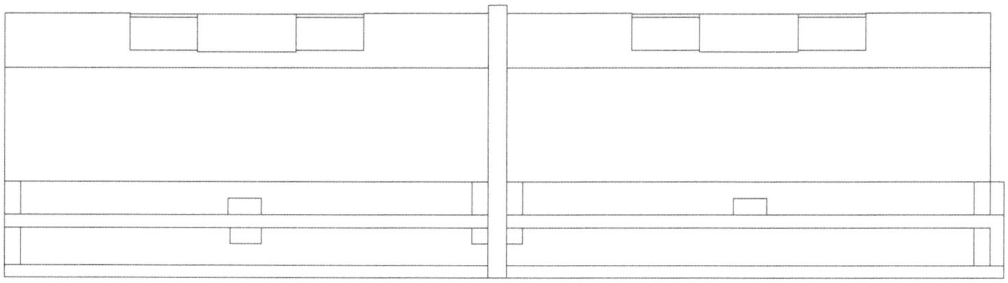

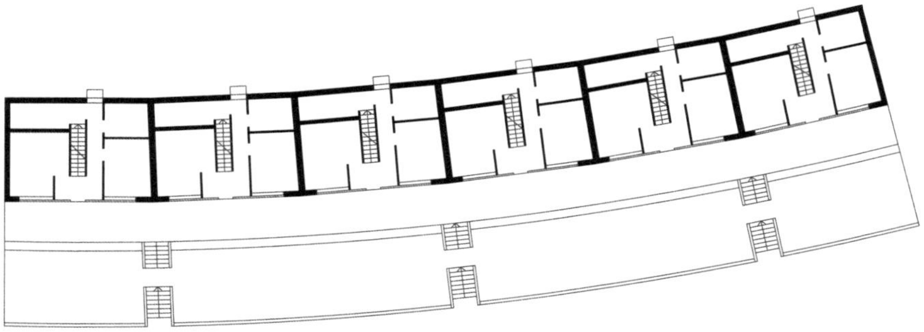

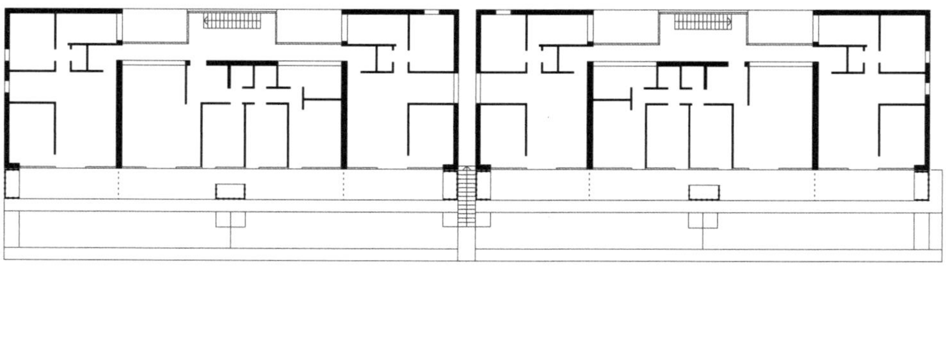

belüftet und belichtet sind. Hangseitig davon zeichnen sechs Reihenhäuser als zweiter Bautyp die Topografie in Bogenform nach – die alternierend zwei- und dreigeschoßigen Häuser schwenken jeweils um ein paar Grad aus. Zum einen werden die Häuser dadurch ablesbar und die nördlich gelegenen Gartenanteile sind durch den Grundstückszuschnitt unterschiedlich groß. Zum anderen erhält die Anlage einen modellierten Höhenabschluss nach Norden.

Zwischen den Häuserzeilen entsteht auf halber Hanghöhe ein ebener, sich nach Osten öffnender Anger mit Spielplatz und angelagerten Vorgärten der Reihenhäuser. Abgesehen von den klugen Grundrissen und dem vielfältigen Angebot an Wohnungstypologien und Größenordnungen – die Maisonetten kommen auf 100 bis 130 m² – beeindrucken hier vor allem die Wegeführung und die gänzlich unkonventionell gelösten Übergänge von halböffentlich zu privat. Erklimmt man vom Garagenniveau zuerst die äußerst schmal gehaltene einläufige Stiege, die durch den Längskörper schneidet, betritt man eine breite ‚Wohnstraße', von der die Geschoßwohnungen direkt zugänglich sind und an der die beiden Stiegenhäuser der Laubengänge liegen, sorgsam detailliert in Holz, Stahl und Glas. Ein paar Stufen höher bietet der Anger eine Gemeinschaftsfläche, die darüber angeordneten Privatgärten sind in drei Gruppen gebündelt, das heißt, jeweils zwei Häuser teilen sich eine schmale Treppe als Zugang. Von dort führt ein Zwischenpodest auf das Gartenniveau, ein paar Stufen höher wird der gedeckte Bereich vor den Reihenhäusern zur einladenden Veranda. Die Zimmer am Eingangsgeschoß sind nutzungsneutral, eignen sich als Büro, Schlafraum, Hauswirtschaftszimmer etc. Kleine Stützmauern fangen die Terrassierungen ab, sie zonieren und strukturieren nachvollziehbar das Gelände. Mit diesen Kunstgriffen schafft der Planer kleine Kreisläufe, intime Zugangssituationen und verwebt die differenzierten Räume dennoch zu einem schlüssigen Ganzen. Wäger verwies bei einer Besichtigung vor Ort auf die komplexen Zusammenhänge bei diesem Bauvorhaben und darauf, dass dies heute nicht mehr möglich wäre. Dem kann der Bauträger nur bedingt zustimmen. Ja, heute würde man zwar um den Einbau eines Liftes nicht herumkommen und die kleinräumige Wegeführung wäre so nicht mehr möglich, aber die Hangsicherung beispielsweise war damals alles andere als aufwendig. Mit dem ihm eigenen, ausgeprägten Verständnis für Topografie bettete Wäger die Baukörper so in den Hang ein, dass sich gewissermaßen eine Symbiose von Terrain und Bauwerk entfalten konnte. Dadurch wird Leichtigkeit generiert, nehmen die Baukörper das Gelände förmlich in sich auf und spielen mit Ort und Kontext. Faszinierend einfach, typologisch raffiniert. MH

095 **Wohnanlage Senden**

Göfis, Senden 22
1996

Das Problem der akuten Wohnungsnachfrage Anfang der 90er Jahre wurde in Göfis nicht mit der Ausweisung weiterer Flächen für Einzelhäuser beantwortet, sondern mit preisgünstigen ‚Nachverdichtungen' im Konnex des lockeren, offenen Baubestandes und mit Bautypen, die auch weniger Betuchten die Vorteile einer besonderen Wohnanlage erschließen. Die Eigentumswohnanlage nützt das N-S-gerichtete Grundstück mit O-W-belichteten Etagenwohnungen; Erschließung von Westen mit Laubengängen; Gartenbereiche für die unteren, Dachterrassen für die oberen Wohnungen, jeweils vom Balkon über stählerne Freitreppen erreichbar. Sehr dichte, dennoch bauplastisch bewältigte Nutzung des Platzes. OK

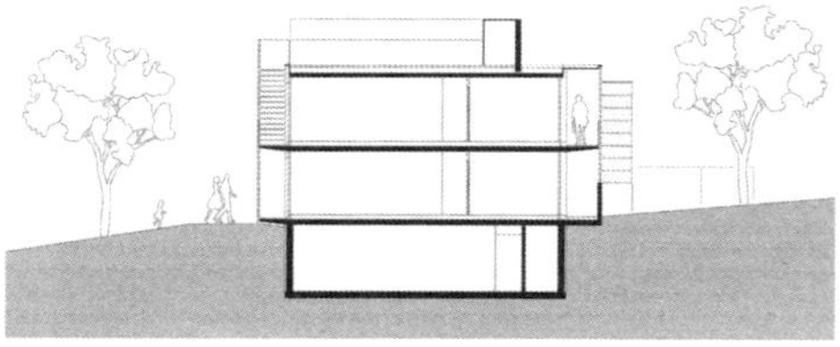

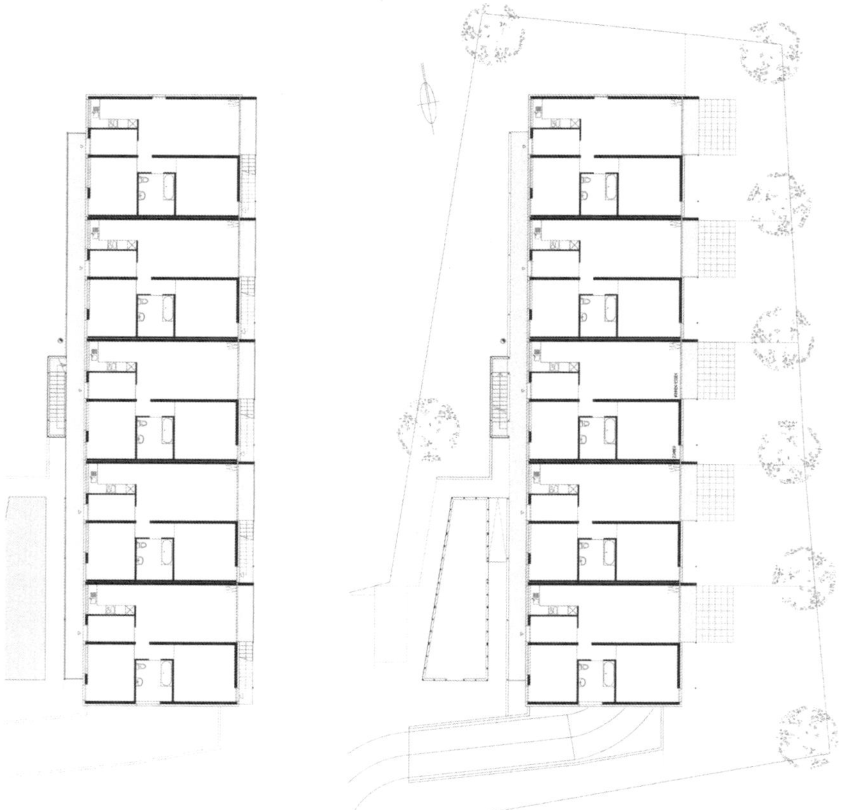

Filigran, plastisch, effizient

Diese preisgünstige ‚Nachverdichtung' brauchte Fürsprecher, denn viele der Einfamilienhausbesitzer von Göfis empfanden es wohl anfänglich als kleinere Bedrohung, wenn plötzlich zehn Parteien in gebündelter Form innerhalb der kleinteiligen, hausbezogenen Familienstrukturen Platz griffen. Es war der Gestaltungsbeirat, der sich mit Nachdruck für das Bauprojekt einsetzte und dessen Ortsverträglichkeit gegenüber dem Bauausschuss vertrat. Dennoch schien das geplante Objekt bei der Bauverhandlung nicht sehr willkommen – eher missmutig war laut Bauträger Dieter M. Furtenbach die Stimmung im Kreis der Anrainer. Neben den demografischen Faktoren der Kleinanlage war wohl auch das Flachdach Grund des Anstoßes. Häuser ohne geneigtes Dach wurden selbst in den 1990er Jahren in ruralen Gemeinden vielfach noch als Fremdkörper angesehen – das unweit der Anlage fast gleichzeitig geplante Einfamilienhaus von Hans Peter Lang war ebenfalls Wegbereiter für nachfolgende Bauprojekte. Zum Leidwesen der Bauherren und Planer orientierte sich diese Diskussion in der Regel nicht an der Qualität der Objekte, sondern an der Andersartigkeit des Gewohnten.

Das mit großartigem Panorama ausgestattete, dafür umso schmalere Grundstück auf einer kleinen Anhöhe bot nicht viel Spielraum für den städtebaulichen Ansatz. Die Devise war, zehn Einheiten mittlerer Größenordnung zu schaffen, einfach und kostengünstig. Als Abschluss einer großen Hangwiese sah Wäger einen strukturierten Längsriegel mit jeweils fünf baugleichen Drei-Zimmer-Wohnungen auf zwei Geschoßen vor. Auf der Westseite schirmt ein kleiner, separater, mit Eternit bekleideter Baukörper für Fahrräder und Kinderwägen den Laubengang ab. Der vom Bauträger eingeladene Feldkircher Künstler Peter Stefan Fehr konzipierte für das dort angelagerte einläufige Stiegenhaus eine künstlerische Intervention, die hauptsächlich von der Treppenseite wahrnehmbar ist – die Farbnuancen des Siebdrucks auf den Glaselementen der Leichtbaukonstruktion sind dermaßen subtil, dass sie nur im Gegenlicht wirksam werden. Aufgeräumt wirkt auch der Vorgarten: Durch den Bau einer Tiefgarage präsentiert er sich mit Kinderspielplatz anstelle der Autos, das lang gestreckte Haus markiert ihm gegenüber mit gedeckter Erschließungszone, filigraner Stahlstruktur und Mauersockel die räumliche Grenzziehung.

An der Ostseite akzentuieren gleich mehrere Elemente den einfachen Riegel: Zum einen erweisen sich die Wandteile, die sich sowohl aus der Fassade als auch dem Dach schieben, als wirksame Trennelemente, zum anderen fügen sich die filigranen, horizontal gegliederten Rankgerüste und die Balkonstege mit ihren schmalen Stiegenaufgängen zur Dachterrasse zum beschwingten Arrangement. Denn was den Wohnungsbesitzern im Erdgeschoß der Garten, ist jenen im Obergeschoß die Dachterrasse, gemauerter Schuppen für Gartenmöbel inklusive. Laut Wäger stellen sie die ersten Dachterrassen dar, die auf einem seiner Wohnbauten genehmigt wurden. Deutlich ablesbar macht das Fassadenbild die innere Struktur – die knapp bemessenen Einheiten sind effizient in Wohn- und Schlafbereich gesplittet, wobei ersterer durchgesteckt ist, also zweiseitig belichtet, und sich gartenseitig mit schlanken Türelementen zum Landschaftsraum öffnet.

Von den komprimierten Grundrissen auf rund 70 m² profitierten besonders jene Eigentümer, welche zwei übereinanderliegende Wohnungen erstehen und die Grundstruktur in eine großzügige Maisonette mit Garten und Dachterrasse im Verband der Geschoßwohnungen ummodeln konnten. Mit dem Öffnen von Wänden und dem Einfügen einer einläufigen Treppe gelingt ein Raumkontinuum, bei dem sich diese Grundriss-Typologie als nutzungsneutral und einfach zu adaptieren erweist. Selbst wenn Wäger wie in diesem Fall in Massivbau denken musste, kommt das Verständnis des Zimmerers durch: Proportion, Struktur und Modularität sind auch hier der Schlüssel zu einem ausgewogenen, flexiblen Wohnkonzept. MH

LUMENERDE

099 **Haus Concin**
Bludesch, Wingert 6
1998

Mit dem Hang gebaut, öffnet sich das Haus nach Süden und zum Panorama des Walgaus. Die Nordwand bildet Rückgrat und eindrucksvollen Raum für die vertikale Erschließung. Pragmatisch werden die Bereiche verteilt: oben die Zimmer, unten Wohnen, Essen, Kochen – offen innen und nach außen, die großflächige Verglasung eingerahmt. Der überdachte Sitzplatz wird freigespielt, um das klare Volumen nicht zu irritieren, und als niedriger Garagenbaukörper fortgeführt. An der Eingangsseite schafft wiederum ein von den Garagentoren bis zur Haustür durchgezogener Rahmen die überdeckte Verbindung. MPS

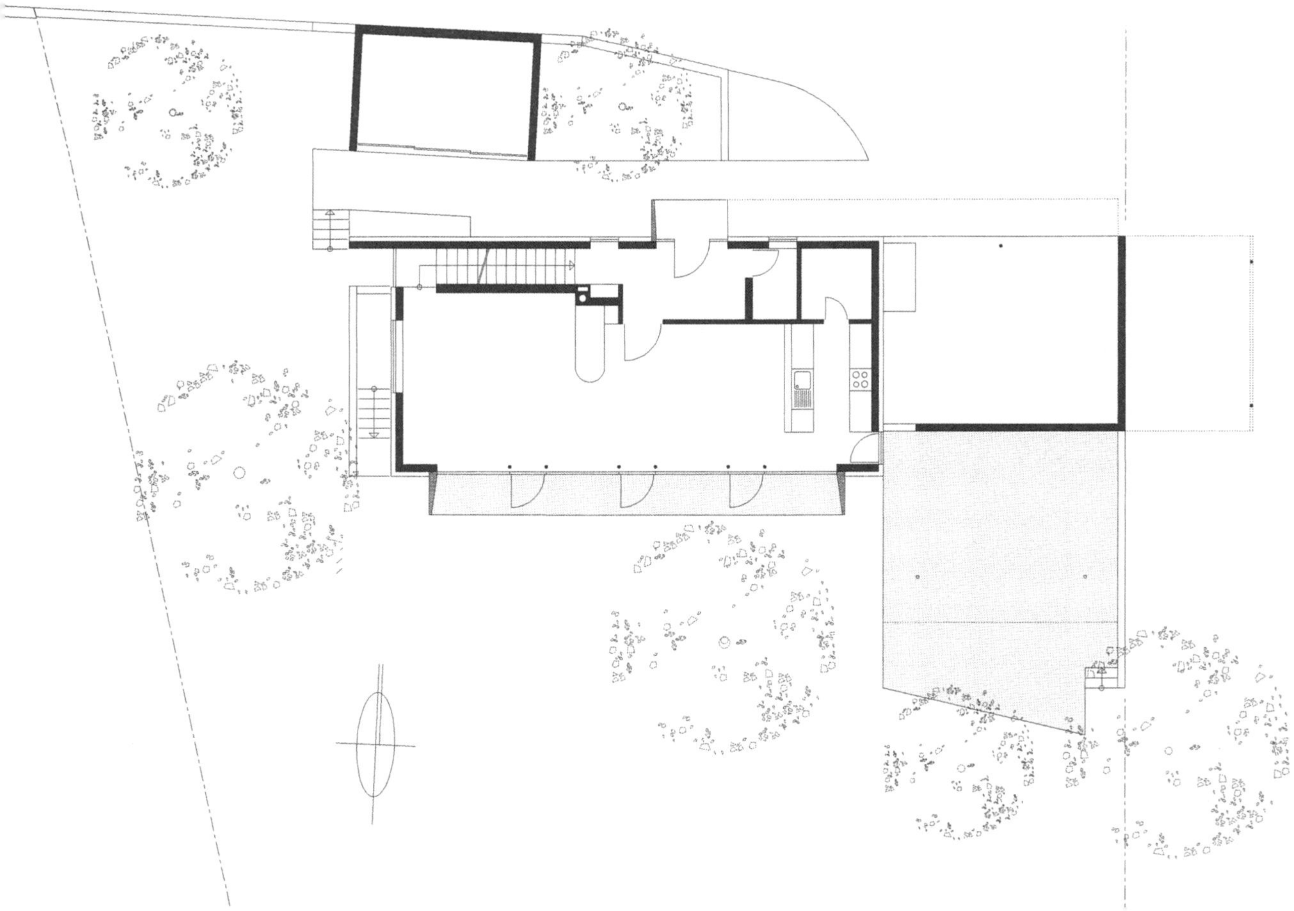

Präzise gerahmt

Kennengelernt hat man sich in Kreisen der Vorarlberger Künstlervereinigung, Heinrich Concin kommt eigentlich aus der Malerei und hat dann doch die Laufbahn als Anwalt eingeschlagen. Das Grundstück über der Bludescher Kirche hatte Ulrike geerbt, die Wahl des Architekten war eindeutig, und vertrauensvoll überließen die beiden Rudolf Wäger die Gestaltung. Dass der Anwalt die örtliche Bauaufsicht jedoch dem Baumeister und Generalunternehmer übergab, war für den Architekten gewiss keine Lieblingskonstellation. Wäger kam trotzdem sehr oft zur Baustelle und kontrollierte die akkurate Ausführung seiner Detailpläne. „Bei den Innenputzarbeiten wurden entgegen der Abmachung mit dem Verputzer die Fensterleibungen nicht herausgeputzt. Das hat zur Folge, dass durch nachträgliches Zuputzen dieser Übergang nicht sauber (weil nicht in einem Arbeitsgang hergestellt) ausschauen wird", ist in einem Fax an den Baumeister zu lesen.

Das Haus ist massiv gebaut, mit einer vorgehängten Holzkonstruktion nach Süden, im Erdgeschoß großflächig verglast – innen mit sichtbaren tragenden Säulen – und ansonsten verputzt, oben wird ein auskomponiertes Fensterband mit Lärchen-Schiebeläden herumgezogen. Die Außenwand nach Norden überragt das Flachdach – genau in der Höhe, um die Sonnenkollektoren unauffällig anzulehnen – und wird als schützende Wandscheibe in der Breite des Kellerzugangs verlängert. Gerahmt und gleichzeitig überdeckt kommt man von der Garage zum Hauseingang. Wohl austariert ist hier jeder Winkel: der Kamin bündig mit dem Einbauschrank, gegenüber ein Lichtspalt nach draußen, das transluzente Stiegenhaus abgetrennt durch eine Glasschiebetüre. Der blaue Fliesenboden (8 × 8 cm) setzt sich auf der Kellertreppe fort. Die Stufen ins Obergeschoß scheinen vor der haushohen Verglasung in Treppenbreite zu schweben. Im Wohnraum offenbart sich der Zusammenhang. Durch eine Glastür – mit Pendant im Fenster des Erschließungsspalts – und über das als Holzplatte eingeschobene Treppenpodest erreicht man die oberen Zimmer. Diese wurden nach und nach ausgebaut und ausgestattet – vom Bett über Kästen, Regale, Schreibtisch bis zum Sofa und Beistellmöbel im Wohnzimmer alles im Wäger'schen Design. MPS

088 **Haus Fitz**
Lustenau, Winkelstraße 11b
1994

Für eine Familie (3 Kinder) mit kleinem Budget auf 8,5 × 8,5 m Grundfläche ein Minimalhaus – und zugleich ein Meisterstück. Wegen des Grundwassers ragt der Keller relativ weit übers Niveau, seine massiven Außenwände sind bis zum Parapet des Hauptgeschoßes hochgezogen. Darauf sitzt ein leichtes Holzskelett aus Schalträgern (beide Etagen stützenfrei), außen verschalt, innen vom Hausherrn mit Sperrholz und Leichtwänden ausgebaut. Fensterbänder über dem EG-Parapet und unter dem Dach, ergänzt durch die Südverglasung des Wohnbereichs und wenige senkrechte Fensterschlitze an den übrigen Seiten – das ergibt innen viel nutzbare Wände und außen ein erstaunlich großzügiges Fassadenbild. Extrem kompakte Erschließung, Fußbodenheizung, Erdspeicher, Kollektoren. OK

109 **Atelier Fitz**
Lustenau, Winkelstraße 10
2004

Zehn Jahre später entstand in der Nähe des Wohnhauses das Grafikatelier. Gemeinsamkeiten sind die räumliche Optimierung, die Stahlbetonwanne für die untere Ebene, der aufgesetzte Holzbau. Wäger verwendete hier jedoch das erste Mal Riegelplatten-Fertigteilelemente. Der klar geschnittene Baukörper wurde quasi zusammengesteckt, die komplexe Raumabfolge ist außen – vor allem durch die abstrahierte Anordnung der Öffnungen – nicht ablesbar. Vom überhöhten Sekretariatsbereich geht es einen Halbstock hinauf und gegenläufig – ebenfalls über sieben Stufen – auf den unteren Level, das sorgt für reichlich Tageslicht in allen Arbeitsräumen. Die beiden Geschoße trennt eine auf Stahlträgern gestützte Betondecke. Innen ist die übergestülpte Holzbox mit weiß lasierten Fichtenlatten verkleidet, außen mit den haltbaren Hochdrucklaminatplatten. MPS

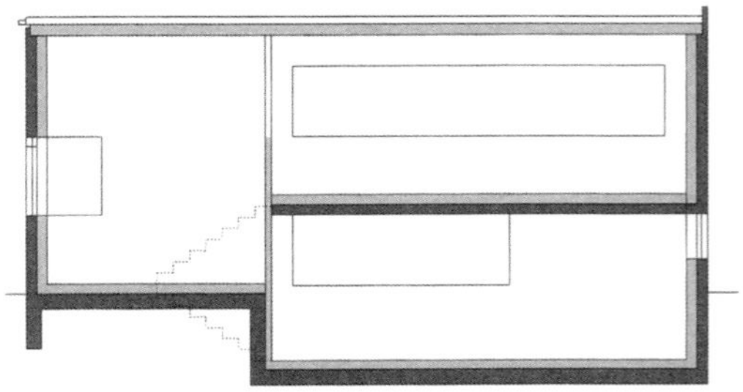

115 **Haus Rudolf Wäger**
Übersaxen, Latusstraße 19
2010

Hoch droben in Übersaxen, mit Weitblick ins Rheintal wie in den Walgau, sitzt das Spätwerk des Architekten auf einer Geländekuppe des steilen Hangs. Eine wohlgestaltete Miniatur. Das kompakte und durchdachte Raumkonzept kommt mit einer Nutzfläche von 57 m² im Erdgeschoß aus, plus einem Miniatelier (19 m²) in der Teilunterkellerung. Ein umlaufender Fensterstreifen trennt den massiven Sockel vom aufgesetzten Holzbau. Konstruktiv verwendet Wäger hier erstmals Vollholzplatten und arbeitet das ästhetische Bauwerk auch innen meisterhaft mit Tannentäfer und Robinienparkett aus. MPS

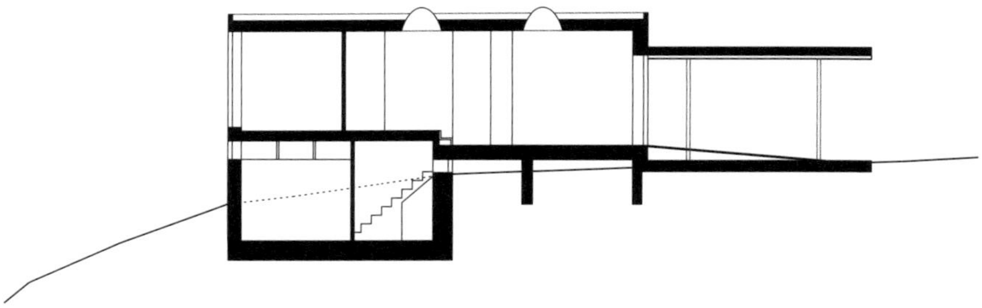

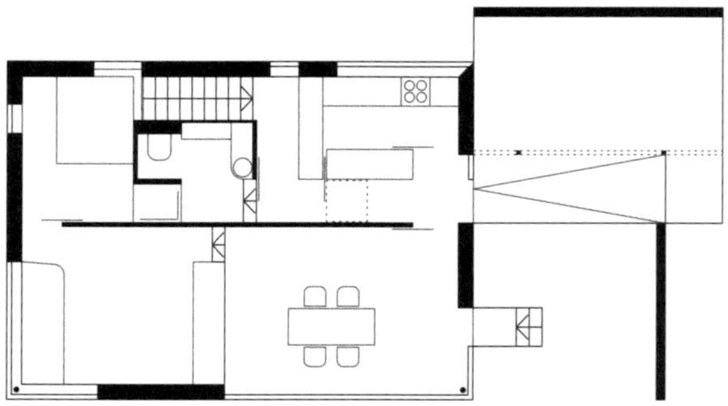

Es ist, was es ist

Die Wohngeschichte von Rudolf Wäger ist äußerst bewegt, wichtige – jedoch nicht besonders langfristige – Stationen waren das Würfelhaus (003), dann Ruhwiesen (020) und anschließend viele weitere, auch selbstgeplante, bis er es doch auf jeweils neun Jahre zuerst in der Reihenhausanlage (081) und dann im Atelier (082) in Satteins brachte. Der Alterssitz sollte im Bergdorf Übersaxen sein. Oberste Prämisse war das mit dem Verkaufserlös limitierte Budget, aber dies entsprach ja ohnehin den Grundsätzen seines lebenslangen Schaffens. Waren es im veräußerten Satteinser Atelier noch zweigeschoßige 70 m² plus Keller, reichten nun 57 m² zum Wohnen und insgesamt 84 m² mit „Arbeitsplätzchen", Heiz- und Vorratsraum im Untergeschoß.

Das Haus will nicht mehr sein, als es ist, und so taucht es nach ein paar Kurven – von der Ortsmitte aus – unvermittelt auf, nicht zu übersehen ob der Gestaltungssorgfalt trotz der massiven nachbarschaftlichen Volumen mit ihren ausladenden Satteldächern. Der Architekt setzte die kleine Kubatur wohlüberlegt auf die Geländekuppe an der Zufahrt. Die Öffnungen sind gezielt gerichtet: nach Westen – zum

atemberaubenden Panorama – ein ums Eck gezogenes Fensterband, die Brüstung genau so hoch, dass nur der Kamin des Nachbarhauses im Bild steht; nach Süden und Osten wird raumhoch aufgemacht, für den freien Blick auf Wiese und Hügel.

Nahezu grafisch ist die Eingangssituation aufgelöst: Die Carportüberdachung setzt – um die Solarpaneele sauber anlehnen zu können – einen halben Meter unter der Kante einer haushohen Betonscheibe an, wird auf der anderen Seite von zwei Säulen gestützt und kragt über die Zugangsrampe aus. Angedockt, und doch seitlich etwas vom Haus abgerückt, entsteht damit ein luftiger Autoabstellplatz. Eine niedrigere betonierte Wandscheibe (1,40 Meter), parallel zur Zufahrt, zoniert den Sitzplatz vor dem Haus.

Kompakt und mit einer Oberlichtkuppel erhellt – wie bei vielen Wäger-Häusern –, ist die Garderobe am Fußboden mit schwarzen, schmalen Fliesenstreifen definiert. Zu den weiteren Bereichen gibt es ausschließlich Schiebetüren. Der Garderobenschrank teilt sich eine Seite mit Backofen und Kühlschrank. Der Begriff der Einbau-Küche wird hier wörtlich genommen, denn auch die weitere Rückseite ist zum Flur hin eine Kastenwand. Über der Küchenarbeitszeile gibt es Oberschränke in gewohnter Höhe und dazwischen ein durchgehendes Fensterband. Nicht auf Nachbars Vorplatz richtet sich der Blick – dafür müsste man sich nämlich bücken –, sondern tatsächlich im schrägen Winkel ins Tal hinunter.

Der Wohnraum – eine durchdetaillierte Schatulle: getäfert an Decke und Wänden in astloser Weißtanne, der Boden mit dunkler Robinie kontrastiert, die Einbaumöbel und alle Schiebetüren aus grafitgrau durchgefärbten MDF-Platten. Interessant, was räumlich auf 29 m² (3,26 Meter breit und 9 Meter lang) entstehen kann. In der vorderen Hälfte steht nur ein großer, eigens entworfener Tisch. Großflächige Verglasungen erweitern den Innenraum ins Grüne – ein schmaler Fensterflügel davon ist öffenbar, ums Eck führt eine zweite Glastür auf das Stahlgitter-Podest mit Sitzstufen zum Kiesplatz vor dem Haus.
Die Symbiose von Großzügigkeit und Privatheit spielt Wäger über die Raumhöhe. Ist der spartanische Essbereich für die geringe Fläche mit fast 2,70 Metern doch relativ hoch, sind 2,30 Meter im hinteren Wohnraum gering bemessen. Ein 1,44 Meter emporragendes Möbel mit teilweise milchigen Acrylglas-Schiebetüren zoniert diesen Bereich, der um zwei Stufen höher liegt. Heimelig wird es hier mit einem bequemen Lesestuhl und einem Sessel, den Rudolf für das Haus Rüdisser (036) entwarf und bei „Handwerk+Form", einem vom Werkraum Bregenzerwald ausgeschriebenen Wettbewerb, einreichte. Der Prototyp des additiven Beistellmöbels ist wiederum im

Haus Lins (079) zu finden und eine typische Wäger-Couch steht unter dem Fensterband, das einen Bilderrahmen für dramatisch-schöne Sonnenuntergänge zeichnet. Die kaum zu bemerkende Schiebetüre erschließt den mit Bücherregalen, einem schmalen vertikalen und einem horizontalen Fenster auskomponierten Schlafraum, nur das Bett steht darin. Einmal mehr fasziniert, wie funktionell die intimeren Räume gedacht sind. Es gibt eine interne Verbindung über die zwei Glastüren der Dusche ins Bad und von dort weiter zum Schrankflur.

Betritt man wiederum von der Garderobe aus das Bad, gibt es logischerweise noch einmal den zweistufigen Niveausprung, der sich auch in der unterschiedlichen Höhe der Schiebetür-Griffmuschel innen und außen abbildet. Licht bringt ein längsformatiger Fensterschlitz – der auch an der Nordfassade als Zäsur lesbar ist – in den Schrankflur, und von hier aus führt die Treppe ins Untergeschoß. Ein Arbeitstisch über die gesamte Hausbreite und das rundherum gezogene Fensterband genügen für das Atelier. Mit dem Hang gebaut und durch die optimierten Raumhöhen des Erdgeschoßes erforderte diese Teilunterkellerung nur minimale Erdbewegungen.

Konstruktiv realisierte Wäger bei seinem Spätwerk ein für ihn neues Konzept mit Vollholzplatten. Statisch gesehen seien die Schichtholzplatten im großen Format durchaus ein Fortschritt, war er überzeugt, denn bei dieser Konstruktion kam er mit 8 cm Stärke für die tragenden Elemente aus. Eine Riegelkonstruktion wäre zwar in Bezug auf die Eigenleistung kostengünstiger gewesen, doch Rudolf fand andere Einsparungsmöglichkeiten. Mit seinem Bruder

Wolfgang – der über die Firma LOT Holzbau immer wieder an der Realisierung seiner Projekte (z. B. 076) beteiligt war – fertigte er den kompletten Innenausbau mit Wand- und Deckentäfer sowie den Parkettboden. Für Sicht- und Sonnenschutz bekamen alle Fenster innen ein Falt-Stoffrollo und außen ein dunkles Screen-Rollo, das die Sonne bricht, aber von innen nach außen trotzdem transparent ist. Erst ein paar Jahre nach der Fertigstellung wurden die horizontal gelatteten Lärchenholzschiebeläden angebracht, die den vertikalen, silbergrauen Tannenschirm elegant kontrastieren.

Obwohl 90 Prozent seines Œuvres Einfamilienhäuser sind, stand Wäger diesem Thema durchaus kritisch gegenüber. Es gab sogar für sein relativ kleines Grundstück in Übersaxen einen Verdichtungsvorschlag: Die Hanglage und Form der übrigbleibenden Parzelle geschickt nutzend, plante er eine zweite, ebenso kompakte Wohneinheit, ohne sein Haus bezüglich Aussicht oder irgendwelcher anderen Einschränkungen zu tangieren.

Der Begriff „Bienenhüsle" kursierte bald, und das war von den Spöttern eher nicht so liebevoll gemeint, obwohl es treffend beschreibt, wie angemessen das Minimalhaus dort oben am Hang steht. Es sollten wieder neun Jahre an diesem Alterswohnsitz werden, denn für Ende 2019 hatte Rudolf Wäger schon den Umzug nach Götzis vorbereitet. An seinem Geburtsort fand er jedoch nur mehr seine letzte Ruhestätte. MPS

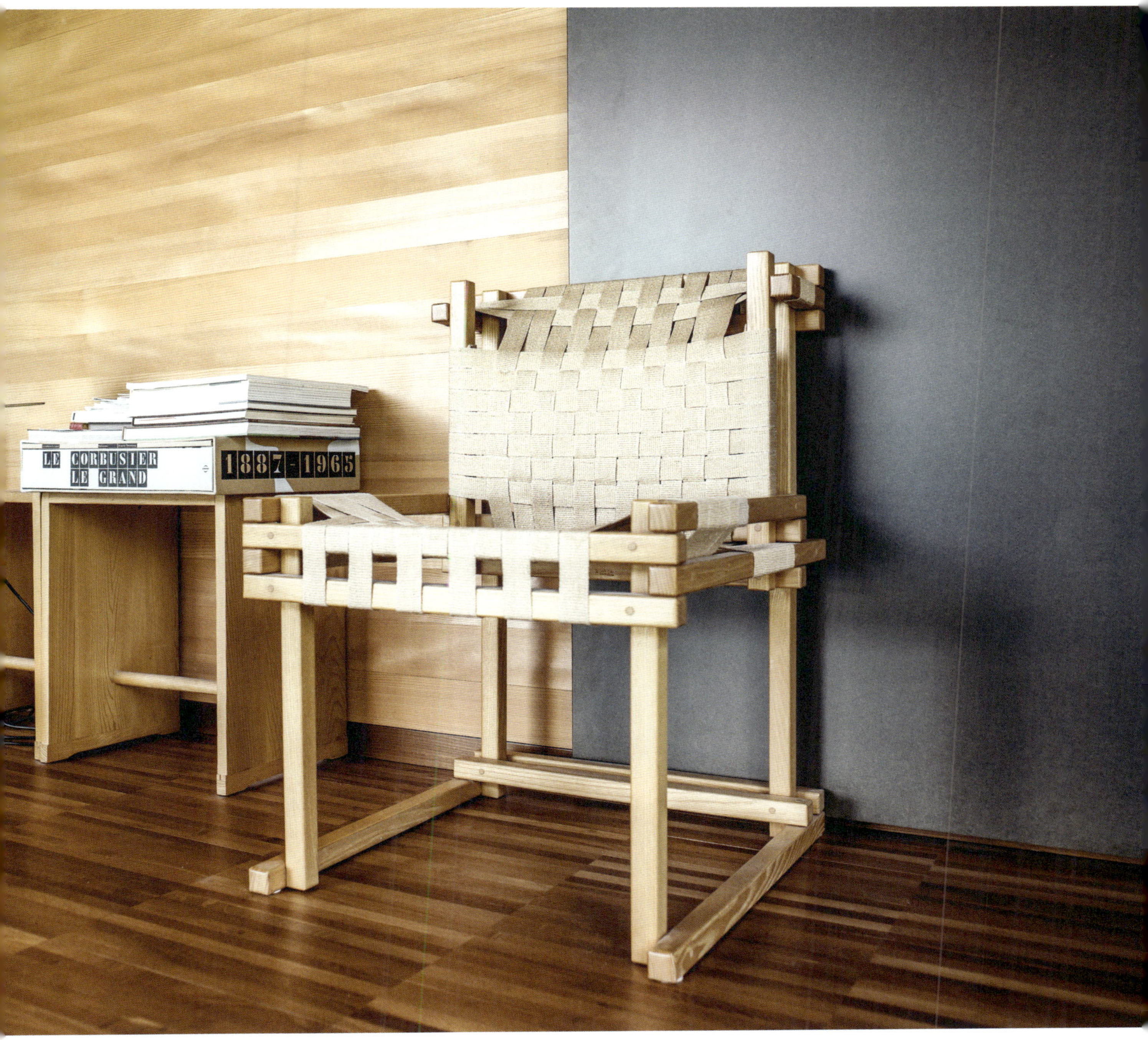
LE CORBUSIER
LE GRAND
1887-1965

Mit Rudolf reisen

Le Corbusier und die Siedlung Halen liegen immer am Weg – von Martina Pfeifer Steiner

Eine nette Runde waren wir – Rudolf und ich, sein Bruder Sigi und Gattin Traudl – für eine Woche im Le Pinacle, einem idyllischen Landgut im Herzen von Burgund. Auch die Reiseroute legten wir ausführlich gespickt mit Architektur an. Erste Station Basel – um das Kunstmuseum nicht auszulassen, starteten wir früh am Morgen – und gleich anschließend der Architekturpark in Weil am Rhein. Das Vitra Design Museum von Frank Gehry, den Konferenzpavillon von Tadao Ando, Zaha Hadids Feuerwehrhaus, Álvaro Sizas Produktionshalle hatten wir alle schon gesehen, das Vitra-Haus von Herzog & de Meuron und die kreisrunde Halle von SANAA waren damals allerdings relativ neu, jedenfalls diskutierten wir alles miteinander genüsslich durch.

Von dieser Richtung kommend, liegt die Chapelle Notre-Dame-du-Haut von Ronchamp immer über einen kleinen Schwenk am Weg. Mit Rudolf Bauten von Le Corbusier anzuschauen, war schon höchst spannend, wenn wir gemeinsam den kiloschweren, von ihm genauestens studierten Wälzer, der immer auf seinem „Ulmer Hocker" im Wohnzimmer lag, durchblätterten, doch er verblüffte mich vor Ort wieder mit seinem Wissen über Details und darüber, dass Renzo Piano ein Besucherzentrum sowie ein neues Kloster sehr umsichtig in diese Nachbarschaft eingepasst hatte. Was Rudolf an Le Corbusier inspirierte, erklärte er bei späterer Gelegenheit: „Man muss sich nur Ronchamp anschauen. Le Corbusier ist französisch-locker, das kann man so sagen: Einmal das schiffsförmige Dach, wie er das auf den Baukörper gesetzt hat! Man könnte denken, das kann sich doch niemand erlauben – aber es passt wunderbar genau so! Und dann die vielen komponierten kleinen Ausschnitte mit den eingesetzten farbigen Gläsern oder im hinteren Turm über der Taufkapelle, wo im roten Schimmer das Licht seitlich hereinfällt, das ist nur einem Le Corbusier möglich gewesen. Oder wie er die Kirche vom Kloster Sainte-Marie-de-la-Tourette als sture Kiste hinsetzt, mit einem Deckel drauf und dann diesen Lichtschlitz belässt, auch wie sich

die Altäre für die Übenden abgestuft hinunterziehen, diese Lockerheit fasziniert mich. Man sieht das auch bei seinen ganz normalen Häusern – na ja, ganz normale Häuser gibt es zwar bei Le Corbusier nicht – wie die Villa Le Lac für seine Eltern am Genfer See: allein bei den Nebenräumen, wie dort alles hineingebastelt ist, aber es stimmt perfekt. Die Villa Savoye ist vielleicht etwas stringenter, doch später ist er noch lockerer geworden, hat halt irgendwo eine Säule hingesetzt, wo er fand, da braucht und will er sie, formal einwandfrei!"*

Das Kloster und die kleine Villa waren auch die ersten Highlights auf der Rückreise. Vom Rolex Learning Center der japanischen Architekten SANAA am Gelände der École Polytechnique Fédérale in Lausanne wusste Rudolf weder Adresse noch genaue Bezeichnung, er hatte aber eine Vorstellung davon, wie es städtebaulich liegt. Im Blindflug nahmen wir die richtigen Ausfahrten und Abzweigungen und plötzlich breitete sich die weitläufige gewellte Landmarke – eine flache Skulptur, die frei über dem Campusrasen zu schweben schien – vor uns aus.

Unzählige Male hatte Rudolf schon die Siedlung Halen (erbaut 1955–1961) in Herrenschwanden bei Bern besucht. Was für ein Privileg, diese so oft als Inspiration zum gemeinschaftlichen Bauen angeführte Wohnanlage mit ihm zu besichtigen. Sein erster Entwurf für die Errichtergemeinschaft Ruhwiesen mit den dreigeschoßigen Häusern in einer Reihe und langen Gartenstreifen nach Süden ist dieser Idee sehr verwandt, die

Dimension in Halen mit 78 Häusern und neun Ateliers jedoch eine ganz andere! Wie die gesamte Siedlung als Dorf angelegt wurde, mit ihren Straßen, Plätzen und Gemeinschaftseinrichtungen, das hat Rudolf sehr beeindruckt, und er war immer bestrebt, diese Qualitäten in seinen Wohnbauten umzusetzen. Beim Lokalaugenschein 2013 zeigte sich jedoch, dass Laden, Kindergarten und die Versammlungsräume unbenutzt und verwahrlost waren, einzig im Swimmingpool, ganz oben auf der großen Wiese, plantschten freudig zwei Leute. Etwas enttäuscht war er schon, wusste aber, dass es bereits Initiativen gab, nicht nur die Heizungsanlage und die Flachdächer zu erneuern, sondern auch das Gemeinschaftsleben.

Dass wir die ganz in der Nähe liegende Siedlung Ried in Niederwangen schlussendlich doch fanden, war eine Draufgabe. Bei der dreißig Jahre später entstandenen Wohnanlage ging es dem Atelier 5 um die Schaffung eines kollektiven Raums, den an der Peripherie eigentlich nur Verkehrsstraßen bilden. Die Architekten verlegten ihn in zwei Höfe und gruppierten die 93 Wohnungen und Studios im Raster rundherum. Bei solchen Entdeckungen sprühte Rudolf förmlich vor Leidenschaft und Freude, er war glücklich und seine Begleiterin auch.

*Aus dem letzten Interview am 20. Januar 2019

Es schließt sich der Kreis

Otto Jungwirth im Gespräch mit Martina Pfeifer Steiner

MPS Wie sind die mannigfachen Bezüge nach Vorarlberg eigentlich entstanden, du bist ja ein Künstler in Wien?

OJ Der erste Anlass müsste 1966 gewesen sein, als ich in der Galerie Hämmerle in Götzis eine Einzelausstellung hatte. Der Feldkircher Künstler Erich Ess brachte mich nach Vorarlberg. Ihn lernte ich an der Akademie der bildenden Künste bei den Vorlesungen von Heimo Kuchling kennen. Diese waren damals ein Geheimtipp, nur eine Handvoll Leute lauschten in einem dem Aktzeichensaal vorgelagerten kleinen Kammerl seinen Ausführungen. Ich habe kein Diplom, ich war ein gewöhnlicher Volksschullehrer, den man in die Hauptschule zum Unterrichten geschickt hatte. An der Akademie studierte ich von 1953 bis 1957. Ich war ja schon Lehrer, konnte nur am Nachmittag Vorlesungen besuchen. Als der Kuchling zu einer meiner Arbeiten sagte: Ja, das könnte ein Bild sein! – da hab ich mir das erste Mal gedacht, aha, ich bin doch ein Maler. Aber wenn Rudl Autodidakt ist, dann bin ich es eigentlich auch.

Die Aufnahmeprüfung habe ich auf Anregung von Otto Mühl gemacht. Er studierte an der Akademie Kunstpädagogik bei Gerda Matejka-Felden, ich wiederum hatte bei ihr einen Kurs an der Volkshochschule Volksheim Ottakring belegt. Und hier schließt sich der Kreis wieder zu Heimo Kuchling, denn Otto Mühl war der Meinung, dass Kuchling der Einzige sei, der ihm etwas von moderner Kunst vermitteln konnte. Mit Otto war ich sogar einmal auf Urlaub, wir waren befreundet, doch später, in den 1970ern, konnte ich mit seiner Kommune nicht mehr viel anfangen. Heimo Kuchling wiederum stand beratend mit dem jungen, engagierten Galeristen Ewald Hämmerle in Verbindung, auch weil er durchaus Parallelen zur Wiener Galerie Würthle erkannte, deren künstlerischer Leiter damals Fritz Wotruba war. Aus dieser Vernetzung heraus konnte Kuchling – noch dazu Schwiegersohn von Werner Berg – zahlreiche interessante Ausstellungen vermitteln.

MPS Dann hast du Rudolf also im Umkreis der Galerie Hämmerle kennengelernt?

OJ Eigentlich schon. Einerseits waren die drei Wäger-Brüder
maßgeblich am Umbau der Galerie Hämmerle beteiligt,
andererseits war Hedi Schlattinger, die mit ihrem Mann
003 Hartwig Zehle das Würfelhaus gekauft hatte, eine eifrige
Kunstsammlerin. Da sind wir öfter auch mit Rudl in der
Bulitta zusammengesessen, ebenso im Haus von Walter
004 und Emma Salzmann. Bei diesen Runden in Göfis war wie-
009 derum Erich Häusle, Rudls Cousin, regelmäßiger Gast, auch
Helmut Schnetzer, der einige Bilder von mir gekauft hat
020 und zur Kerngruppe der Errichtergemeinschaft Ruhwiesen
gehörte. Dass der blinde Walter Salzmann ein bedeutender
österreichischer Bildhauer war, wussten wir alle.

Zu seiner Skulptur, die jahrzehntelang auf dem Vorplatz der Siedlung Ruhwiesen gestanden ist, gibt es eine interessante Entstehungsgeschichte: Als in Chile der erste demokratisch gewählte sozialistische Präsident Salvador Allende an die Macht kam, freute sich Walter dermaßen mit, dass er sagte: „Jetzt bin ich in der Lage, eine stehende Figur zu machen!" Im Prinzip hatte er bis dahin sitzende und liegende Skulpturen gemacht. Den ganzen Sommer 1973 hat er euphorisch daran gemeißelt, doch nach dem Putsch und Tod Allendes durch die Militärjunta im September stellte Salzmann seine unvollendete Figur als permanente Leihgabe nach Schlins. Walter war wirklich ein Phänomen, man hatte immer das Gefühl, er sei ein Sehender. Ich habe

Szenen erlebt, wo er im Kirschbaum saß und erntete. Unvergessen ist der Besuch im Museum Rietberg in Zürich, als er erwirken konnte, die Plastiken mit seinen Händen abzutasten, eine sitzende Frauenfigur von Wilhelm Lehmbruck war ihm besonders wichtig.

MPS Was hat es mit diesem ‚Kommunenurlaub' auf sich, den ihr in Hinterwies im freundschaftlichen Kreis verbracht habt?

OJ Die Idee hatte Rudl und er organisierte auch alles. Mit dabei waren neben den fünf Wägers die Familien Salzmann, Schnetzer und Häusle. Wir sind als ‚Externe' aus Wien angereist. Begeistert schrieb er mir am 14. April 1970 folgenden Brief: „... Die Hütte liegt etwa 1.100 m hoch und in der Nähe (ca. 45 Minuten) von Übersaxen. Man sieht Übersaxen von Salzmanns aus. Man kann bis ungefähr 10 Gehminuten an die Hütte mit dem Auto heranfahren. Die Hütte ist eine Voralpe, die von der Götzner Kolpingfamilie gemietet und ausgestattet wurde. Wir wiederum mieten sie von dieser Kolpingfamilie um S 5.500,– für den ganzen August (24 Leute zusammen). Im Mai werden Walter, Helmut und ich diese Hütte in Augenschein nehmen und schauen, was wir alles benötigen. Bald nachher werde ich einmal nach Wien kommen, um mit Euch darüber zu sprechen. Im Übrigen freuen wir uns alle sehr auf dieses Abenteuer und hoffen, dass keine Hindernisse entstehen ..."

Das war wirklich eine Art Kommunenurlaub. Die Erwachsenen und die kleinen Kinder haben im Matratzenlager geschlafen, die etwas älteren in einem eigenen Raum. Es war urig: draußen das Plumpsklo, im hinteren Hausteil ein Heustadel. Wir haben gemeinsam gekocht, den Küchendienst abgewechselt, Milch holten wir beim Bauern, eine kleine Wanderung Richtung Übersaxen entfernt. Walter (Salzmann) kleidete an der Frutz so eine Kuhle mit Steinen für eine natürliche Badewanne aus. Auf den sonnengewärmten Felsen sind wir dann in lockerer Ungeniertheit gelegen, es hat aber schon jede/jeder gewusst, wo sie/er hingehört. Am Wiesenhang machten wir es uns beim Lagerfeuer gemütlich, Walter spielte Gitarre, Rudl führte seinen ‚Indianertanz' auf, mit den von seiner Frau Hilde gehäkelten Stirnbändern erinnerte er stark an einen solchen. Wir haben freilich heftig diskutiert: über die Situation in Chile, über die Theorien von Wilhelm Reich, über Liberté,

Égalité, Fraternité. Im Heustadel gab es für die Kinder noch ein Kaspertheater! Das Stück habe sogar ich geschrieben, und dabei wurden alle Vorkommnisse auf der Hinterwies lustig verquantet. „Kasperl: ‚Bärtige Männer schleichen umher, sie reden in einer fremden Sprache: Kapitalismus, Reaktion, Proletariat, Revolution, Kommune, Gesellschaft, Idealismus, Realismus ...' Sepperl: ‚Weißt du, was das heißen soll?' Kasperl: ‚Irgendetwas mit einem Revolver habe ich nur verstanden – Revolution oder so.'" Beeindruckend war auch, wie uneingeschränkt Walter und Helmut (Schnetzer) bei den Wanderungen mithalten konnten. Sie haben ja beide in derselben Keramikwerkstätte durch giftige Dämpfe ihr Augenlicht verloren. Bei Walter löste sich schon mit 17 Jahren die Netzhaut ab, Helmut konnte noch Schatten erkennen. Mit einer Hand an der Schulter des Vordermanns ging es bergauf und bergab. Ein unvergessliches Abenteuer!

MPS Was waren eure brennenden Themen bei Diskussionen mit Rudolf?

OJ Dazu zitiere ich am Besten aus einem Brief an mich: „... das möchte ich Dir ehrlich sagen, ich glaube, dass Du eine sehr naive Angst vor dem Kommunismus hast!? Und letzten Endes dreht sich unsere Schreiberei zur Hauptsache um diesen Punkt. Bei der Beurteilung dieses Phänomens gehst Du meines Erachtens zu einseitig vor. Der Kommunismus als Lebensform beinhaltet Dir zu wenig Geistigkeit, also zu wenig Gott. Ich hingegen glaube, dass es darauf ankommt, was für ein Bild man davon hat und zugleich was für ein Gottesbild man überhaupt hat. Wenn ich bei der Beurteilung einer Lebens- bzw. Glaubensform nur äußerliche Ergebnisse als Grundlage heranziehe, so muss ich sagen, dass z. B. das Christentum oder die Kirche, was eins sein soll, nicht etwa mehr zu bieten hätte als der Kommunismus. Aber eben, darum geht es nicht; es geht um ein Bild, das der Mensch von der Welt hat und dem er diese Welt zuführen will. Es wird aber kaum möglich sein, dass sich der Großteil der Menschen aus sich selber verändern, sich sozusagen an den eigenen Haaren aus dem Sumpf ziehen kann!? Die meisten von ihnen werden zu ihrem Vorteil vergewaltigt werden müssen. Ohne Generalisierung und Vereinfachung wird nichts erreicht werden können. Es würde dann sicherlich auf die konstruktive Vorstellung der Ausführenden ankommen. Ich stelle mir den Kommunismus auch nicht so vor, wie er zur Zeit nur ist. Obwohl man ihm einige große Leistungen zusprechen muss. Aber solange ich keine bessere Möglichkeit sehe und ich aus innerer Notwendigkeit darauf hingestoßen werde, muss ich an diese Möglichkeit glauben. Ich tue es mit allen Kräften und dadurch gewinnt er für mich Bedeutung. Für mich ist der Kommunismus das, was für dich Christus ist. Ja, ich sehe sie (Christ und Kommunist) sehr eng beisammen! Dem Christ wird es in dieser kapitalistischen Gesellschaft an der Möglichkeit fehlen, sein Christusbild nachzuvollziehen, außer er arbeitet gegen diese Gesellschaft. Dies wird er aber mit ähnlichen Mitteln machen müssen wie der Kommunist. Dies ist nur einer von vielen Berührungspunkten zwischen ihnen.

Das Ziel des Kommunismus ist es, einen Menschen zu schaffen, indem der wirkliche Geist für die Gegenwart lebendig ist. Sein Ziel ist nicht eine Industriegesellschaft. Er will das Proletariat überwinden. Auf welches Ziel hin arbeitet und lebt der Christ, der nicht nur eine Übergangszeit zum Himmelsreich auf dieser Welt sieht?

Was sind heute die allgemein verbindlichen Werte? Konsum? Oder Religion? Oder gar Politik? Vielleicht sogar Kunst? Konsum dürfte keinen Wert darstellen und die anderen Werte werden missbraucht und oberflächlich behandelt!? Korruption durchdringt alle diese Werte. Ich glaube, dass diese Übel für den allgemeinen Ungeist und für die Primitivität die Ursache sind!

Ich glaube, dass wir bei einer Neustrukturierung unserer Gesellschaft vieles vom Kommunismus lernen können. Selbst der heutige Kommunismus ist uns in Vielem weit voran, weil er Privatinteressen weitgehend ausschließt und die große Masse der Menschen, also die Gemeinschaft, und dadurch die Grundlage für den Einzelnen, in den Mittelpunkt der Interessen stellt."

MPS Worüber hättest du mit Rudolf heute noch gerne geredet?

OJ Wir hätten vielleicht schon noch politische Belange streifen können, die ihm und mir im Magen liegen. Aber eigentlich würde ich ihn fragen: Wie ist das nun, was bleibt? Und da bin ich schon einer, der meint: Wenn man Tote begräbt – und das gab es ja eigentlich schon, bevor die Menschen Kulturwesen waren –, wird auch vermutet, dass irgendetwas weitergeht und nicht alles ausgelöscht ist. Wenn du dir das so vorstellst, dann ist das eine Wunschvorstellung, weil du den Tod nicht erträgst. Das Jenseits gibt es also als eine Wunschvorstellung, weil man nicht sterben will. Klar, du sollst dir kein Bildnis machen. Als ein Wesen, das auf dieser Welt lebt, ist das Jenseitige von Raum und Zeit schwer vorstellbar. Wenn alles von mir abgefallen ist und ich verstehe, dann ist das wahrscheinlich schon in einer Zeit, die zeitlos ist.

Auf Spurensuche

„Also angefangen habe ich mit den Skulpturen vor der Architektur. Bevor ich je ein Haus baute, habe ich schon Figuren gemacht, nicht nur Holzfiguren, auch andere. Die sind dann irgendwie untergegangen, weil sie mir zu wenig wichtig vorgekommen sind, und dann ist halt das mit dem Bauen in den Vordergrund getreten. Es geht dabei vor allem darum, eine Idee wirklich ohne Kompromisse umzusetzen, und das ist in der Architektur kaum möglich." Rudolf erzählt davon 2013 in einem filmischen Interview.* Um Interpretation zu vermeiden, sei an dieser Stelle ein zum Thema passender Brief von Rudolf an Otto Jungwirth vom 28. Mai 1967 wiedergegeben.

„Lieber Otto! Das Leben auf dem Lande ist für mich um vieles einfacher als z. B. in Wien. Ein allgemeines Chaos, das in der Großstadt sich mir immer wieder aufdrängt, ist hier eben nicht so spürbar. Hier bin ich relativ ungestört von morgens bis abends an der Arbeit (Hausbau) und bin eigentlich auch erfüllt. Mit dem ‚großartigen' Kunstgetriebe wird man hier ja auch nicht konfrontiert. Es bleibt mir also mehr Zeit für ‚positive Aktivität'.

Dein Brief (für den ich mich bedanke, besonders auch für die Zeichnung) hat mich recht aufgewühlt! Die Fragen und Gedanken, die sich mir beim Lesen immer wieder aufdrängen, will ich jetzt versuchen zu formulieren. Hat es Sinn, sich heute unserer sogenannten ‚Gesellschaft' zu stellen? Ist sie nicht längst taub oder abgebrüht durch Furore und Sensationen, und wurde sie nicht darauf süchtig? Also hat es noch Sinn, an sie irgendwelche Kraft zu vergeben und sich von ihr unsicher machen zu lassen? Oder ist sie gar ein Widerstand, an dem man sich entzünden könnte? Ich glaube, sie ist kein Widerstand und folge dessen für uns nutzlos und unbrauchbar. Für was arbeiten wir denn, wenn diese ‚Gesellschaft' für uns nicht in Frage kommt. Nachdem sie aus Hohlheit und vielleicht noch aus Konsum besteht, ist sie abgestorben und müsste begraben werden. Wir können an ihr nicht mehr gestalten und können nicht umhin, eine neue zu formen. Weil sie überschaubar und maßlos ist, müssen wir eine maßvolle zu gestalten versuchen.

Vielleicht will ich zu viel, aber ich sehe, für mich wenigstens, ohne eine neue Vorstellung vom Menschen keine Möglichkeit zur Arbeit. Dabei würde mich eben interessieren, ob und was ‚wir' an dieser neuen Vorstellung Gemeinsames haben. An einer gemeinsamen Vorstellung sehe ich die Voraussetzung zur Arbeit überhaupt; zu einer Arbeit, die bedeutend sein soll und die dadurch auch bedeutend sein könnte. Dabei kann ich nicht sagen, wie die Beziehungen von Vorstellung zum Werk am Anfang etwa sind. Es kann sein, dass sie sich nicht decken. Ich glaube aber, wenn eine Vorstellung gereift ist, dass eben die Arbeit als Ergebnis dieser Vorstellung auch reif sein könnte. Daraus könnte man schließen, dass das innere Bild der Arbeit immer voraus ist, und wenn dies klar ist, auch das Resultat daraus klar sein muss. Dazu ist, glaube ich, auch entscheidend, wie weit uns die sekundäre Umwelt beeinflusst, unter der ich unsere Gesellschaft verstehe, mit all ihrem überflüssigen Kram.

Das Dilemma dabei ist, dass man für oder gegen diese Gesellschaft nicht mehr arbeiten kann, dass man diese Arbeit für sich und einen kleinen Kreis von Leuten machen muss, der eben doch zu klein ist, und dass man von Kunst nicht leben kann. Sich damit abzufinden, dürfte der erste Schritt sein zu einem gemeinsamen positiven Vorstoß in eine Richtung, in der eben ‚wir' Gegenstand, Widerstand, Widerspruch, Ausgangspunkt und Ziel sind. Dabei können wir hoffen (oder sollten es wenigstens), dass sich diese Bewegung vergrößert.

Was mich betrifft. Ich habe viel Arbeit und viele Schulden, und so bin ich ausschließlich damit beschäftigt, diese Schulden abzubauen. Dabei kommt die Plastik natürlich zu kurz. Das Gute dabei ist, dass die Bauerei keineswegs unschöpferisch ist. Ich glaube, bis zum Jahresende so viel Spielraum zu haben, dass ich mich mit der Plastik wieder beschäftigen kann."

Fast fünfzig Jahre später nahm Rudolf den Faden wieder auf und machte wirklich mit Holzfiguren weiter. Er entwickelte ein Modulsystem aus Kanthölzern (24 x 24 mm) in fünf verschiedenen Längen. Mit den genauen Plänen über Stückzahl und Verbindungsdetails wandte er sich an seinen Cousin Heinrich Wäger, der übrigens in einem der Häuser am Sägerweg (027) wohnt und eine Holzbearbeitungsmaschine in seiner Werkstatt stehen hat. Dieser fertigte das über Steckverbindungen flexibel zusammenfügbare Grundmaterial. Rudolf hinterließ: eine Liegende, einen Sitzenden, einen Knienden. MPS

* Ingrid Adamer, Im Portrait: Rudolf Wäger, im Auftrag des vorarlberg museum, Bregenz 2013.

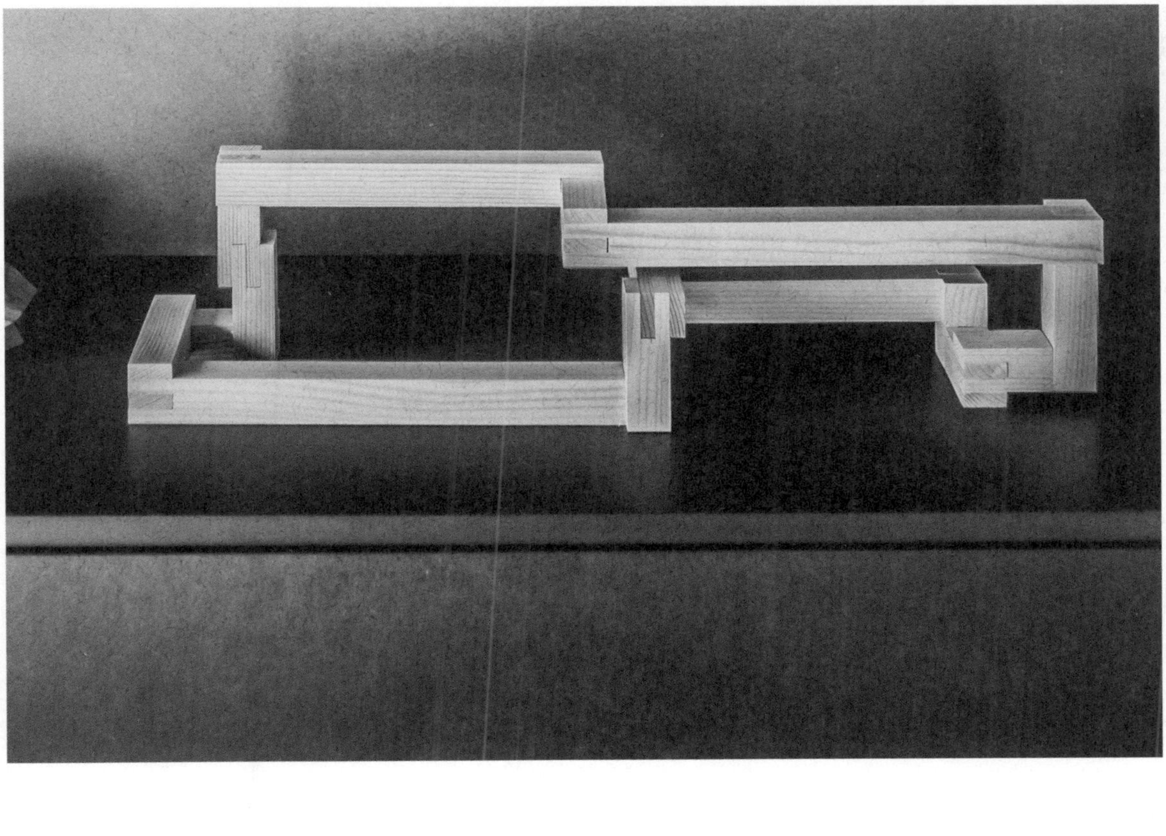

Rudolf Wäger 1941–2019

Rudolf Wäger wurde 1941 in Götzis geboren, schloss 1960 seine Zimmererlehre ab und arbeitete danach als Bauzeichner in verschiedenen Büros, ab 1965 plante er als Autodidakt. 1974/75 studierte er für zwei Semester als außerordentlicher Hörer an der Akademie der bildenden Künste in Wien bei Roland Rainer. Neben der Vielzahl an kostengünstigen Einfamilienhäusern sind Wägers Entwürfe für Wohnanlagen und Reihenhäuser von Errichtergemeinschaften noch heute wegweisend. Sein Werk – kluge Raumkonzepte, maßvoll und perfekt in Planung und Ausführung – prägte die Vorarlberger Baukultur nachhaltig.

Friedrich Achleitner, Österreichische Architektur im 20. Jahrhundert. Ein Führer in drei Bänden, Band I, hg. vom Museum für moderne Kunst, Wien, Salzburg-Wien 1980.

Dietmar Steiner, Häuser im Alpenraum, Innsbruck 1982.

Neue Vorarlberger Holzbauten, Ausstellung, Galerie Hämmerle, Götzis 1984; Neue Galerie, Wien 1985; Stadtmuseum Linz – Nordico, Linz 1985.

Architektur in Vorarlberg seit 1960, hg. von Berufsvereinigung der Bildenden Künstler Vorarlbergs, Redaktion: Bernhard Purin, Bregenz 1993.

Architektur in Vorarlberg seit 1960, Ausstellung, Berufsvereinigung der bildenden Künstler Vorarlbergs, Bregenz 1993.

Otto Kapfinger, Baukunst in Vorarlberg seit 1980. Ein Führer zu 260 sehenswerten Bauten, hg. vom Kunsthaus Bregenz, Vorarlberger Architektur Institut, Stuttgart 1998.

Otto Kapfinger, Konstruktive Provokation. Neues Bauen in Vorarlberg, hg. vom Vorarlberger Architekturinstitut, Institut francais d'architecture, Salzburg 2003.

Konstruktive Provokation. Neues Bauen in Vorarlberg, Ausstellung, Kuratorin: Marie-Hélène Contal, Konzeption: Otto Kapfinger, 27 Stationen in neun Ländern, 2003–2008.

Gennaro Postiglione et al., 100 Häuser für 100 Architekten, Köln 2008.

Arno Ritter, konstantmodern. Fünf Positionen zur Architektur. Atelier 5, Gerhard Garstenauer, Johann Georg Gsteu, Rudof Wäger, Werner Wirsing, hg. von aut. architektur und tirol, Wien 2009.

konstantmodern. Fünf Positionen zur Architektur, Ausstellung, aut. architektur und tirol, Innsbruck 2008; Vorarlberger Architektur Institut, Dornbirn 2009.

Dominique Gauzin-Müller, Ökologische Architektur in Vorarlberg. Ein soziales, ökonomisches und kulturelles Modell, Wien 2011.

Ingrid Adamer, Im Portrait: Rudolf Wäger, im Auftrag des vorarlberg museum, Bregenz, youtube, 2013.

Getting Things Done. Evolution of the Built Environment in Vorarlberg, Wanderausstellung, Kurator: Wolfgang Fiel, 31 Stationen in 19 Ländern, 2014–2019.

Getting Things Done, Magazine #2: The Exhibition, hg. von Wolfgang Fiel, Basel 2014.

Getting Things Done, Interviews, www.gettingthingsdone.or.at/interviews.

ORF Landesstudio Vorarlberg, Österreich Bild, Pionierleistungen. 50 Jahre Neue Vorarlberger Bauschule, ORF 2, 2018.

Vorarlberg – Ein Generationendialog, Ausstellung, Kuratorin: Sonja Pisarik, Architekturzentrum Wien 2019; vai, Dornbirn 2020.

Bauwerke 1962–2019

Koblach
039 E Haus Welte 1979
092 E Haus Schmidt 1995

Lauterach
046 E Haus Moosmann 1981 46
064 E Haus Schelling 1987
073 W Wohnanlage 1989
087 E Haus Meusburger 1994
047 E Haus Schmidt 1981

Ludesch
097 E Haus Pfefferkorn 1996

Lustenau
019 E Haus Gassner 1972 66
021 E Haus Häusle 1973
031 E Haus Schubert 1977 132
038 R Errichtergem. Reichenau 1979 140
051 E Haus Hollenstein 1982
058 E Haus Vogel 1985
074 E Haus Alge 1989
088 E Haus Fitz 1994 260
096 B Bürogebäude Haberl-Bau 1996
109 A Atelier Fitz 2004 260
110 E Haus Nessler 2006

Mäder
010 E Haus Ender 1969

Mellau
015 Z Zweifamilienhaus Dietrich 1971 54

Nüziders
044 E Haus Galehr 1980

Rankweil
006 E Haus Linder 1965
013 E Haus Tschernig 1970 50
016 Z Zweifamilienhaus Paul 1971
025 E Haus Knecht 1974
026 E Haus Beiser 1974
034 W Wohnanlage Merowingerstraße 1978
065 E Haus Duelli 1987
080 E Haus Rauch 1992
105 W Wohnanlage Montfortstraße 2003

Röns
045 E Haus Müller 1980

Satteins
081 W Errichtergemeinschaft 1992 210
082 A Atelier Rudolf Wäger 1992 222

Schlins
020 R Siedlung Ruhwiesen 1972 78
028 E Haus Rauch 1977 130
052 A Atelier Gassner 1982

Schnifis
093 E Haus Mäser 1995

Schruns
076 R Errichtergemeinschaft 1989 186

Schwarzach
Entwurf Überbauungsvorschlag 156

St. Gallenkirch
089 E Haus Stocker 1994

Sulz
054 E Haus Beiter 1984

Übersaxen
115 E Haus Rudolf Wäger 2010 262

Viktorsberg
049 E Haus Marte 1981

Wien
108 U Wohnungsumbau Concin 2004

Wolfurt
032 E Haus Böhler 1977
059 E Haus Schelling 1985
075 E Haus Fitz 1989

A Atelier (3)
E Einfamilienhaus (81)
Z Zweifamilienhaus (5)
R Reihenhäuser (5)
W Wohnanlagen (13)
U Wohnungsumbau (8)
K Kirche (1)
B Betriebsgebäude (4)

001
Haus Ellensohn
Götzis, Am Hang 11
1962

Sein erstes Haus plante Wäger für seine Cousine. Zwei versetzte Kuben sind in den steilen, nur fußläufig erreichbaren Nordhang komponiert, talwärts lassen sich drei Schichten ablesen. Die oberste ist, wie auch beim hangseitigen Wohntrakt, als plastische Pultdachform ausgebildet, einige Details verweisen auf spätere Konstruktionsprinzipien. MH

003
Würfelhaus
Götzis, Bulitta 43
1965

002
Haus Wäger
mit Heinz und Sigi Wäger
Götzis, Bulitta 45
1963

Die drei jungen Burschen wollten ihre Vision vom modernen Bauen verwirklichen. Wer das Haus beziehen sollte, blieb vorerst offen. Es wurde eine klar geschnittene Kiste ohne Dachvorsprung mit in Quadraten eingeteiltem Grundriss: eines der Wohnraum, das zweite Kochnische, Essraum und Stiege, das dritte mit zwei Zimmern etwas vorspringend, sodass über die verbleibende Länge ein Balkon entsteht. Eingang und Nebenräume befinden sich im kleineren Untergeschoß, auf Betonsäulen sind die Stahlträger der Geschoßdecke abgestützt; innen Ziegelsichtmauerwerk, außen eine vertikale Holzverschalung. Das Flachdach wurde schlussendlich genehmigt. MPS

005
Haus Heinzle
mit Sigi Wäger
Götzis, Bulitta 20
1965

004
Haus Salzmann
mit Sigi Wäger
Göfis, Auf der Egg 10a
1965
Der blinde Künstler entwickelte mit Legosteinen den Grundriss Zimmer für Zimmer, der Architekt assistierte. Herausgekommen ist ein quadratisches Haus, 12 mal 12 Meter, der massive Sockel mit Werkstätte und Eingang steckt zur Hälfte im Hang, das Wohngeschoß ist ein Holzbau, obendrauf ein flaches Zeltdach. Die Spanplatten der Innenverkleidung wurden mit Jutestoff überzogen und weiß gestrichen. MPS

006
Haus Linder
mit Heinz und Sigi Wäger
Rankweil, Alemannenstraße 36e
1965
Jeder der drei Brüder machte einen Entwurf, der Bauherr wollte jedoch das Beste aus allen dreien, so planten und bauten sie das Haus gemeinsam. Eine Holzkiste mit Flachdach sollte es werden, aufgesetzt auf dem massiven Sockel mit Eingang und Nebenräumen. Unüberwindbare Widerstände nötigten sie allerdings zum Satteldach. Das Resultat: zwei Welleternitflächen, losgelöst und doch die Form wahrend, mit „ausreichender Belüftung" des Dachraums. MPS

007
Haus Mahr
mit Sigi Wäger und
Heinz Wagner, Wolf Reith
Dornbirn
1967

008
Haus Lercher
Klaus, Klaus 154a
1968

009
Haus Häusle
mit Sigi Wäger
Hohenems, Robert-Koch-Straße 1a
1968

48

013
Haus Tschernig
Rankweil, Hartmanngasse 21
1970

50

015
Zweifamilienhaus Dietrich
Mellau, Hinterbündt 83
1971

54

52

014
Zweifamilienhaus Blöb
Feldkirch, Schregenbergstraße 27
1971, abgerissen

010
Haus Ender
Mäder, Buchenweg 12
1969

011
Haus Hagen
Klaus, Orsankenweg
1970

012
Haus Lampert
Klaus, Gardis 2
1970

019
Haus Gassner
Lustenau, Mariahilfstraße 18
1972

66

016
Zweifamilienhaus Paul
Rankweil, Hinterm Dorf 1, 3
1971

78

020
Siedlung Ruhwiesen
Schlins, Waldrain 12–22
1972

017
Haus Gisinger
Altach
1971

018
Zweifamilienhaus Müller Luger
mit Wolf Reith
Dornbirn, Wiesenrain 7b
1971

021
Haus Häusle
Lustenau, Negrellistraße 6
1973

023
Haus Schmölz
Feldkirch, Feldweg 29a
1974
Die Holzhäuser von Rudolf Wäger haben schon allein aus konstruktiven Gründen einen einfachen und klaren Grundriss. Dieser ist aus neun Quadraten aufgebaut. Der mittlere quadratische Bereich (Diele mit Oberlicht) ist überhöht, so dass ein flaches, innen sichtbares Zeltdach entsteht, wodurch das Haus eine ausgeprägte räumliche Mitte bekommt. FA

114

022
Haus Ess, Barwart
Düns
1974

024
Haus Kathan
Götzis, Im Hag 16
1974
Eine Sequenz von drei eingeschoßigen Kuben in rotem Sichtmauerwerk entlang der Straße: Der erste ist eine Garage, die den Garten abschottet. Das Wohnhaus, etwas versetzt, nützt den Niveausprung zum anschließenden Stickereigebäude für die Belichtung der Räume im Untergeschoß. Als Loft angelegt (10 x 15 m), gab es vorerst nur Wände um Bad und Küche mit Flur zur Außenwand und Kellerabgang in der Mitte. Optionen zu weiteren Zonierungen waren angelegt. MPS

025
Haus Knecht
Rankweil, Montfortstraße 11a
1974

026
Haus Beiser
Rankweil, Gotenweg 2
1974

027
Errichtergemeinschaft Sägerweg
Götzis, Sägerweg 6a–c
1975

116

031
Haus Schubert
Lustenau, Flurstraße 20a
1977

132

130

028
Haus Rauch
Schlins, Torkelweg 10
1977

029
Haus Karner
Dornbirn, Am Fischbach
1977

030
Betriebsgebäude Peter
Hohenems, Radetzkystraße 104
1977

032
Haus Böhler
Wolfurt, Bützestraße 6a
1977

033
Haus Manninger
mit Sigi Wäger
Feldkirch, Schregenbergstraße 22a
1977
Charakteristisch am Ensemble aus erdgeschoßigem Wohntrakt, Split-Level-Schlafhaus und Garage ist die harte Schale aus Kalksandsteinen. Im Inneren bringen Ständerwerk, Balkendecke und Täfer eine behagliche Note. Die raumgreifende Figur zoniert Vorplatz und Garten, Sichtbeziehungen quer durchs Haus holen den Außenraum herein. MH

034
Wohnanlage Merowingerstraße
mit Sigi Wäger
Rankweil, Burgisweg 1
1978
Am Ortsrand Rankweils, inmitten von Einfamilienhäusern gelegen, nimmt diese erste größere Wohnanlage vorweg, was ein Markenzeichen von Wäger werden sollte: die Kunst, grundlegend verschiedene Wohnungstypen unter einem Dach zu kombinieren. Originell fügen sich Maisonetten, Geschoßwohnungen, Attikawohnungen zu einem Ensemble. MH

035
Errichtergemeinschaft Heldenstraße
mit Sigi Wäger
Feldkirch, Heldenstraße 46, 46a–c
1979

134

038
Errichtergemeinschaft Reichenau
Lustenau, Reichenaustraße 96–100
1979

140

036
Haus Rüdisser
Götzis, Rütte 46
1979
Das Wohnhaus reagiert mit Anordnung und Split-Level-Typologie in bewährtem Ziegel-Holzbau auf das dreieckige Grundstück. Verschränkte Raumeinheiten bilden ein offenes, hybrides Gefüge. Der später hinzugefügte Bürotrakt ergänzt unaufgeregt pragmatisch in Holz, generiert dabei einen Vorplatz und rahmt den Garten. MH

037
Penthaus Häfele
Hohenems, Kaiser-Franz-Josef-Straße 6
1979

039
Haus Welte
Koblach, Sorgenwies 10
1979

040
Errichtergemeinschaft Rütte
mit Sigi Wäger
Götzis, Rütte 34–40
1979

144

042
Hangverbauung Burghain
mit Sigi Wäger
Feldkirch, Im Burghain
1980

160

041
Haus Tiefenthaler
Bregenz, Kummenweg 8
1980

045
Haus Müller
Röns
1980

158

043
Haus Hollenstein
Höchst, Tischlerweg 6
1980

160

046
Haus Moosmann
Lauterach, Badweg 16
1981

299

044
Haus Galehr
Nüziders
1980, abgerissen

047
Haus Schmidt
Lauterach, Achstraße 15a
1981

052
Atelier Gassner
Schlins, Waldrain 24
1982

053
Haus Rüdisser
mit Elisabeth Rüdisser
Hohenems, Birkenweg 7
1984

162

048
Haus Klas
Klaus, Gardis 2
1981

049
Haus Marte
Viktorsberg, Bäkalastein 7
1981

050
Haus Nagel
Höchst, Kirchweg 15
1982

051
Haus Hollenstein
Lustenau, Martin-Kink-Straße 28
1982

054
Haus Beiter
Sulz
1984, abgerissen

055
Demonstrativbauvorhaben
Bayreuth
1985

056
Haus Winter
Dornbirn, Knie
1985
Der gemauerte Satteldach-Baukörper nimmt Anleihen am benachbarten Rheintalhaus, er reagiert mit Split-Level auf die geneigte Hangkante. Im gestrickten Kopfbau mit eigens überdachten Auslegern gruppiert sich ein zweigeschoßiger Wohnbereich um die Loggia, höhenversetzt dazu befinden sich Eingang und Garage, darüberliegend die Schlafräume. MH

057
Kirche Maria Königin des Friedens
mit Wolfgang Ritsch und Sigi Wäger
Dornbirn, Watzenegg
1985
Wegweisender Prototyp moderner sakraler und kommunaler Versammlungshäuser in der Region. Am kompakten Baukörper eröffnet ein lichtbringendes Raumfachwerk im Steildach basilikale Anmutung, wird es in der Vertikalen zum zeichenhaften Glockenturm. Innovative Zimmermannskonstruktion und Gespür für Rhythmik und Proportion verbinden sich zur emblematischen Typologie. MH

058
Haus Vogel
Lustenau, Hasenfeldstraße
1985

059
Haus Schelling
Wolfurt, Schlossgasse 8
1985

064
Haus Schelling
Lauterach, Bleicheweg 18
1987

063
Haus Karu
Hohenems, Eisplatzstraße 22a
1986

303

164

060
Haus Vigl
Feldkirch, Herrenhofgasse 32a
1986

065
Haus Duelli
Rankweil, Hartmanngasse 21a
1987

061
Haus Giesinger, Amann
Götzis, Major-Ellensohn-Straße 57
1986

062
Haus Macho
Hohenems, Spielerstraße 13a
1986

066
Haus Mähr
mit Heinz Wagner und Wolfgang Ritsch
Dornbirn, Stiglingen 9a
1987

067
Haus Beer
Bregenz, Beerenwiesweg 1
1988

068
Umbau Kanzlei Jenni
Dornbirn, Jahngasse 18
1988

069
Haus Windhager
Hohenems, Spielerstraße 16a
1988
Es liegt versteckt. Über eine manieristische Willkommensgeste beim Eingang betritt man das Haus im unteren Split-Level. Die Außenwand ist frei stehend, der Flur des oberen Stockwerks als Galerie angelegt. Das gibt dem offenen, mit Hypokausten-Ofen aber deutlich zonierten Wohngeschoß angenehme Proportionen. Nach Südwesten wird dagegen mit Wintergartenverglasung in Haushöhe aufgemacht, damit sind auch die Räume im Untergeschoß natürlich belichtet. MPS

168

069
Friseursalon Ingrid
Hohenems, Spielerstraße 16
1987
Ein Jahr vor dem Wohnhaus wurde der – davon mit einem schmalen Durchstich getrennte – Friseursalon fertig. Großstädtisch gibt sich das Gebäude mit der geschwungenen, reichlich verglasten Fassade zur Straße, genauso die Atmosphäre im Inneren mit Raumsequenzen über dem Split-Level und durchdesignter Ausstattung. Der Bogen des Dachs ist an beiden Seiten mittels Oberlichten losgelöst und schließt mit einem Fensterband ab, damit korrespondieren die langen, abgehängten Beleuchtungsschienen. MPS

070
Haus Morscher
Klaus, Im Winkel 17
1988

071
Haus Sonderegger
Feldkirch, Sonnengasse 24
1989

072
Haus Müller
Götzis, Bahnhofstraße 57
1989

Ordination Dr. Müller
mit Sigi Wäger
1978

076
Errichtergemeinschaft Kronenwiese
Schruns, Kronenwiese 5a–d
1989

305

186

074
Haus Alge
Lustenau, Gutenbergstraße 15a
1989

073
Wohnanlage
Lauterach
1989

075
Haus Fitz
Wolfurt, Moosmahdgasse 17
1989

077
Wohnungsumbau Winkler Heinzle
Bregenz, Belruptstraße 5
1990

078
Haus Schöch, Mayer
Göfis, Badida 143
1990
Kompakte Kleinvilla mit parallel zum abschüssigen Straßenverlauf geführtem, flach geneigtem Dach, keilförmiges Oberlichtband inklusive. Homogen im Erscheinungsbild durch wohlstrukturierte Anordnung von Fenstern und Fassadenplatten in korrespondierenden Grautönen. MH

210

190

079
Haus Lins
Feldkirch, Luegerstraße 25
1992

080
Haus Rauch
Rankweil, Hirschbündt 8
1992
Das kleine Haus (81 m²) für die alleinstehende Bauherrin ist eine Nachverdichtung am Familiengrundstück. In der Giebelansicht zeichnet sich der im gesamten Haus sichtbare Deckenbogen ab: im über der Garage liegenden Schlafbereich, in der mittleren Galerie und im südwestlichen Teil des Erdgeschoßes beim Luftraum über dem Essplatz. Mit der Differenzierung im Fassadenmaterial werden Volumen und die Fensteröffnungen gekonnt abstrahiert. MPS

081
Errichtergemeinschaft
Satteins, Fälle 28–46
1992

082
Atelier Rudolf Wäger
Satteins, Fälle 26
1992

222

083
Wohnanlage Amberggasse
Feldkirch, Amberggasse 1–2
1992
In zweiter Bautiefe schiebt sich ein Riegel ins heterogene Umland. Zarte, grüne Stahlstützen, Mauerscheibe und Vordach bilden den Erschließungsraum für Maisonetten und Apartments, sämtliche Wohnräume sind nach Südosten ausgerichtet, vier davon akzentuieren mit Galerieräumen den Baukörper über die Dachtraufe hinaus. MH

084
Haus Blum
Kennelbach, Kustersbergasse 10
1993

085

Betriebsgebäude Dorfinstallateur

Götzis, Lastenstraße 37

1994

Zwei Unternehmer ermittelten im Gutachterverfahren den Entwurf für ein repräsentatives Haustechnikzentrum. Wägers Ansatz überzeugt durch adäquaten architektonischen Ausdruck – serielle Fassadenstruktur, Setzung des Baukörpers und Wahl der Materialien. Räumliche Synergien entstehen bei Logistik sowie Erschließung, Sitzungsräumen und Kantine. MH

308

088

Haus Fitz

Lustenau, Winkelstraße 11b

1994

260

086

Haus Lindner

Hohenems, Nussdorfstraße 19

1994

Einer Arche gleich sitzt der mit flachem Tonnendach überspannte Holzbau auf massivem Sockel, dieser ist dem nahen Wildbach geschuldet. Straßenseitig wird die Innentreppe mittels Verglasung Richtung Wohnraum zum Wintergarten, ebenso perfekt durchdacht sind Modularität und Raffinesse im Innenausbau. MH

087

Haus Meusburger

Lauterach, Fichtenweg 4b

1994

089
Haus Stocker
St. Gallenkirch, Türkeiweg 248b
1994

093
Haus Mäser
Schnifis, Dünser Straße 195
1995
Pragmatisch und modular nimmt sich der feingliedrige Holzbau im Umfeld aus. Hinter südseitigen, raumhohen Fenstern tragen Stahlstützen die Lasten ab, blaue Markisen bringen Farbe und Geste ans Haus. Der in den Hang geschnittene Zugangshof mit Garage und Treppenanlage belegt die Könnerschaft Wägers im geneigten Terrain. MH

091
Wohnanlage Bitzestraße
Höchst, Bruggerstraße
1995
Zwei winkelförmige Riegel, hofseitig durch filigrane Säulen strukturiert, ermöglichen Kleingärten an der Ost- und Südflanke des Grundstücks. Der Mix aus Maisonetten und Geschoßwohnungen garantiert eine vielfältige Bewohnerschicht, dazu trägt auch der zu den umliegenden Einfamilienhäusern vermittelnde Solitär mit sechs Wohneinheiten bei. MH

090
Zweifamilienhaus Kühne
Feldkirch, Untere Runa 7a, 7c
1995

092
Haus Schmidt
Koblach, Rütti 1
1995

094
Wohnanlage Kustergasse
Göfis, Kustergasse 17
1996

230

097
Haus Pfefferkorn
Ludesch, Dorfstraße
1996

244

095
Wohnanlage Senden
Göfis, Senden 22
1996

096
Bürogebäude Haberl Bau
Lustenau, Hohenemser Straße 17
1996

098
Haus Hleftschar
Klaus, Gardis 15a
1997

256

099
Haus Concin
Bludesch, Wingert 6
1998

100
Wohnanlage Rütte
Götzis, Rütte 29
1999
Einmal mehr generiert an diesem lang gestreckten, gestaffelten Wohnbau eine filigrane Stützenstruktur die Raumschicht der Erschließung. Maisonetten bilden den Sockel, Laubengänge machen die Wohnungen zugänglich. Strukturierende Mauerscheiben, schmale Balkone und französische Fenster sorgen für eine plastische Aussichtsseite. MH

311

101
Wohnanlage
Hohenems, Weidenstraße
2000

102
Haus Heimgartner
Bludesch, Hauptstraße 57
2001

103
Haus Scheyer
Feldkirch, Amberggasse 41
2001
Die Kubatur der alten Scheune musste genau übernommen werden, also zelebrierte der Architekt räumliche Großzügigkeit im vorgegebenen Volumen. Bis ins Dach reicht der Raum des Wohnbereichs und entsprechend frei sind die Fensterflächen gesetzt. Eine offene Treppe schwingt sich hoch zur Galerie im ersten und von dort zu den weiteren Zimmern in den zweiten Stock. MPS

106
Haus Häusle
Dornbirn, Wichnerstraße 78c
2003
Ein massives Haus mit abstrakt gesetzten Sichtmauerwerkscheiben, auch als Brüstungsband des Balkons an der Südseite. Die notwendigen Piloten führen obendrein die Erdsonden der Wärmepumpe, ein Hypokausten-Ofen gibt die Strahlungswärme ab. Kompakt ist der Grundriss mit offenem Wohn-Essbereich, die drei Zimmer im ersten Stock sind in bewährter Manier durch Einbauschränke vom Flur abgegrenzt. MPS

105
Wohnanlage Montfortstraße
Rankweil, Montfortstraße 26b
2003
Symmetrische Klein-Wohnanlage, lebendig im Fassadenbild durch Material- und Wohnungsmix: an den Bauteil-Enden teils dreiseitig orientierte Geschoßwohnungen mit Garten oder Terrasse, die kleinen Apartments im Mittelteil flankieren jeweils zwei Maisonetten. Elegant gelöst ist auch die Überdachung der Stellplätze. MH

104
Haus Enzenhofer
Feldkirch, Hauptstraße 103
2002

107
Haus Haberl
Dornbirn, Hinterforach
2004
Großzügiges Ensemble aus Sichtmauerwerk in handgefertigten Ziegeln, Putz- und Glasflächen, hellgrau lackierten Garagenportalen und gedeckten Sitzplätzen in Stahl und Holz sind zum Rückzugsort arrangiert. Der Materialmix geht im Inneren in ein wohlkomponiertes Raumgefüge samt durchgestalteter Einbauten über. MH

108
Wohnungsumbau Concin
Wien, Franzensgasse 14
2004
Ein Biedermeierhaus mit Neuaufbauten in den oberen Geschoßen: Wäger plante den verwinkelten Grundriss um und reihte Schlafzimmer, separiert mit frei stehender Schrankwand, einen langen Esstisch mit Sitzbank, die anschließende Küche und den kleinen, mit japanisch anmutender Schiebewand abtrennbaren Wohnbereich in einer Linie – zum Balkon hin orientiert – auf. Assoziationen mit Le Corbusiers Villa le Lac sind erlaubt. MPS

109
Atelier Fitz
Lustenau, Winkelstraße 10
2004

260

110
Haus Nessler
Lustenau, Finkenweg 1
2006
Eine Sichtbetonscheibe abstrahiert beim Ziegelbau die Nordseite zum minimalistischen Bild, Zeichenhaftes entsteht durch das Loslösen der Raumschicht beim Zugang. Inlays und Schiebeläden aus Holzpaneelen strukturieren die beiden Längsseiten und bringen Natur ins Spiel. Zusätzliche Intimität im Gartenraum schafft der vom Carport abgeschirmte gedeckte Sitzplatz. MH

111
Haus Strickner
Dornbirn, Sandgasse
2007

112
Haus Puzio
Götzis, Blattur 20a
2007

262

115
Haus Rudolf Wäger
Übersaxen, Latusstraße 19
2010

113
Umbau Büro Concin
Bludenz, Mutterstraße 1a
2007
Der erste Umbau für die Rechtsanwaltskanzlei erfolgte 2002. Raffiniert unterteilte Wäger die Räume mit Möbeleinbauten, großzügig gelöst war der Empfangsbereich. Nach vier Jahren musste das Büro vom zweiten in den dritten Stock übersiedeln, der durchstrukturierte Ansatz mit den Tischlerarbeiten fand noch einmal eine adaptierte Anwendung. MPS

114
Wohnungsumbau Winter
Dornbirn, Schmelzhütterstraße
2008

116
Wohnungsumbau Riedmann
Dornbirn, Grabenweg
2013

117
Haus Wolf
Feldkirch, Berggasse 39
2013
Hoch oben in den Hügeln um Feldkirch thront das Häuschen für ein pensioniertes Ehepaar. Das Wohngeschoß liegt in einer Ebene mit der Zufahrt, Schlafzimmer und Bad sind im unteren Stock. Vom Balkon – über die gesamte Sonnenseite – aus gibt es eindrucksvollen Überblick, die vertikal verschalte Holzfassade wird mit horizontalen Latten der Schiebeläden kontrastiert. MPS

119
Betriebsgebäude Kathan
Götzis, Im Hag 16
2018
Aus der ehemaligen Stickerei wurden gediegene Räumlichkeiten für die Projektentwicklungsgesellschaft „weitblick". Pragmatisch wird der Gruppenraum ins Zentrum gerückt und der Gang zu den Büros rundum geführt, wobei zwei Türen an beiden Seiten den Kreis schließen. In Materialisierung erinnert die sogfältig detaillierte, mit Holztäfer und Holzboden ausgeschlagene Schatulle an Wägers Spätwerk (115). MPS

118
Haus Kohler
Götzis, Sägerweg 6d
2015
Das Flachdach-Haus in fein durchdeklinierter Vorarlberger Holzbaumanier wartet mit Wäger'schen Eigenheiten auf: Fensterformate erzählen von der inneren Gebäudestruktur, Wandscheiben akzentuieren und verdecken, austariert dabei die Proportionen. Mit dem Bauwerk rundet Rudolfs Großnichte den Gartenraum der Hofhausanlage am Sägerweg (027) ab, in dem sie aufwuchs. MH

120
Haus Kathan
Götzis, Unteres Tobel 17c
2019

Biografien AutorInnen/Fotograf

Martina Pfeifer Steiner lebt in Vorarlberg, Kärnten und Wien, Abschluss Betriebswirtschaftsstudium in Graz, Architekturstudium an der TU Graz. Sie entwickelt Konzepte zur Baukulturvermittlung, ist Architekturpublizistin, Autorin, freie Journalistin, Redakteurin und Reisende.

Marina Hämmerle lebt in Lustenau, Architektin, Absolventin der Hochschule für angewandte Kunst in Wien, von 2005 bis 2012 Direktorin des vai Vorarlberger Architektur Institut. Seit 2013 betreibt sie ein eigenes Büro für baukulturelle Anliegen, widmet sich der Prozessgestaltung und Projektentwicklung, ist Autorin und Architekturpublizistin, wirkt als Jurorin und Gestaltungsbeirätin u. a. in der Stadt Salzburg.

Markus Gohm geboren in Feldkirch, Architekt und Fotograf. 1991 gründete er mit Ulf Hiessberger in Feldkirch das Architekturbüro Gohm Hiessberger. Er wirkte als Dozent an der Universität Liechtenstein und als Gestaltungsbeirat, ist seit 2012 Mitglied der Berufsvereinigung Bildender Künstlerinnen und Künstler Vorarlbergs und arbeitet seit 2017 an der Serie „Collections – Photoessays".

Otto Kapfinger Dr. techn. h. c., lebt in Wien als freiberuflicher Architekturforscher und -kritiker. Er ist Autor und Gestalter zahlreicher Bücher und Ausstellungen zur Architektur des 20. Jahrhunderts und der Gegenwart in Österreich. Er betrieb Detailforschungen über die Wiener Secession und ihr Umfeld, das Sanatorium Purkersdorf von Josef Hoffmann, das Haus Wittgenstein und die Wiener Werkbundsiedlung und ist Leiter eines Forschungsprojekts zur Pionierphase des Bauens mit armiertem Beton in Wien vor dem Ersten Weltkrieg.

Roland Gnaiger geboren in Bregenz, studierte Architektur an der Akademie der bildenden Künste in Wien und der TU Eindhoven/NL. Von 1996 bis 2019 leitete er das Architekturstudium an der Kunstuniversität Linz, den Staatspreis Architektur und Nachhaltigkeit und saß der Jury für den Baukulturgemeinde-Preis LandLuft vor. Das von ihm 2004 gegründete Studio BASEhabitat sorgt mit Bauten im Globalen Süden für weltweite Resonanz und gewinnt bedeutende internationale Preise.

MH Marina Hämmerle
MPS Martina Pfeifer Steiner
FA Friedrich Achleitner, aus Österreichische Architektur im 20. Jahrhundert
OK Otto Kapfinger, aus Baukunst in Vorarlberg seit 1980

Danke für die Gespräche

Wolfgang Juen
Otto Jungwirth
Bruno Spagolla

Ursula Wäger, Tochter
Alexandra Wäger, Tochter
Simon Wäger, Sohn
Fabian Rüdisser, Sohn

Sigi Wäger, Bruder
Heinz Wäger, Bruder
Rainer Huchler, Neffe

Bauherrschaft und BewohnerInnen

003 Hartwig Zehle
004 Emma Salzmann
Judith Salzmann
006 Markus Linder
009 Maria und Erich Häusle
013 Hedi und Hans Tschernig
015 Margarethe Dietrich
Annette Dietrich-Pott
Helmut Dietrich
019 Helga und Franz Gassner
020 Ruth und Reinhard Gassner
Hilde Wäger
022 Maria Magdalena Barwart
Elias Barwart
023 Ingrid und Peter Schmölz
024 Rowitha und Luki Kathan
027 Renate und Manfred Kohler
Elisabeth und Heinrich Wäger
Theresa und Thomas Zangerle
028 Luzia und Franz Rauch
Magdalena Rauch
031 Maria Schubert
033 Gerti Manninger
035 Reinelde und Günter Lusser
Ilse und Wilfried Payr
038 Elfi Mayer
Sieglinde Thaler
Wolfgang Verocai
040 Günter Jochum
042 Eva Lingg
043 Brigitte und Wilfried Hollenstein
046 Eva Moosmann
Robert Felber
053 Elisabeth Rüdisser
060 Gertraud und Horst Vigl
069 Ingrid und Peter Windhager
072 Maria und Wilfried Müller
076 Elisabeth und Bruno Winkler
078 Wolfgang Mayer
079 Hildegard und Bernhard Lins
Mario Lins
081 Ingrid und Arno Dalpra
Paolo Dalpra
Elisabeth Gabriel-Miller
Beate Heinzle-Sander und Wilfried Heinzle
Dietlinde Jäger
Mechtild Metzler-Schähle und Walter Metzler
082 Stephan Hirse
088 Christine und Martin Fitz
094 Helmut Haberl
095 Dieter M. Furtenbach
Maria und Manfred Berger
Walter Suske
099 Ulrike und Heinrich Concin
103 Jutta und Mathias Scheyer
107 Gabi und Helmut Haberl
110 Heidi und Elmar Nessler
117 Claudia und Harald Wolf
118 Elisabeth Kohler
120 Stefanie und Christian Kathan

Danke für die Unterstützung bei der Sammelaktion

Tischlerei Manfred Bischof, Thüringerberg
Peter Breuss, Wien
Robert Dünser, Bregenz
Herbert Ekkehard Winfried Aselmann, Wangen im Allgäu
Hugo Ender, Götzis
Walter Fink, Bregenz
Nicola Gediehn, Berlin
Willi Glück, Götzis
Jutta Gnaiger-Rathmanner, Feldkirch
Ulrich Herburger, Feldkirch
Christian Jochum, Göfis
Walter Konrad, Schlins
Josef Mathis, Zwischenwasser
Jörg Meißner, Dornbirn
Christian Neunteufel, Dornbirn
Karlheinz Pichler, Feldkirch
Catherine Sark, Bregenz
Helmut Schlatter, Nenzing
Verena und Engelbert Walch, Frastanz
Simon Wäger, Bregenz
Wolfgang Wäger, Götzis

Baufamilien
Margarete Dietrich, Wien
Angelika Fetz-Hartmann und Thomas Fetz, Übersaxen, Wien
Martin Fitz Feingrafik, Lustenau
Bruno Hartmann, Götzis
Maria und Erich Häusle, Hohenems
Luki Kathan, Götzis
Maria und Wilfried Müller, Götzis
Judith Salzmann, Göfis
Emma Salzmann, Göfis
Maria Schubert-Kastner, Lustenau
Hedi und Hans Tschernig, Rankweil
Gertraud und Horst Vigl, Feldkirch
Friseursalon Ingrid Windhager, Hohenems
Elisabeth und Bruno Winkler, Schruns
Frida und Wolfgang Winter, Dornbirn
Claudia und Harald Wolf, Feldkirch

Kolleginnen und Kollegen
a-plus architekten, Wien
Jakob Albrecht, Bregenz
archetypen burtscher & knall, Hohenems
ARTEC Architekten, Wien
Atelier Ender, Nüziders
atelier rainer + amann, Feldkirch
baucombinat Arch. Martin Summer, Wien
Cukrowicz Nachbaur Architekten, Bregenz
Hermann Czech, Wien
Leonhard Danzer, Lustenau
fasch&fuchs.architekten, Wien
Barbara Feller, Wien
Catherina Fineder, Feldkirch
Sonja Gasparin, Villach
Gruber+Haumer Landschaftsarchitektur, Bürs
heim+müller architektur, Dornbirn
HEIN architekten, Bregenz
Peter Schneider, Wien
Henke Schreieck Architekten, Wien
Ulf Hiessberger, Feldkirch
Hohengassner Wirnsberger Architekten, Spittal/Drau
Wolfgang Juen, Dornbirn
Hermann Kaufmann+Partner, Schwarzach
Barbara Keiler, Bregenz
Rainer Köberl, Innsbruck
Helmut Kuess, Bregenz
Eva Lingg, Lustenau
Beny Meier, Villach
Thomas Marte, Dornbirn
Marte.Marte Architekten, Feldkirch
merz kley partner, Dornbirn
Beate Nadler-Kopf, Hohenems
Werner Neuwirth, Wien
Magdalena Rauch, Schlins
Norbert Reinelt, Berlin
Erwin Rinderer, Lauterach
J. Romstorfer Architekten, Wien
Heike Schlauch raumhochrosen, Lochau
Christopher Schneeweiß, Lauterach
Karl Sillaber, Bregenz
Hansjörg Thum, Feldkirch
Gernot Thurnher, Feldkirch
Heinz Wagner, Bregenz
Helena Weber, Dornbirn
winkler+ruck architekten, Klagenfurt
Richard J. Wohlwend, Eschen

Vorarlberger Architektur Institut vai

Az W Architekturzentrum Wien

Danke für die Zusammenarbeit

vorarlberg museum

Dietrich | Untertrifaller Architekten

Komplettieren der Publikationspläne

Danke für die Förderung

Bundesministerium Kunst, Kultur, öffentlicher Dienst und Sport

Vorarlberg unser Land

DORNBIRN

STADT FELDKIRCH

MARKTGEMEINDE GÖTZIS

HOHENEMS inspiriert!

Marktgemeinde Lustenau

Danke für das Sponsoring

RD Foundation Vienna
Research | Development | Human Rights
Gemeinnützige Privatstiftung

Concin & Partner Rechtsanwälte

HABERL BAU

LOT holzbau

Tschabrun HOLZ & BAUSTOFFE

LAUFEN

Triflex Gemeinsam gelöst.

vola

Jahrespartner vai

Bundesministerium Kunst, Kultur, öffentlicher Dienst und Sport

Vorarlberg unser Land

DORNBIRN

HYPO VORARLBERG

vkw

zt:

ZUMTOBEL

Jahrespartner Az W

Bundesministerium Kunst, Kultur, öffentlicher Dienst und Sport

Stadt Wien

ARCHITECTURE LOUNGE Architekturzentrum Wien

Impressum

Herausgeber vai Vorarlberger Architektur Institut, Dornbirn, Verena Konrad, Direktorin. Az W Architekturzentrum Wien, Angelika Fitz, Direktorin, Karin Lux, Geschäftsführerin.
Autorinnen Martina Pfeifer Steiner, Marina Hämmerle
Essays Otto Kapfinger, Roland Gnaiger
Fotografie Markus Gohm

Konzept Martina Pfeifer Steiner, Marina Hämmerle
Gestaltung Stefan Gassner, Lindau
Publikationspläne Dietrich Untertrifaller Architekten, Simon Kaiser
Lektorat Esther Pirchner, Innsbruck
Litho Günter König, Dornbirn
Druck BULU Buchdruckerei Lustenau
Papier Munken Lynx, 130g; Fischer Werkdruck, 80g
Acquisitions Editor David Marold, Birkhäuser Verlag, Wien
Content & Production Editor Bettina R. Algieri, Birkhäuser Verlag, Wien

Rudolf Wäger übergab sein Archiv 2010 an das Architekturzentrum Wien, 2020 wurde es mit seinem Nachlass vervollständigt.

Abbildungen
Architekturzentrum Wien, Sammlung S 4–5, S 48 o., S 49, S 51, S 53, S 67, S 79, S 82, S 92–96, S 114–115, S 117, S 132–133, S 135, S 140–143, S 156–159, S 163, S 165, S 187, S 189, S 192, S 226–227, S 261 u., S 282, Werkliste: 009, 013, 014, 016, 019, 020, 021, 022, 023, 027, 031, 033, 034 u., 035, 036 li., 038, 041, 045, 048, 055, 056, 057, 058, 060, 063, 064, 065, 072, 074, 076, 078, 085, 087, 088, 097, 098, 106, 107, 109; Foto: Friedrich Achleitner S 35, S 162–163, Werkliste: 003, 053; Foto: Margherita Spiluttini S 190–191, S 211, S 221–225, Cover, S 245, S 260–261 o., S 224–227, Werkliste: 079, 081, 082, 086, 088, 091, 093, 094 | Adolf Bereuter S 188 | Markus Gohm S 24, S 37–47, S 55, S 57–65, S 68, S 70–77, S 80, S.83–91, S 118–120, S 122–129, S 136–139, S 144–149, S 151–155, S 169, S 171–175, S 177–185, S 213–220, S 228–231, S 233–243, S 246–255, S 256–259, S 263–264, S 266–272, S 285 Werkliste: 015, 040, 042, 052, 095, 099, 115 | Marina Hämmerle S 48 u., S 130, S 131 re., S 166 u., S 167, S 193–202, Werkliste: 001, 004 o, 034, 042, 083, 100, 118 | Martina Pfeifer Steiner S 131, S 274–275, S 286, Werkliste: 005, 006, 024, 028, 036, 069, 080, 089, 103, 105, 108, 117, 119, 120 | Elisabeth Rüdisser S 16 | Hugo Ender S 26 | Hans Tschernig S 50 | Eva Moosmann S 160–161, Werkliste: 046 | Horst Vigl S 166 o. | Otto Jungwirth S 277, S 279 | Heinz Wäger S 99 Werkliste: 002 | Peter Windhager Werkliste: 069 u. | Marcel Hagen Werkliste: 110

Library of Congress Control Number: 2021933704
Bibliografische Information der Deutschen Nationalbibliothek
Die Deutsche Nationalbibliothek verzeichnet diese Publikation in der Deutschen Nationalbibliografie; detaillierte bibliografische Daten sind im Internet über http://dnb.dnb.de abrufbar.

ISBN 978-3-0356-2248-5

Postfach 44, 4009 Basel, Schweiz
Ein Unternehmen der Walter de Gruyter GmbH, Berlin/Boston

9 8 7 6 5 4 3 2 1 www.birkhauser.com